中国人文社会科学期刊AMI综合评价入库集刊

L A W

人工智能法学研究

SCIENCE OF ARTIFICIAL INTELLIGENCE

第5辑

主　编／岳彩申　侯东德
副主编／张建文　叶　明

法律出版社
LAW PRESS · CHINA
北京

图书在版编目（CIP）数据

人工智能法学研究. 第5辑 / 岳彩申, 侯东德主编
. -- 北京 : 法律出版社, 2023
ISBN 978-7-5197-7697-8

Ⅰ. ①人… Ⅱ. ①岳… ②侯… Ⅲ. ①人工智能-科学技术管理法规-研究 Ⅳ. ①D912.170.4

中国国家版本馆CIP数据核字（2023）第047922号

人工智能法学研究（第5辑）
RENGONG ZHINENG FAXUE YANJIU（DI-5 JI）

岳彩申　侯东德　主　编
张建文　叶　明　副主编

策划编辑　沈小英
责任编辑　毛镜澄
装帧设计　鲍龙卉

出版发行 法律出版社
编辑统筹 法治与经济出版分社
责任校对 张翼羽
责任印制 吕亚莉
经　　销 新华书店

开本 710毫米×1000毫米　1/16
印张 12.5　　**字数** 265千
版本 2023年7月第1版
印次 2023年7月第1次印刷
印刷 北京虎彩文化传播有限公司

地址：北京市丰台区莲花池西里7号（100073）
网址：www.lawpress.com.cn
投稿邮箱：info@lawpress.com.cn
举报盗版邮箱：jbwq@lawpress.com.cn

销售电话：010-83938349
客服电话：010-83938350
咨询电话：010-63939796

书号：ISBN 978-7-5197-7697-8　　**定价**：83.00元

人工智能法学研究

（第5辑）

书　　名　人工智能法学研究
主办单位　西南政法大学人工智能法律研究院
主　　编　岳彩申　侯东德
副 主 编　张建文　叶　明
Law Science of Artificial Intelligence No. 5

编辑委员会

地　　址　西南政法大学敬业楼 5070 室

电　　话　023－67258286

投稿邮箱　gdyjy@ swupl. edu. cn

卷 首 语

人工智能是数字经济产业的技术基础之一,对于数字经济产业起到至关重要的作用,与数字经济发展紧密相连。近年来,人工智能技术与数字经济产业不断深度融合,成为推动经济社会发展的重要力量。人工智能与数字经济两个领域相关的法律问题也存在交叉重叠的态势。例如,人工智能的法律风险问题、数字经济背景下商业角色的责任界定问题、智能技术应用的法律监管问题等。这些问题既与人工智能技术息息相关,也是数字经济法治研究中的热点和难点。因此,本辑《人工智能法学研究》设置了"数字经济与法治"专题,收录相关文章5篇。此外,还设置了"理论争鸣""智慧司法""刑事专题""域外观察"4个板块,共收录文章8篇。作者立足理论基础、中国立场和实践需求,就一系列相关问题展开了讨论,充分展示了人工智能法学领域的最新研究成果,对此简要介绍如下。

本辑特别设置的"数字经济与法治"专题收录了相关文章5篇,对数字经济相关法律问题进行了详细探讨,以期为进一步研究数字经济时代的法律问题提供一个崭新的视角。汪青松、李苗苗《加密资产交易平台 STO 的合规监管路径——平台语境下的规则审视》一文梳理了加密资产交易平台 STO 的问题要点,并结合理论、实务的最新动态,深入探索了适合中国国情、满足市场需求的 STO 的合规方案监管路径。任立文、任中秀在《数字经济下带货主播的法律定位及责任配置》中,从带货主播的法律行为着手,厘清带货主播多重法律身份引发的法律关系,详细分析了带货主播在不同情形下的法律责任认定。罗娜、罗建东《人工智能医疗中的医患信任危机及其法律治理》一文从人工智能医疗的发展现状出发,剖析医患信任危机产生的技术和制度原因,最终提出修复人工智能医疗中医患信任危机的法律治理对策。张可法《智能投顾的功能异化及投资者风险法律规制》一文从智能投顾功能界定入手,探究智能投顾功能异化的原因所在,分析智能投顾功能的买方投顾异化为卖方投顾,智能算法异化为"黑箱"算法,智能投顾客户画像准确性问题,合同订立中的认知风险等具体表现形式,提出事前、事中、事后不同侧重的规制逻辑。欧琳楚伦在《论数字歧视的经济法规制》一文中分析了数字歧视的特征与成因,并探讨了数字歧视治理的路径选择、价值观与方法论。

“理论争鸣”是常设板块,旨在以其收录的学术文章对人工智能法学领域的学术理论进行深入探讨,促进学术交流,为相关领域的理论发展贡献力量。本辑该板块收录了两篇文章。一是姚万勤、张晶的《自媒体时代网络言论的碎片化与整体性治理》,该文通过对近年来相关网络热点言论事件进行分析,对网络言论的碎片化现状进行必要的阐释,主张对整体性治理理论进行完善。二是易健雄、朱桓霆的《知识产权法视域下数据与信息的逻辑解耦与保护分野——以信息论与控制论为研究进路》,该文从数据与信息的基础科学理论出发,探究数据的真身所在,尝试构建数据法学的保护规则与体系,为我国数据法体系的创设建言献策。

“智慧司法”板块以人工智能应用于司法审判中的关键问题为主要内容。高翔、高继凯《数字正义:直接言辞原则下民事在线庭审实践运行与规则预设的检视与构建》一文以直接言辞原则作为审视在线庭审与传统民事诉讼理论冲突的着力点,对理论与实践的冲突进行实践化分析,探析其冲突的缘由,由此深入,重塑民事在线庭审的规则。周萦、唐茂林《远程审判中司法公信力保障机制研究》一文分析了目前远程审判中存在相关立法滞后、证据审核困难、技术支撑落后、庭审仪式感弱几大问题,并提出了相应的完善建议。

“刑事专题”围绕人工智能的刑事法律问题收录了3篇文章。王玫黎、杨逸琼在《反思与构建:网络空间中国际刑事管辖权规则》一文中评析了目前国际网络空间典型范本中的国际刑事管辖权规则及内在隐患,提出了联合国框架下国际刑事管辖权规则的重构方案。颜飞、刘文琦《论刑事诉讼中个人信息权的确立——以“卡朋特案”为中心的研究》一文以“卡朋特案”为中心,通过梳理隐私权保护框架面临的难题、相应调适及未来困境,省思隐私权保护模式在数字时代的存续空间,进而探索我国刑事程序中个人信息权益保护的进路。詹惟凯《对人工智能刑事责任主体地位的反思》针对“人工智能是否具备自由意志”这一问题的不同学术观点进行深度分析,提出对于人工智能刑事主体地位的独到见解。

本辑“域外观察”板块还收录了黄忠翻译的《美国〈统一受托人访问数字资产法〉(2015年修订版)》译文,为相关理论研究提供了域外法实践参考。

本书编辑委员会希望通过这些板块的设置,为读者呈现更加丰富多元的法学研究成果。同时,期待能与学界同仁开展更深入、广泛的学术交流,共同促进人工智能法学研究的蓬勃发展。最后,衷心感谢各位同仁对本书的支持,相信本书将继续为学界提供高水平的学术成果交流平台,为人工智能法学的发展和人工智能法治建设提供可靠的理论支持!

目录 CONTENTS

// 智慧司法 //

// 刑事专题 //

// 域外观察 //

理论争鸣

自媒体时代网络言论的碎片化与整体性治理*

姚万勤** 张 晶***

摘 要:在自媒体时代人人都是新闻的制造者与传播者,不同主体乐于通过网络平台发布相关言论。但是随着科学技术的不断发展,特别是手机网络群体的激增,针对所发表的不同网络言论呈现的碎片化现象较明显,具体集中体现在网络言论主体、言论内容以及言论监管三个方面。在特殊时期,网络言论失范不仅会破坏稳定的社会秩序,而且会增加社会公众的不安情绪。因此,在原本人力资源有限的情况下,对此现象可以通过整体治理理论,在主体方面需要建立统一的官方消息发布机制,对于不同主体发布的内容进行筛选和甄别,及时排除不实消息。对于确因言论涉及违法犯罪的,也应当根据法律的规定力求责任追究的司法标准的统一化。

关键词:网络言论;谣言;碎片化;整体性治理

一、问题的提出

伴随技术在不同的历史时期发展,民众传播的言论也呈现不同的特点。例如,在技术落后的古代社会,诸多言论多限于野史的记载和报道。而时至今日,随着网络技术的发达,特别是自媒体平台的兴起以及手机网民用户的激增,目前言论随着互联网的发展而呈现多元化的格局,不仅有官方报道,更有社会公众的参与。换言之,在网络时代,人人都是新闻的制造者,同时是新闻的传播者。① 社会民众往往足不出户,都能

---

* 国家社科基金后期资助项目“刑法治理功能研究”(项目编号:19FFBX035)阶段性成果。

** 西南政法大学法学院副教授,西南政法大学人工智能法律研究院副院长。

*** 西南政法大学人工智能法律研究院研究人员。

① 参见姚万勤:《自媒体时代网络群体事件:传播机理与治理对策》,载《新媒体与社会》2019 年第 2 期。

知晓相关事件的一切情状,但在信息爆炸的大数据时代,社会公众对获取的相关信息往往也会陷入真假难辨的境地。例如,2011年日本发生大地震并引起海啸和核辐射,在大洋彼岸的中国引发的"吃碘盐可以防辐射"的谣传;[①]2021年7月浙江杭州28岁未婚女子取快递被偷拍,视频被上传到网上并被造谣,引人谩骂导致其患抑郁症;[②]等等。在此情形下,各种碎片化言论不仅使民众应接不暇、倍感错愕,而且增加了不少社会民众的疑惑和不安。

长期以来学界对网络言论展开过诸多研究。例如,有的学者从网络言论种类作为论述的切入点,将其区分为不良网络言论和违法网络言论两种类型,从而分别提出了不同的治理对策;[③]有的学者着力于宪法视角,对网络言论在公民权利中的地位进行了详细的论述;[④]有的学者立足于权利与权力的关系视角,对网络言论自由的边界提出了见解;[⑤]等等。但是对网络言论展开系统性的研究仍显不足。因此,在本文展开相关论述之前,有必要进行以下的交代:第一,本文主要选取了近些年相关的网络热点言论事件作为分析素材,主要为了近距离观测目前我国网络言论碎片化的表现。相关的素材源于媒体报道,因此也可能会存在统计不周全的情况,但是主要运用推演的方式推进,因此在结论上也不会存在太大的出入。第二,本文的研究不限于某一个地区,也不局限于某种类型,在研究之中既有宏观的把握,也有对具体个案或事件的分析。第三,在研究方法与思路上,笔者拟对网络言论的碎片化现状进行必要的阐释,在治理路径中主张对整体性治理理论进行完善。笔者不成熟的论述希望对治理该类网络言论有所裨益。

二、网络言论碎片化的表现

根据文义理解,所谓"碎片化"(Fragmentation),原意为完整的东西破成诸多零块,其后在政治学、管理学中就碎片化理论展开研究,目前在此领域,较通说的观点认为,"碎片化",是指在公共管理领域主要是指不同的部门之间、行政业务之间的分割状

---

① 参见中国人民大学新闻学院《新媒体环境下危机传播与舆论引导研究》课题组:《抢盐事件中的舆情态势和传播规律研究——基于网络文本的智能化舆情分析技术》,载《国际新闻界》2011年第7期。

② 参见刘亚、范跃红:《遭遇网暴:普通人如何"社会性死亡"的》,载《方圆》2021年第9期。

③ 参见许玉镇、肖成俊:《网络言论失范及其多中心治理》,载《当代法学》2016年第3期。

④ 参见肖榕:《网络言论在公民基本权利平衡实现中的地位》,载《法学》2012年第5期。

⑤ 参见张雨、敖双红:《论网络言论自由的界限——以权利与权力的关系为视角》,载《湖南师范大学社会科学学报》2016年第3期。

况。[①]“就地方部门而言,在数量上表现为大量的碎片,在地域和功能上彼此交叉重叠,缺乏协同。”[②]但是随着社会公共事件的发生,从碎片化所表达的核心含义来看,意为不协调、缺乏协同性。因此,在不同领域之中,由于欠缺必要的协调性和协同性等都可称为碎片化现象。据此,笔者认为,“碎片化”是对一种现象的描述性术语,这种现象表现为大数量、奇零化和不规则。[③] 由于现代网络技术的不断发展,在网络言论中,从言论主体到言论内容等都存在碎片化现象,且特征越发明显。以下将围绕该三个方面的内容进行阐释。

(一)网络言论主体的碎片化

根据我国《宪法》等相关法律的规定,我国公民具有言论自由的权利,只要不违反国家法律强制性规定,自由表达对某些事情的观点和看法,并不具有违法性。因此,随着自媒体平台的兴起,言论主体的碎片化特征随着主体多元化而逐步呈现。

第一,新闻媒体网络言论的碎片化。新闻媒体作为人们为达成新闻传播活动的目标而结合起来的组织机构,它是追踪报道事实真相进而引导舆论走向的重要媒介之一。在我国,随着网络通信技术的不断发展,数字传媒时代随之而来,网络媒体日渐发展成为我国新闻媒体行业的重要力量,打破了过去传统媒体垄断新闻报道主导性话语权的单项互动模式,进而形成了目前主流媒体和网络媒体二元的互动发展格局。正如有学者所言,主流媒体二次传播用户产生的信息是其内容供应的重要组成部分,然而现实中个别媒体未经严格考证就使信息内容在网络中快速扩散,进而出现张冠李戴等不良现象,也损害了主流媒体的公信力。[④] 同时,主流媒体的新闻报道也会成为网络媒体报道的素材和评价的对象。然而,在互联网时代流量为王,数量众多的各新闻媒体机构为了抢头条、博眼球、获关注,在未充分核实新闻素材真实性的情况下急于在网络上发声报道,导致反转新闻频频出现,新闻事实真假难辨且内容信息的碎片化程度严重。[⑤] 事实证明,在面对社会突发的舆论事件时,无论是主流媒体还是网络媒体都可能出现针对同一事件的网络报道不统一、报道话语不规范、报道内容失真等问题。以“鲍

---

① 参见周伟:《地方政府间跨域治理碎片化:问题、根源与解决路径》,载《行政论坛》2018 年第 1 期。

② 罗思东:《美国地方政府体制的“碎片化”评析》,载《经济社会体制比较》2005 年第 4 期。

③ 参见吴红梅:《包容性发展背景下我国基本养老保险整合研究——基于整体性治理的分析框架》,知识产权出版社 2014 年版,第 58 页。

④ 参见李明德、李沙:《数字时代主流媒体正面宣传的现实困境与优化路径》,载《西安交通大学学报(社会科学版)》2022 年第 3 期。

⑤ 参见曾祥敏、戴锦镕:《新媒体语境下新闻反转、舆论生成机制和治理路径探究——基于 2014—2020 年典型反转新闻事件的定性比较分析(QCA)研究》,载《社会科学》2020 年第 7 期。

某明案”为例,《南风窗》作为新闻的首发媒体,其前后两篇独家报道的内容情节完全相反,如前文报道中提及“性侵”“监禁”等,却在后文中将事件情节改为两人为“恋爱关系”且两人即将订婚等,而新财网从案件另一个视角也发表了一篇名为《高管性侵养女事件疑云》的独家报道,但是却与《南风窗》的第一次报道大相径庭。与此同时,在案件发生的当日,各网络媒体报道量高达几千篇,而这些报道不乏各种误导、猜忌、虚假和夸张的言论,媒体报道的碎片化程度不言而喻。

第二,公民个人网络言论的碎片化。如前所述,正是由于科学技术的发展,为个人主体在网络平台发布相关言论提供了便利条件。从我国历史上发生的多次网络谣言迭起的事件来看,个人发表网络意见的主体大致可以区分为以下几类:其一,网络“大V”等。网络“大V”在当下社会网络空间中具有举足轻重的地位,因其与受众粉丝黏性较强,从而导致其所发布的观点和意见很容易被粉丝接受并追随。然而,网络意见领袖的身份来源具有多样性,其因社会事件知晓的翔实程度、受教育程度、自身价值观的不同以及利益驱动的影响,在网络上发表的言论具有强烈的个人主观色彩,从而加剧了对客观事实的“污染”程度,并对舆论走向起到明显的引导和支配作用。如罗冠军事件、红黄蓝新天地幼儿园虐童事件等。其二,以个人名义发表言论的国家工作人员。一些国家工作人员为了纠正人们的错误认识,基于自身知识背景和了解的客观事实等,也通过微信群、微信朋友圈、微信公众号以及微博等网络平台发布相关的言论。虽然该行为仅为日常发表言论观点的行为,但是由于其身份的原因,导致普通民众对该言论性质产生误解并盲目追随。其三,专家及科研工作者。互联网时代人人都有话语权,不同科研院所或者私人研发部门的专家及科研工作者们也通常会在网络平台建立自己的社交媒体账号,利用其掌握的特定领域的专业知识和相关信息等对专业性、技术性较强的事项发表相关言论,甚至有的科研人员利用网络发布阶段性或者最终性科研成果的现象也频频出现。其四,社会民众。此类参与主体较庞杂,有的是以娱乐为导向的网红主播,有的是某些公众号平台的私人运营者等。正是由于个人主体较庞杂、数量较大,且很难深入、科学地获取准确的信息,因此碎片化现象不言而喻。

(二)网络言论内容的碎片化

就网络谣言本身而言,内容呈现较大的碎片化。针对网络言论的内容,根据是否具有科学依据大致可以区分为两种类型:一是以专家、学者或科研人员为代表的网络言论;二是以普通民众为代表的网络言论。

第一,专家、学者或科研人员网络言论内容的碎片化。由于各类专家、科研人员等知识水平、个人见解以及所掌握的其他信息内容的不同,就专家学者对于社会事件的评论来看,差别较大。以下几种现象较突出:其一,发布一些反智化的网络言论。一般而言,反智主义主要是指来自不同背景、基于不同立场、拥有不同思维方式的人反对理性和智慧价值的批判性取向,其不仅表现为对真理的忤逆,更是对正义的背反,在日常生活中,基础教育的缺失导致人们辨别是非能力下降,再加上大众传媒的误导,反智网络言论更易于在社会普通民众中产生。但是由于突发事件的复杂性,部分科研人员在尚未弄清其生成机理的情况下便就该领域发表论断性意见,甚至不乏某一领域专家就其他专业领域发表论断性言论的情况,从而加剧了言论反智化的可能性。例如,吸烟可以防SARS、吃转基因食品可以导致生物灭绝等。其二,发布一些"以正视听"的言论。突发事件必然带来群众热议,在互联网时代,网络信息碎片化、零散化现象明显,其必然导致某些群众对于该事实产生误解,断章取义的观点频频出现。同时,持续走高的话题热度给一些不法分子带来可乘之机,其在发表观点时有意混淆视听,作出错误的引导进而扰乱了公共秩序。此时专家学者澄清谬误,发布"以正视听"的言论就显得尤为必要。其三,不同科研人员对某事项的认知并不统一,所发布的信息内容前后不一致。在突发新情况、新问题时,新事物本质的暴露需要一个过程,同时人们对于新事物的认识也是从实践到认识,再从认识到实践的波浪式前进和螺旋式上升的过程。因此,随着科研人员研究实验的深入,人们的认识也会进一步加深,进而推翻旧的结论形成新的结论。

第二,普通民众网络言论内容的碎片化。虽然我国公民有言论自由的权利,但是毕竟民众对于事关各专业领域的信息知之甚少,获取相关信息的途径较有限,此外民众的受教育程度高低不齐,对相关信息的辨别能力也存在差异。因此,在接触到有限信息之后,该类群体又可进一步区分为两种不同类型进行网络传播:其一,对其从网络上接收的相关情况进行加工形成新的网络言论后转发。"这类社会民众关注和评论社会热门事件和热点问题并不是先通过一整套系统化的人生观、价值观,而是在不断的上网、围观、思考的过程中,逐渐积累了关于政治、社会、经济、文化和价值评论的碎片化知识,这些碎片化知识成为他形成见解并给予评论的基础。"①例如,有的自媒体网络平台抓住了其他群体"猎奇"的心理,在各地公布的官方消息基础之上"添油加醋",进一步博取他人对本人运营的自媒体平台的关注。其二,毫无根据地捏造相关的网络言论内容,即网络谣言。网络谣言相较传统谣言而言,其内容并无本质区别,但是网络谣言依附于互联网这一新型传播媒介,其影响力不言而喻。在"去中心化"和"扁平化"的网络世界,各种信息良莠不齐,在缺乏权威观点的情形下,容易导致信息观点的散乱。

① 陈兵:《媒体执政——媒体多样化背景下政府对新闻舆论的引导》,中国广播电视出版社2011年版,第200页。

根据谣言产生的主观面的不同,可以将网络谣言分为恶意捏造型网络谣言和无意误解型网络谣言。前者主要表现为造谣者主观上持故意目的,出于恶意损害个人利益、社会公共利益乃至国家利益的动机,捏造虚假的、毫无根据的信息并在网络上传播的行为。而后者表现为造谣者主观上并非出于故意,谣言产生原因多种多样,或基于行为人自身的误解,或产生于信息公开不足时行为人的各种推测和假设等。但无论属于何种类型,无一不体现了网络言论"碎片化"的特点。

三、网络言论整体性治理的必要性

(一)何为整体性治理

希克斯发现主导英国新公共管理变革的"3E"式绩效评估,过于关注"成本—效益"的测量,但是事关民众的就业、安全、医疗以及教育等民生问题,并未得到根本改善。① 新公共管理虽然强调中央政府整体宏观上的掌控力而非传统行政管理体制下政府直接提供管理和服务,但以"政府签约外包制+内部契约制"相结合的方式,②主张建立分散化、扁平化的管理结构,强调加强部门之间的竞争机制以满足社会大众的多样化需求,带来的是各机构之间行动目标的重合或冲突,造成了资源极大的浪费,部门机构之间分散化、碎片化现象明显。因此,亟待改革的新行政的优势尚不能得到发挥。而在这一背景下,整体性治理理论应运而生。从本质上看,新公共管理变革理论中政府宏观整体上的掌控力与整体性治理理论强调的政府高度整合运行具有实质性区别。

希克斯给"整体性治理"(Holistic Governance)定义是:"政府机构通过组织间充分沟通与合作,达成有效协同和整合,彼此的政策目标连续一致,政策执行手段相互强化,达到合作无间地去实现共同目标的治理行动。"③对此,整体性治理针对的是碎片化治理带来的一系列问题,整体主义的对立面是碎片化而不是专业化。④ 显然,发端于政治学领域中的整体治理强调的是政府机构间的行为。笔者认为,在社会治理过程中,整体性治理核心内涵应当是协同和整合,"是对治理层级、治理功能、治理的信息系统等方面出现的碎片化问题进行整合,逐渐形成一个整体模式"。⑤ 因此,对整体性治理理论可以作以下概括:首先,该理论产生的逻辑基点是为了适应信息技术的发展,要求

---

① See Perri 6, *Holistic Government*, London: Demos, 1997, p. 33.

② 参见邵任薇:《从契约制的视角理解新公共管理》,载《岭南学刊》2008年第4期。

③ Perri 6, D. Leat, K. Seltzer & G. Stoker, *Towards Holistic Governance: The New Reform Agenda*, Basingstoke: Palgrave, 2002.

④ See Perri 6, *Towards Holistic Governance: The New Reform Agenda*, New York: Palgrave, 2002, p. 37.

⑤ Perri 6, *Holistic Government*, London: Demos, 1997, p. 36.

从分散趋向整体，应对管理的碎片化等问题；其次，该理论最为重要的特征是通过大数据的理论优势，促进管理的范式变革；最后，该理论的治理对象并不应局限在政府组织领域，其具有解决公共治理碎片化、服务裂解性等问题的功能，因而其主要目的是使治理目标更加优化。

（二）整体性治理的优势

整体性治理相较传统的行政管理、新公共管理具有无可比拟的优势，主要表现为传统的行政管理和新公共管理更加强调管理的工具理性，即只关注是否属于最优手段，而并不关注实施该种模式所追求之目的和行为之价值；但是，整体治理理论同时强调手段的工具理性和价值理性，在最大限度满足群众需求的基础上，以达成手段与价值两者之间的"最优解"。[①] 因此，在突发公共事件网络言论之中，整体性治理理论具有以下优势：

第一，有利于科学制定应对方案，推动网络谣言治理的应急机制的完善。众所周知，公共网络舆论事件防控成效是否显著涉及多方面的因素，不仅与区域的面积、区域人口等因素紧密关联，也跟区域领导层的领导决策休戚相关。因此由政府领导层综合本地区的各种实际因素、协调多元主体建立突发情况应急机制便成为迅速、有效解决问题的关键。因为如果只是将应急机制停留在一般的应急层面，则随着网络谣言的扩散将会显得难以应对。例如，目前世界上的某些国家，因为领导层的偏见和决策失误，使其应对谣言扩散时显得捉襟见肘。"在整体性治理理论应用过程中，需要多元主体的协同合作创新。"[②]这也是整体性治理理论与新公共管理理论的本质区别之一，即在明确各组织部门职能权限与目标作用的基础上，通过协调统一各级政府、政府部门以及与相关组织之间的运作方式，从而实现突发社会事件的完美应对。因此，从整体层面对网络谣言防控制定方案，是确保舆论正常平和、社会稳步有序前进的重要举措。例如，在汶川地震后不久，相关救援工作由党中央、国务院统一领导、部署，对每个工作细节都有足够的应对举措，有利于化解灾情的风险。然而，就灾情类的网络言论而言，如果缺乏统一性的治理决策，那么既有可能导致处理标准的不统一，而且也会浪费大量的人力、物力、财力却达不到警示的效果。由此可见，而整体性治理理论，有利于国家从宏观上制定相应的治理对策。

第二，有利于利用大数据时代的数据优势，实现社会热点事件网络言论的信息共享。"信息技术是整体性治理理论的催化剂。作为一种适应信息时代变革的政府治理

① 参见刘学平、张文芳：《国内整体性治理研究评述》，载《领导科学》2019 年第 4 期。

② 韩兆柱、翟文康：《大数据时代背景下整体性治理理论应用研究》，载《行政论坛》2015 年第 6 期。

模式,整体性治理主张充分运用现代信息技术进行跨部门、跨区域的信息交流与共享,以利于信息在不同区域、不同层级和不同部门之间的共享共融。"①对大量的网络舆情数据的整合、分析和反馈是以部门、机构及个人之间信息的交流和共享为前提。相关部门、组织机构和个人通过网络进行沟通与交流,政府可以对其在网络上共享的言论进行整合,初步形成网络舆情分析的样本数据库,通过大数据这一技术手段进一步分析民众关切,精准把握问题的核心,进而为公众作出正确的信息反馈。若采取新公共管理改革模式之下的政府功能的部分整合,由各个专业化组织自我专业化管理,必然会造成部门机构之间的信息壁垒,也就无法做到以民众需求为导向。在社会关切问题无法得到回应的前提下,民众的怀疑、猜忌,甚至不信任便应运而生。如前所述,重大热点事件在地域上不仅仅限于某个区域,随着人员的流动以及环境的变化,可能会迅速蔓延到其他区域甚至整个国家。在网络舆论防控方面,不可避免地面临数据的整合等现实问题,正如前文分析,如果大数据优势不能发挥出来,那么将会给谣言可乘之机。因此,重大热点事件谣言的防控必须依赖大数据的分析,通过对具体事件状态进行不断的监测,有针对性地采取对策并及时"辟谣",才能从源头上做好网络谣言预防的对策。

第三,有利于充分利用整体性的思维模式,推动网络言论的治理从"条块分割治理"向"跨界治理整合"转变。"作为一种有意识的机构重组或组织设计,整体性治理需要打破碎片化和分割型的组织架构设计,在纵向以及横向上实现一种以协同为特征的组织形态。"②整体性治理主张在政府组织内部协调优化上下级政府之间、政府部门之间以及相关组织不同层级之间的权责分配,改变现有的碎片化和部门化的组织架构,将职能内容相同或类似的部门进行整合,从而形成一个政府"大部门"的整合新模式。同时,该理论强调在横向上合理协调和处理政府、市场以及社会三者之间的关系,实现"政府协调整合—市场积极参与—社会主体参与和保护"的多元主体协同治理的格局。③ 现实中,社会热点事件相关的言论并非只是单纯涉及某一个领域,正如前文所述,不仅涉及主体也涉及相关的内容等。如果不能从整体性的思维出发,那么就不能从全局上对热点事件网络谣言防控的决战性胜利提供有价值的方案。通过整体性的治理模式,一方面,国家可以通过设定方案对热点事件网络谣言的防控提供整体上的应对措施,以避免事件突发时手足无措现象的出现,从而使各部门机构之间有条不紊、

① 李春根、李胜:《超大城市突发环境事件整体性治理研究》,载《中国行政管理》2017年第12期。

② 李春根、李胜:《超大城市突发环境事件整体性治理研究》,载《中国行政管理》2017年第12期。

③ 参见韩兆柱、翟文康:《大数据时代背景下整体性治理理论应用研究》,载《行政论坛》2015年第6期。

协调统一地处理突发情况;另一方面,针对不同领域的网络言论可以采取不同的治理方案,以做到具体问题具体分析、具体事件具体应对,实现因事制宜、精准施策。

四、网络言论整体性治理的具体路径

针对热点事件网络言论的碎片化现象,笔者认为,在整体性治理理论之下,有必要通过以下的途径进行优化。

(一)主体的协调与整合:建立统一的重要信息官方发布机制

早在2003年抗击"非典"期间,国务院就已经明确了严格执行疫情公布的机制。在抗击"非典"取得胜利之后,我国于2007年颁布施行《政府信息公开条例》,该条例于2019年重新修订。值得关注的是,修订之后的新条例在之前规定的政府公报、政府网站、新闻发布会以及传统媒体4种信息公布的方式之外,新增互联网政务媒体的信息公布方式。

笔者认为,应当充分利用该5种途径发布突发公共事件的相关信息,并且随着网络技术的发展,尤其应当注重利用政府通过网络媒体及时发布热点信息的途径。具体而言,首先,应当组建一些新闻媒体人员从事专门的信息发布。例如,可以吸纳央视记者、地方电视台记者组建专门的信息追踪以及发布团队,主要负责追踪以及发布相关突发公共事件的信息。其次,可以事先明确指定哪些平台属于重大公共事件发布的官方平台。例如,郑州"7·20"特大洪水事件中,不仅发布消息的平台众多,而且有时不同的官方平台发布的消息也各不相同,不知道哪方主体所说属实。[①] 因此,在社会热点事件发生之始,就应当明确指定官方平台发布相关的信息,为了明确平台职责,可以进一步对不同的平台进行分类,分别明确各个平台发布信息的范围。如此做法优势显现如下:其一,即便"如临突发舆情大敌",各类信息发布也能"稳而不乱、从容应对"。其二,有利于不同的平台追踪各自平台负责的信息种类,可以提升社会热点事件防控阶段的效率。其三,官方指定平台的可信度明显高于个人平台,有利于突发事件的进一步防控。其四,有利于事后追究平台不作为的责任,也有利于打击那些随意捏造舆情相关信息的非官方指定平台。

(二)内容的筛选与甄别:建立内容发布严格审核机制

在网络时代,由于进入门槛较低且发布信息便捷,社会公众乐于在不同的自媒体

---

① 例如,在郑州"7·20"特大洪水发生时,不仅有央视新闻、央视财经等官方媒体,同时有《郑州晚报》《陕西都市快报》等地方媒体,以及各种"网络大V"、"意见领袖"和个人等,通过网络的官方平台和私人自媒体平台发布郑州洪水的相关情况,各方发布的消息难免有出入,导致人们一时无法辨别真假。

平台上发布与重大热点事件相关的信息,且网络言论一旦被发布出去就呈现"点到面"的辐射状传播,不会因为地域限制影响阅读,因而在世界任何角落的不同人群数秒钟就能熟知相关的信息。

传播速度与方式本身是中立的,无所谓优劣,但是如果网络传播的是虚假消息,一旦散布出去,其负面效应也会随传播速度被无限扩大。网络谣言具有进一步扩大社会管理去中心化、去权威化的程度,较易滋生不稳定因素。[①] "网络群体大众是不受推理影响的,它们只能理解那些拼凑起来的观念。"[②]不实的网络言论一旦挑起了社会公众的愤怒,将会使网络群体更加暴动与不安,从而波及现实生活的秩序。因此,针对不同的网络平台发布的消息,有必要对其内容的真实性进行严格审核。那么,针对海量的网络信息,又该如何通过有效的资源进行审核?笔者认为,可以通过以下的途径进行解决。

首先,对于科研人员就相关重大热点事件所提出的建议以及相关的研究成果等,不仅应当求真务实,且相关内容原则上不应通过私人平台擅自发布。在网络谣言防控中,科研人员充当的角色无疑是关键且重要的,不仅普通民众,甚至官方防控措施都需要依据科研人员的研究结论进行部署。因此,在有关社会热点事件网络谣言横行的当下,相关科研人员的研究成果应当是精准且无误的,如此才能予以公布,对于一些结论存在争议且并不确定的研究成果,应当加快进一步研究的力度和步伐,而不应急于向社会公布。[③] 在发布的平台方面,应当是通过官方指定平台进行发布,而不应通过个人网络平台发布,否则相应信息的可信度将会大打折扣。

其次,对于普通民众发布的重大公共热点事件的言论,可以依赖于第三方平台自查自审机制进行审核。根据我国目前法律的规定,第三方平台对他人发布的网络言论具有审查的义务。因此,作为第三方平台的微信公众号、微博等自媒体平台,有义务及时审核发布内容的真实性。一是这种审核机制应当是事前审核与事后审查相结合的机制。审查人员同样存在局限性,不能要求审查人员事前对任何网络言论内容的真实性都能做到百分之百的甄别。因此,对即将发布的内容的真实性还需要建立事后审查机制,以补充纠正漏掉的信息内容真实性的审查。二是针对不同阶段的内容,应当采取不同的处置措施。对于事前甄别出的虚假消息,应当审核不予通过;对于事后审查的不实消息,应当及时予以删除;对于故意违反管理制度的行为,可以视情况采取限

---

① 参见陶鹏:《网络文化与虚拟社会管理》,河南人民出版社2014年版,第144页。

② [法]勒庞:《乌合之众:大众心理研究》,波洛译,中国华侨出版社2013年版,第48~50页。

③ 当然,在这种情况下,不应禁止科研人员在其内部公布并探讨。

制、封号等措施禁止其进一步拥有发布相应消息的权限。

（三）监管标准的统一：统一全国责任追究的法律标准

如前所述，虽然我国保障公民的言论自由，但并不意味着可以为所欲为，每一个行为人都应当对自己的言行负责，对于故意散布不实言论的，应当承担相应的法律责任。但在面对重大公共热点事件之时，如何进一步统一相关的监管标准，对类似行为如何做到统一的处断，则成为社会热点事件防控中司法部门应当着力解决的重点。在笔者看来，就重大公共事件网络言论涉及的法律责任追究问题，以下内容需要进一步明确和统一：

第一，明确受法律追究的"网络谣言"的边界。在网络上散布谣言的行为会受行政法惩罚，情节严重的，例如"编造虚假信息，或者明知是编造的虚假信息，在信息网络上散布，或者组织、指使人员在信息网络上散布，起哄闹事，造成公共秩序严重混乱的"，可以以犯罪论处。

何为"网络谣言"？目前在学界有 4 种界定学说："一是媒介说，即认为网络谣言就是基于互联网传播的谣言；二是专业说，即以研究领域为切入点，研究网络谣言出现后对社会方方面面产生的影响；三是分立说，即主张同时侧重'网络'和'谣言'两个主题；四是过程说，主张网络谣言是群体交互行为。"①上述无论何种观点并未揭示出网络谣言的本质性特征。笔者认为，网络谣言具有以下的本质特征：其一，是通过网络平台传播的消息。其二，是没有证实的消息。这也是网络谣言词汇的核心，谣言最核心的特征就是未经证实。其三，谣言应当涉及的是一些公共事件。例如，对某个具体人捏造"无中生有"的事实进行诽谤，就不能视为谣言。其四，在内容上不仅包括虚拟的原始事实，也包括就该虚拟的事实进行交互交流而产生的观点、思想以及态度等。由此可见，应当将具有根据的真实信息排除在谣言之外。

那么，值得探讨的是医生针对重大公共卫生事件的披露是否具有豁免权？笔者认为：其一，医生在正当业务与法律规定存在冲突之时，选择正当的业务具有豁免法律责任的前提和基础，其他任何人不应以此追究其责任。其二，在未来，有必要在法律层面确立更加具体的"重大公共事件吹哨人"免责制度。我国于 2019 年 9 月出台的国务院《关于加强和规范事中事后监督的指导意见》中明确规定："建立'吹哨人'、内部举报人等制度，对举报严重违法违规行为和重大风险隐患的有功人员予以重奖和严格保护。"未来有必要在重大突发公共事件领域落实该意见的宗旨，在重大突发公共事件中确立具体的"吹哨人"免责制度，即医护人员有权就重大突发公共卫生事件发表警示言

① 何明升等：《网络治理：中国经验和路径选择》，中国经济出版社 2017 年版，第 281 页。

论,即使言论存在不全面之处,也不因其警示言论获得任何处罚或不公正对待。

第二,明确编造、故意传播虚假信息罪的构成要件的内容。我国《刑法修正案(九)》将传播网络谣言的行为纳入刑法的调整范围,编造、故意传播虚假信息罪是选择性罪名,即行为可能是编造并传播行为,也可能是无编造行为但明知是虚假的信息而故意传播。构成此罪要满足3个条件:其一,在客观上具有编造、故意传播行为。传播的媒介包括网络传播途径。其二,传播的内容包括虚假的险情、疫情、灾情、警情等。根据最高人民法院、最高人民检察院2003年联合出台的《关于办理妨害预防、控制突发传染病疫情等灾害的刑事案件具体应用法律若干问题的解释》第10条第1款之规定,"编造与突发传染病疫情等灾害有关的恐怖信息"属于本罪的规制范围。其三,构成本罪还需要严重扰乱社会秩序,这是构成本罪的实质性要求。

对于前两个要件较容易判断,那么何为"严重扰乱社会秩序"则还需要进一步判断。笔者认为,应当分不同的情况分别予以探讨:

其一,网络谣言的内容涉及重大突发公共事件本身的,如造谣将会发生地震,明确指出将会发生地震的地区和地震等级的。对此,也要区分清楚该谣言的实际影响范围。因为将会发生地震的言论本身会引起公众一定的恐慌,但是地震的等级以及发生的区域的不同,也会影响该谣言本身波及范围,地震等级较小的谣言,也不见得就能引起大面积的恐慌。例如,造谣某地区将会发生2.0级地震,社会秩序也未必就遭受严重混乱。对于这种情节较轻的行为,通过行政处罚即可。

其二,谣言涉及捏造相关组织或机构对重大突发公共事件处置失当、造成该公共事件人为恶化等信息的。虽然对此有学者提出了不同见解,但是就突发社会公共事件而言,也并非依靠奋战在一线的相关机构或人员就能完全有效化解。因此,在操作之中也会存在失当或者不妥当的地方。如果行为人主观上是基于对该类事件的担忧和恐惧,而非是制造混乱之目的,那么对于这类行为人进行相应的行政处罚即可。

其三,谣言涉及相关政府部门对重大突发公共事件管控不力等信息的。对此,笔者认为,在特殊的突发灾情、险情等社会公共事件之下,相关的政府部门的职责就应当是确保社会民众的生命健康。因此,民众对其监督甚至评判性建议,政府应当具有高度的容忍性。如果散布的对政府工作不力的谣言情节轻微,不应当进行刑事处罚较妥当。但是,"肆意编造信息、明知是虚假信息还进行传播的,主观恶性极大,客观上容易引发严重的社会秩序混乱,依法应予严肃处理,必要时应予刑事追诉"。①

---

① 唐兴华:《治理有关新型冠状病毒感染的肺炎的谣言问题》,载新华网,http://www.xinhuanet.com//2020-01/28/c_1125508460.htm。

五、结语

对于网络言论的应对好比打一场战役,由于在这场战役之中言论主体的庞大与复杂,在此背景之下,加上网络传播的快捷性,极易导致不同主体网络言论的失序,尤其在突发社会公共事件领域中体现得较明显。公共事件中的碎片化造成的危害不言而喻:其一,增加了一些突发公共事件治理的难度,因为针对真假难辨的消息,社会民众往往会显得手足无措,对于不同主体的建议,往往又不置可否。所以,整体上来说负面效应显著。其二,增加了社会民众的不安。例如,在科学层面尚未研究透彻一些公共事件的真相之前,其他人员逾越法律的底线不断传播谣言,无疑使社会公众更加恐慌。因此,在网络言论治理之时,一方面,需要保障社会公众对该事件的足够知情权;另一方面,也需要相关国家机关打击涉及相关言论的违法犯罪行为。当然,在治理网络言论的过程中,还需要靠社会民众的自觉参与、主动配合。整体性治理效力的发挥离不开强有力的权力,而中国特色社会主义制度具有集中力量办大事的显著优势。[①] 通过整体治理理论,分不同的类型统一行动,不仅能够节约资源,而且也有利于凸显治理成效。

---

① 参见韩兆柱、翟文康:《大数据时代背景下整体性治理理论应用研究》,载《行政论坛》2015 年第 6 期。

知识产权法视域下数据与信息的逻辑解耦与保护分野*

——以信息论与控制论为研究进路

易健雄** 朱桓霆***

摘　要:我国《民法典》将“数据”纳入民法体系,使其成为一项独立的保护客体,但并未解决数据与信息之间的概念界限问题,二者存在理解混乱。香农信息论与维纳控制论是区分法学上数据与信息的基础科学理论,借用香农信息论可将信息解释为“机械结构”,借用维纳信息论可将信息解释为“机械结构+联系”。在香农信息论下,法学上的数据表现为客观的集合性结构;在维纳控制论下,法学上的信息表现为主观的个体性联系。对此,应从人格、财产、秩序等价值面向判断数据型问题与信息型问题,并对二者的逻辑规则作出以下辨析:在主体选择上,信息所有人与数据控制者分属各自规则的主体;在客体选择上,作为个人控制阶段下的信息应以信息法保护,作为企业控制阶段下的数据应以数据法保护;在路径选择上,以“权利法”模式对信息权利进行保护,以“竞争法”模式对数据行为进行保护。因此,应以信息“所有”的权利法模式构建信息规则,以数据“控制”的竞争法模式构建数据规则。

关键词:数据;信息;机械结构;联系;控制

---

* 西南政法大学研究项目“知识产权视域下数据与信息的逻辑解耦与保护分野”(课题批准号:2021XZXS-164)阶段性成果,由2021年西南政法大学学生科研创新项目资助;重庆知识产权协同创新中心研究项目“企业数据的规制路径研究——以权利法与竞争法为视角”(课题批准号:21IP014)阶段性成果,由重庆知识产权协同创新中心项目资助。

** 西南政法大学副教授,硕士研究生导师。

*** 西南政法大学法学硕士研究生。

一、问题的提出

互联网的飞速发展使现实生活电子化、虚拟化、网络化，云计算、物联网等新兴技术崛起，传统意义上的“小数据”时代迈步跃向具有新概念、新特征、新内涵的“大数据”时代。随着《民法典》在第五章“民事权利”第127条①中将数据纳入其民法体系，数据权益开始名正言顺地存在于法学理论之中。中共中央、国务院发布《关于构建更加完善的要素市场化配置体制机制的意见》，首次将数据纳入市场化配置的五大基础生产要素之一，为数据勾画基本属性上的顶层设计。《网络安全法》《数据安全法》等人大立法，各地方数据保护条例等行政法规②从数据安全、数据交易、数据监管等方面为数据保护提供法律体系上的主干建设。多地设立大数据交易所、研究院等数据机构，从数据流通共享与市场交易等方面为实现数据应用作出了底层实践，以数据为核心的保护与应用体系正逐步建成并完善。在立法与司法等数据实践之外，以数据为中心衍生出来的“数据法学”成为近年来的热点研究之一，其中包含数据确权、数据交易、数据公开、数据共享等板块。从横向比较来看，以大数据为中心的各类研究具有一个共通性，即视数据为某种可赋权、可流通、可交换的“物”，并将之作为证成财产权的自然起点，这种“物化”的观点实际上是生活与法律相互交织的展现，但缺乏法律的确认，数据作为物的本质特征尚未以财产或物的形式体现于法律体系中。③ 法律从技术上为数据下定义，看似界分数据与信息，实则模糊二者，数据的法律属性并没有彰显其中，数据的法律体系难以构建。场景化生活的杂糅与侵入使日常生活与专业法律之间产生难以明晰的混淆，这导致难以在法学领域对数据与信息进行区分，需要进一步地甄别与适用。

在讨论数据与信息概念区分的法学研究中，各类观点尚未达成一致：有学者承认信息和数据是内容与形式的关系，但认为在大数据时代两者不可分离，需要进行统一理解；④有学者认为，信息的外延大于数据，主张数据工具主义；⑤有学者认为，信息和数据分属于内容层和符号层，主张严格区分个人信息与数据文件；⑥有学者认为，数据

① 《民法典》第127条规定，法律对数据、网络虚拟财产的保护有规定的，依照其规定。

② 截至2021年12月，山东、天津、安徽、吉林、山西、海南、贵州已出台大数据条例，河北、广东、浙江已出台数字经济条例，深圳、上海已出台数据条例。

③ 参见黄锫：《大数据时代个人数据权属的配置规则》，载《法学杂志》2021年第1期。

④ 参见程啸：《论大数据时代的个人数据权利》，载《中国社会科学》2018年第3期。

⑤ 参见梅夏英：《数据的法律属性及其民法定位》，载《中国社会科学》2016年第9期。

⑥ 参见纪海龙：《数据的私法定位与保护》，载《法学研究》2018年第6期。

和信息在不同法律背景下可以互换使用,但信息内容即数据本身,应在作者作品或其物理层面的语义上分离存在;①也有学者兼采数据与信息,合称为"数据信息",或称为"个人数据信息"②"信息/数据"③等。可以看到,数据与信息之间存在差别是学界共识,但分歧在于,是否有必要将信息科学领域上的差异代入法学领域而进行区分保护,以及到底如何解释这种差异才能构建符合法学规范的数据保护体系。

必要性问题可以从理论构建与司法实践的角度出发。在理论构建上,区分二者是探索数据赋权模式的前提,如果数据即信息,那么数据赋权能否直接融入信息而无须独立设定规则;如果数据并非信息,那么数据如何保护才能使其成为区别于信息的独立客体?当前信息赋权已获得立法的广泛认可,知识产权、商业秘密、个人信息等典型的信息客体已基本完成体系化搭建,这为数据确权提供了借鉴路径。但在信息与数据关系仍较模糊的当下,首先要从根本上解决的仍然是数据与信息的区分问题。在司法实践上,区分二者对引导案件公正裁判有重要价值。如在"腾讯诉搜道、聚客通反不正当竞争案"④中,一审法院将数据权益分为整体型与个体型,并对其进行区分保护,其中虽未明言数据与信息的异同,但这种划分形式体现的正是信息与数据之间的相对异质性,隐含不同客体之下的不同裁判逻辑与裁判思维。司法所面临的不仅仅是保护数据权益,更是在保护数据与保护信息之间作出合适选择,不能过度保护亦不能放弃保护,这就需要认清数据与信息之间的本质区别并分别构建各自的规则体系。数据与信息的关系密不可分,仅从法学角度难以实现有效区分,因此,笔者将从数据与信息的基础科学理论出发,探究数据的真身所在,尝试构建数据法学的保护规则与体系,为我国数据法体系的创设建言献策。

二、溯源:聚焦信息基础理论

在众多学科的基础理论中,对数据与信息二者的诠释可谓是百家争鸣、难下定论。如在信息技术上,数据是用来记录客观事物的性质、形态、数量、特征的抽象符号,其本

---

① See Lothar Determann, *No One Owns Data*, Hastings Law Journal, 2018, p. 6.

② 吴伟光:《大数据技术下个人数据信息私权保护论批判》,载《政治与法律》2016年第7期。

③ 胡凌:《商业模式视角下的"信息/数据"产权》,载《上海大学学报(社会科学版)》2017年第6期。

④ 参见"深圳市腾讯计算机系统有限公司等诉浙江搜道网络技术有限公司等不正当竞争纠纷案",浙江省杭州铁路运输法院(2019)浙8601民初1987号民事判决书。法院认为,网络平台方对于数据资源整体与单一原始数据个体享有不同的数据权益。两名被告通过被控侵权软件擅自收集微信用户数据,存储于自己所控制的服务器内的行为,不仅危及微信用户的数据安全,且对腾讯公司基于数据资源整体获得的竞争权益构成了实质性损害。

身是缺少具体含义的，而信息是对数据予以加工解释后形成的对人类某种活动有指导意义的结果。二者如同原料与成品之间的关系，其过程可以被简化理解为“数据—处理过程（数据贮存器）—信息”。[①]

又如，从认识论角度来说，信息是认识主体所感受或所表述的事物的运动状态和方式。人们的认识过程，既是将客观信息转化为主观信息的过程，也是将主观信息作用于客观世界的过程。[②] 各类学科理论对理解数据与信息有其独特之处，但在融入法学理论时有其难度。比如，我国数据安全法中对数据的定义便借鉴了信息技术领域的概念，将数据定义为“对信息的记录”，然而这种表述本身就不够清晰，数据仿佛不同于信息却又似乎可视为信息，其所带来的不确定性依然需要借助其他理论来解释。而笔者之所以采取香农信息论与维纳控制论，在于二理论的包容性与解释性，不仅能够对法学概念作出诠释性适用，而且二理论之间相互继承、互为补充的密切关系恰如数据与信息的关系，共性中存在差别，差别中存在联系，这对于解释数据与信息有着独特价值。

（一）信息论：通信的机械结构

1948 年，通信专家香农在《贝尔系统电话杂志》上发表了一篇题为《通信的数学原理》的论文，以概率论为工具阐明了通信中的一系列基本理论问题。[③] 其创新之处在于借用概率论指出信息的可度量性，并借此计算出信息量的大小。香农提出：“通信的基本问题就是在某一点精确或近似地复现在另一点所选中的消息。”[④]在数据生成、信息传递的过程中，通常需要经过采集、传输、处理、存储、加工、显示等阶段，并通过电信号、光信号、磁信号等形式进行转换表达，保证在整个传输过程最大限度还原信息的初始状态。无论是日常生活中的数据还是信息，实际上都符合这样一个从通信一端到另一端的、精确或近似地复现过程，在这一点上，数据与信息论中所描述的信息具有一致性。这种一致性是纯粹客观角度上的一致，而不考虑其存在意义上的主观性，因为复制本身是一个技术问题，信息论就是从纯技术的角度来解析信息在传递中自身所发生的结构变化，于是人在这一过程中所发挥的作用被无限缩小甚至被忽视。在一个数字通信系统中，信息的传送过程可以被描述为信源通过信道抵达信宿的过程：信源—发

---

① 龙连文、吴力文主编：《经营信息系统》，经济科学出版社 1987 年版，第 4 页。

② 参见周又玲：《从香农到波普——看信息论的认识论价值》，载《学术论坛》2006 年第 12 期。

③ 参见文庭孝、侯经川等：《论信息概念的演变及其对信息科学发展的影响——从本体论到信息论再到博弈论》，载《情报理论与实践》2009 年第 3 期。

④ C. E. Shannon, *A Mathematical Theory of Communication*, Mobile Computing and Communications Review, p. 3 – 4 (2001).

送器—信道—接收器—信宿。[①] 这个过程再次展现了信息在传递中的不变与可变,信息在传递中需要经过结构形式的转变与还原,而无论中途发生何种结构上的改变,最终的输出端都需要将信息尽可能完美地恢复如初,这是信息论中信息的最主要特征。这与我们日常生活中对数据与信息的要求保持一致,一旦在传输过程中因自身原因发生数据丢失或信息失真的状况,那么无论从机械结构上还是主观意义上来说,其存在价值都将降至最低,法律对其保护的必要性也将随之下降,主体利益也就无须保护。在这一点上,数据更偏向“物”的性质。

香农将信息定义为用以消除随机不确定性的东西,而这种不确定性的消除在信息论上属于信息产生过程中的自然结果,与追求准确性、完备性和可靠性的目的不同,而且它不考虑语义上的一致性。[②] 香农提出的不确定性并非根据人的主观意愿所判断的不确定性,而是从概率学上的0与1来判断其大小的。这种判断从结构与数值切入,排除预期与价值,使信息主体在信息传递中的地位作用大大缩减,更加强调了信息本身的机械功能与结构效能。为计算信息中信息量的大小,香农借鉴热力学第二定律,[③]在理论中引入了“熵”的概念,把信息中排除冗余后的平均信息量称为“信息熵”,其价值在于将“确定性的增加”转变为“不确定性的减少”,转换了信息理解的思维模式。[④] 从这一点看,大数据就是这样一个拥有庞大信息熵的系统,不断增加的数据使信息熵越来越大,其信息量也越来越大。同时,伴随大体量数据而来的是难以调和的嘈杂与无效,大数据成为“无序”的象征。打破这条无序界限的正是作为主体的人,从搜集抓取到分析演绎,人以在特定目的下进行“熵减”运动,使大数据系统从无序向有序演变,这是一个在广义范围内不断消除不确定性的过程。在此,数据走入了香农信息论的空间,它可以被解释为具有“机械结构”的无序集合。

然而,认识信息的目的是利用信息,信息的有效性成为衡量信息价值的标准,这种受主观影响极大的有效性表现出香农信息论在解释信息效用上的局限性。[⑤] 香农信息

---

① C. E. Shannon, *A Mathematical Theory of Communication*, Mobile Computing and Communications Review, p. 3 - 4 (2001).

② 参见王勇:《香农信息定义分析与改进》,载《情报杂志》2008年第8期。

③ 热力学第二定律:不可能把热量从低温物体传向高温物体而不引起其他变化(克劳修斯表述)。或孤立系统的熵永不自动减少,熵在可逆过程中不变,在不可逆过程中增加,即熵增原理。

④ 熵可以被理解为不确定性的量度,越随机的信源的熵越大,事件发生的概率越小,不确定性越大,则其消除不确定性所存在的信息量越大。这也可以从系统中的复杂程度来理解,熵越大则系统越复杂,系统内部越容易处于混乱状态。简单举例,“在ABCD中有一个正确选项”与“在AB中有一个正确选项”这两个命题,前者的不确定性更大,选中正确答案的概率更小,因此前者的熵就更大,其信息量也就更大。

⑤ 参见李艳林:《重论信息即负墒》,载《情报理论与实践》1995年第2期。

论从数字通信领域出发，集中于分析信息存在的静态形式与信息传递的动态结构，但却未考虑信息的含义与价值，这对将之扩展至法学领域提出了更大的难度与挑战。[①]与因人而异、纯主观理解的语义信息不同，通信系统中的信息依据客观信号或频率而产生，其主要关注点在于信息的机械结构而非人的价值，因此忽略了法学信息中最核心的人的位置所处。这便引出以下几个问题，即法学上的数据是否具有对人的指向性？法学上的信息更偏重结构还是意图？法学上的数据与信息能否合一认知？至少从香农信息论的角度，上述问题的答案是存疑的，为寻找诠释数据与信息的最优解，需要引入维纳的控制论。

（二）控制论：动态的交互反馈

同样是1948年，美国数学家诺伯特·维纳在巴黎发表著作《控制论》，20世纪最伟大的学科成就之一宣告诞生。维纳把人与外部环境交换信息的过程看作一种广义的通信过程，即泛指人与人、机器与机器、机器与自然物、人与自然物之间的信息传递与信息交换，主体与客体之间在相互作用下形成特定框架下的动态系统，控制论便是一种研究各种动态系统在持续变化的环境条件下如何保持平衡或稳定状态的科学。维纳指出："信息就是我们对外界进行调节并使我们的调节为外界所了解时而与外界交换来的东西，接收信息和使用信息的过程就是我们对外界环境中的种种偶然性进行调节并在该环境中有效生活着的过程。"[②]无论是人控制机器还是机器之间相互控制，都是一种信息双向传递的过程，即"输入—输出—反馈—再输入—再输出"的信息流循环过程。这符合日常生活中对信息传递的理解，信息的价值在于动态传播而不在于静态存在，一方发出信息使另一方接收信息，双方在彼此沟通交流的基础上达成合意共识，这是信息价值的体现，我们也可以从信息传播的角度来理解法律问题。

与研究信息结构的香农不同，维纳看到了信息的另一面：反馈机制。维纳发现，信息传输与信息处理是每一个通信控制系统必然存在的环节，不同环节之间通过有效控制达到预定目标，信息反馈是其中的关键。在信息传播过程中，信息会因噪声、误差等产生不同程度的损耗，导致双方产生歧义与隔阂，甚至可能造成系统紊乱与崩塌，这是信息发出者与接收者均抗拒的结果。因此，需要一个有效的反馈机制来保证信息在这一过程中的真实性与稳定性。在维纳的反馈机制中，个体通过与外界的交互来适应环境，它描绘了一种持续学习与调整的自我。[③] 反馈使信息表达更具有多向性与复合性，

---

① 参见黄小寒：《从信息本质到信息哲学——对半个世纪以来信息科学哲学探讨的回顾与总结》，载《自然辩证法研究》2001年第3期。

② ［美］维纳：《人有人的用处——控制论和社会》，陈步译，商务印书馆1978年版，第9页。

③ 参见王洪喆：《诺伯特·维纳、控制论与信息传播的人文精神》，载《全球传媒学刊》2021年第2期。

它不仅发生在系统内部,而且发生在系统本身与外部环境,系统所释放的信息正是用来控制环境的命令,这是一个复杂多元的输入与输出过程。从这里可以看到,整个过程是单向传递与双向交流共存的。所谓单向,是指从时间线的视角来看,这是一对象向另一对象发出的旨在控制外部环境的单一控制信息流;所谓双向,是指从整体结构的视角来看,这是在系统与环境之间发生的相互作用信息流,这是一个具有双控制特征的信息过程。这种控制可以理解为一种针对性的调整与变化,当一个运动要按照给定的模式进行时,这个模式与实际进行的运动之间存在一个差值,这个差值会被用作一个新的输入量去进一步调节该运动,使其更接近于给定的运动模式。① 比如,追踪导弹中的负反馈调节机制,导弹锁定目标并发射并非基于事先计算的参数,而是在导弹行进过程中不断对照与目标的距离、方向作出相应的控制调整,最终达到命中目标的预期结果,这是控制论中反馈的作用。这是一个极其复杂的过程,一个信息系统中的元素在"差别"和"联系"的相互作用和耦合下形成巨大信息量与信息势,从而不断衍生出"相变"和"分岔",最终导致信息系统的不确定与复杂。② 越复杂的系统越具有差势,同时越能够传达更多信息,并在各种机制的共同调节作用下达到控制预期。

反馈很大程度上源于人的介入与参与,并突出人的目的与价值,这与注重结构而忽略意图的香农信息论相区别;同时,人们认识与改造世界的实践过程也是信息的输入与输出过程,这构成了信息、反馈的双向循环,信息为主体与对象之间创造了联系。③ 反馈对维纳控制论的意义在于,它使信息从机械结构走向了动态价值,它更加强调主体在精神层次上更抽象的表达,而不仅仅将其视为机器式的信息发出与接收工具,信息传递的过程也跃升为高层次的交流与互动,而不再是固定模块化的通道输送,人的价值与目的得以蕴含其中。维纳控制论中的信息可以被概括为"机械结构+联系"。

三、反思:数据与信息的逻辑解耦

信息论与控制论是从不同角度诠释信息的学科工具,需要将其代入法学的视野中完成概念的过渡与转变。数据作为一种"信息",经过人的理解加工而产生,它更应被视为对元对象的忠实还原,是某种"复制",因此它并非人们通常意义上的"信息",而是表现为对信息的记录。这种记录一般以代码形态存在,本身并不属于在语义层面被界

---

① 参见[美]诺伯特·维纳:《控制论》,王文浩译,商务印书馆2020年版,第24页。

② 参见李德昌、廖梅:《复杂系统及势科学原理——信息人社会与势科学理论研究之一》,载《闽江学刊》2010年第4期。

③ 参见高剑平、仇小敏:《凸显"关系"与"目的":控制论对系统科学思想史的贡献》,载《学术论坛》2008年第3期。

定的信息,与数据符号中包含的特定信息内容分属不同层面。① 有学者将数据的记录理解为是信息“固定”在介质上的产物,包含信息与物的双重属性,看似将数据与信息有所区分但实际却仍然混同了数据与信息。② 信息则更多强调的是主体与客体之间、系统与环境之间的联系与意义,这是数据所没有表现出来的特征,也是数据无法达到信息所处层级的原因。同时数据的价值性并非来自个体,而是源于多个数据形成的数据集合,大规模的数据集合在算法等互联网技术的串联之下能够实现对整体的一致认知与对个体的专项分析,并据此获得巨大的应用价值与商业价值。与之相区分的信息则被人赋予具有指向性、目的性、人格性的意义。从上述香农信息论与维纳控制论的基础理论来看,法学上的数据与信息应存在区分,数据应作香农信息论理解,它更注重信息的结构;法学上的信息应作维纳控制论理解,它更注重信息的联系。

(一)作为客观集合性结构的数据

法律规范体系和法学知识体系的科学化不仅在于以“体系化”为核心的内部科学化,而且在于以“客观性”为核心的外部科学化,它需要多元领域的思考与融汇。③ 香农的信息论更加看重信息中的机械结构,即信源经过电信号、光信号的形式上的转换抵达信宿的结构过程,其个中关键在于传输上信息结构的复制再现与概率上不确定性的消除,而不考虑信息对主体的有效性,也不考虑信息发出者的语义、象征、隐喻、意图等深层联系,这为解释法学上的数据提供了可能。

信息论揭示了数据的结构特征,体现出数据经过数字化复制而客观再现的物的不变特征。数字化是一种技术形式,在狭义上是指利用信息系统等信息通信技术,将物理世界中可直观感受的信息、知识等内容转变为二进制代码,输入计算机内以形成可读取、可存储、可计算的数字、数据,并基于此构建模型用以分析、应用的过程。在数字记录和传播技术下,包括作品在内的知识、信息等客体都能够以数字形式记载、呈现,以信息流形式传输、传送或送达。④ 此时,事物的传播形式虽脱离传统物理介质,但仍未脱离以感官为基础的客观世界,计算机代码也必须进一步输出为能够以人类视觉、听觉等基础感官为接收目标的传统表达,如文字、数字、图形等。这个传输过程是香农

---

① 参见王镭:《“拷问”数据财产权——以信息与数据的层面划分为视角》,载《华中科技大学学报(社会科学版)》2019 年第 4 期。

② 参见陈琛:《信息产品使用者权利研究:论信息记录支配权之确立——兼谈虚拟财产保护“物权”说的理论缺陷》,载《河北法学》2016 年第 12 期。

③ 参见程金华:《科学化与法学知识体系——兼议大数据实证研究超越“规范 vs. 事实”鸿沟的可能》,载《中国法律评论》2020 年第 4 期。

④ 参见高富平:《寻求数字时代的版权法生存法则》,载《知识产权》2011 年第 2 期。

所提出的从信源到信宿的过程,其重点在于尽可能保证数据传输前后的一致性,而不在于其深层语义上的一致性。相比之下,法学信息则更重视语义上的一致性,即便其机械结构发生巨大变化,只要其内涵不变,则信息传达便不会失真,信息发出者与接收者便不会产生错位。值得注意的是,数据的复制与知识产权中的复制大有不同。知识产权中对作品的复制包括思想与表达两个方面,二者分属于主观意义与客观结构,复制行为对表达作出变动,但却并未使思想发生改变,其复制的对象实际上是思想。而数据的复制却不关注思想,它只注重机械结构上的同一性,只要数据精准并足以还原客观事物,其复制目标便已达成,至于主体对数据之上价值与意义的解读,数据并不关注。因此,数据的结构特征在法学上呈现为客观"物"的形态,它并不随人的价值解读而变化,具有极强的确定性与不变性。

数据被视为重要资源的原因在于其分析价值,单个数据不足以拼凑出事物的全貌,但海量数据却能够抽象出数据背后客观事物的普遍特征,并以此推演规律、预测未来。① 尽管个别特定数据对主体而言很重要,但能够产生价值的是数据池,而非少量数据。② 数据分析价值与商业价值的核心在于大数据,即以数据集合形式出现的、具有极大规模的数据群,它能对系统的有用性与有序性产生巨大影响,因此数据具有聚合性的特征。任何一个系统都在从相对有序的状态向相对无序的状态演变,它遵守"熵增定律",即一个孤立系统在均匀环境中且不受外力影响时会逐渐走向混乱与无序,大数据也是如此。若想使大数据变得有序需要经过抓取、筛选、编排等行为完成数据集合,这需要借助机器算法来完成。算法好比统领大数据的指挥官,它使数据集合从无序向有序转变,这是一个动态的"熵减"过程。在能够推演挖掘深层目标的算法面前,人们对其个人数据几乎没有控制权和监督权。③ 因此,相比无序的大数据,更应该受到法律规制的是算法,它也不仅是价值中立的纯技术手段,更隐含人类伦理与社会偏见。④ 一旦这一点被掌握有大量数据的互联网企业所利用并超过必要限度,企业则面临违背商业道德的不正当竞争行为指控。最高人民法院《关于适用〈中华人民共和国反不正当竞争法〉若干问题的解释(征求意见稿)》对数据与算法进行规定,说明数据与算法不再是市场竞争行为的法外之地,维护市场竞争秩序、保护经营者与消费者的合法权益是立法的首要目的。司法实践中,企业对数据集合享有的竞争性权益被多数法院认可,

---

① 参见高富平:《数据流通理论 数据资源权利配置的基础》,载《中外法学》2019年第6期。

② 参见郝思洋:《知识产权视角下数据财产的制度选项》,载《知识产权》2019年第9期。

③ See Sandra Wachter & Brent Mittelstadt, *A Right to Reasonable Inferences: Re-Thinking Data Protection Law in the Age of Big Data and AI*, Columbia Business Law Review, p. 499(2019).

④ 参见丁晓东:《论算法的法律规制》,载《中国社会科学》2020年第12期。

并非单一数据不构成对企业的侵害,而是考虑受损害利益大小与竞争秩序是否受到破坏等法定要件,对单一数据造成的损害影响交由市场规制,企业可以通过技术措施等手段防范过滤他人侵害,这就是数据所表现出来的聚合性。

(二)作为主观个体性联系的信息

意义与联系是维纳的控制论所看重的,它表现在两大方面:第一联系是通信系统内部施控者与受控者之间的联系,这个联系因为反馈机制的存在而成为双向联系,受控者同时可成为施控者,施控者同时可成为受控者,其重点在于双方之间互为指向、互为识别。第二联系是通信系统与外部环境之间的联系,系统内部与外部之间同样存在信息交换的过程,系统需要在信息交换中排除外部噪声而保持自身独立运转,外部环境需要对系统施加秩序上的管控并为系统提供初始资源,其重点在于系统的排他性与环境的秩序性。两大联系共同为信息提供驱动力,使信息在传递过程中到达控制效果,也使信息区别于单一结构的数据。

在法学上,信息具有超过数据的表现要素,它不仅会在结构上满足复现的结果,而且在意义上能够传递深层联系。信息以人为目标对象,数据以机器为目标对象,数据建立在机器读取的基础上,依托于互联网技术,一旦脱离依照预先设定的程序轨道严格运转的数字环境,数据将毫无意义。数据之上的意义与价值是人类主体根据主观目的作出的,并不来自数据所连接的客观事物,正是数据所代表的机械结构与人类所赋予的价值意义共同构成了维纳控制论中的信息。数据存在的系统表现为:主体—(数据)—客观事物,数据所扮演的是一个桥梁通道的角色,它更靠近客观事物一方,是客观事物的影子。主体与客观事物之间相互作用产生持续稳定的联系,这是控制论第一联系的表现。控制论第二联系在法学信息上是通过赋予排他专有权实现的,如个人信息权、知识产权等。个人信息在人格上不可剥夺,但在财产上的商品化仍然面临隐私共享等挑战,当前尚不能赋予其财产上的排他权。① 知识产权则在人格和财产上均创设了排他权,通过法律方式制造人为稀缺,在权利人与他人之间创造了联系,使单个知识产权之间得以共存,也使知识产权体系与其他制度体系得以并行。法律可以通过强制力赋予数据以第二联系,但却难以在众多数据利用主体中选择其一而划定第一联系,各方利益在数据权属分配上难以平衡,因为数据与主体之间本就存在一道天然联系上的鸿沟。如果径行设立数据财产权,那便意味着为数据增添控制论两大联系而忽视数据的结构属性,强行将数据转变为信息而进入信息法的空间,造成二者混乱。因此,在讨论数据财产权时,在很大程度上是在讨论信息财产权,因为数据复制再现的或

---

① See Paul M. Schwartz, *Property, Privacy and Personal Data*, Harvard Law Review, p. 2096(2001).

转换替代的正是信息。我们以个人数据、企业数据等对数据进行分类,却不经意间误入了信息的领域,这是对数据语词的滥用与误解。

维纳的控制论中的反馈机制体现在个体信息的指向性与识别性上,其逻辑在于,作为主体的人因生理、心理等因素具有天然区别于他人的自然特征,以及通过法律行为不断向外界环境释放信息而形成的区别于他人的社会特征,两类特征聚集认证而锁定特定个人,以抽象的联系定位具象的人,这就是控制论中的反馈机制。无论是个人信息还是知识产权,其注重的都是主体与客体之间特定的、唯一的指向性。个人信息明确何种信息归属个人,其识别性联系是关键;知识产权明确作品、专利、商标归属何人,其指向性联系是关键。这些联系是控制论上的第一联系,即系统内部的联系,在法学上表现为源于人的联系。个人信息作为一种可识别、可标表特定自然人特征的信息,它具有与人的个体评价和社会认同相关的精神属性。① 这种属性是指向或联系特定个人身份的抽象内容,离不开主体的认识与理解,而数据则表现出独立于主体的客观性和具象性特征。② 信息所具有的联系性使其具有了社会价值与人文价值,正是这种基于人的价值使其更有人文温度,这是冰冷数据所不具备的。同为信息的知识产权在创新上展现了个体的力量,每一个作品、专利中都蕴藏人的智慧,每一个知识产权都是独立于其他知识产权的,这是信息所具有的个体指向性。知识产权具有“同型结构+意义”的构造特征,其中的“意义”具有容纳权利人以及权利人之外思想情感的广泛性,这正是信息在源于个体并在个体之间相互反馈所表现出来的个体性特征。③ 在这一点上,数据与知识产权相去甚远,虽然数据的可共用性特点为其纳入知识产权法提供了理论可能,但在权利授予的实质要件上,即稀缺性的制造,难以满足知识产权体系的要求。④ 如果将数据纳入知识产权体系,那么必须为数据寻找其存在的空间并赋予数据以恰当的保护规则,这需要创造更加丰富且有弹性的适用空间。

四、应用:法学上的保护分野

提及法学上的信息,需要回顾我国对信息法学的研究。信息法学研究兴起于20世纪90年代,众多学者围绕信息立法活动、信息法学基础理论、信息法律体系结构等

---

① 参见彭诚信:《论个人信息的双重法律属性》,载《清华法学》2021年第6期。

② 参见许可:《数据权属:经济学与法学的双重视角》,载《中外法学》2018年第11期。

③ 参见张玉敏、易健雄:《主观与客观之间——知识产权“信息说”的重新审视》,载《现代法学》2009年第1期。

④ 参见李雨峰:《知识产权制度设计的省思——以保护对象的属性和利用方式为逻辑起点》,载《当代法学》2020年第5期。

展开研究。[①] 信息法学讨论的内容主要包括信息安全法、信息公开法、个人信息保护法、知识产权法、商业秘密法等,其中个人信息保护法、知识产权法以及商业秘密法尤为受到学界重视。在数据进入法学视野后,数据法学的说法随之而来,所谓的数据法学到底是一门独立的法学学科还是信息法学的一个变种,如何保护数据与信息,成为理论上需要解决的重要难题。

(一)信息型与数据型问题的价值面向

在我国,随着《数据安全法》《个人信息保护法》等基础法律的颁布与实施,体系化与制度化必将成为未来的法治目标,如何以问题为导向区分数据与信息是当前需要解决的,这也可以为数据法学与信息法学提供方法思路。根据控制论与信息论,结合法学领域的立法价值与司法适用,可以从以下几个价值面向判断数据型与信息型问题。

1. 主体指向上的人格价值

判断数据型问题与信息型问题需要从联系出发,控制论使信息具有内部系统与外部环境上的双重联系,这是其相较信息论更丰富之处。而在法学上,外部环境一般是由人为创设的法学框架与体系构建的,这需要根据数据客体的内部特征来匹配构建,因此需要从内部联系入手,即人格性。个人信息作为《民法典》人格权编的一部分,其人格性已得到普遍认可,《个人信息保护法》也是围绕其"可识别性"的人格价值进行保护。[②] 而知识产权所展现出来的创造性同样将人与智力成果相连,这并非法律外部强制的结果,而是基于人的主观能动性,这是人格上的联系,即便专利权、商标权等知识产权并未规定人格权,但不可否认知识产权中客体之于人的关联性。相比之下,数据型问题则不以人为指向,诸如企业数据的称谓具有极大的误导性,企业实际上并非数据的所有者,其与数据之间也不发生人格上的联系,只是在控制上具有竞争利益,与个人数据所指代的个人信息恰好相反。在数据侵害行为中,可以区分为匿名数据侵害与非匿名数据侵害,前者因匿名而缺失人格上的指向联系,因此,仅呈现为数据型问题。后者却具有信息与数据的双重含义。一方面,是侵害者对数据结构的侵害,如非法侵入、非法抓取等,其受侵害的主体是对数据享有直接控制利益的数据控制者与数据处理者,这是数据型问题的呈现;另一方面,是侵害者对非匿名信息的侵害,如侵害个人信息可携带权、访问权等,其受侵害的主体是非匿名信息所指向的具体的个人,这是信息型问题的呈现。可以看出,数据型问题所对应的是数据控制利益,受侵害的主体是

---

① 参见何颖、崔旭:《近10年来我国信息法学研究综述》,载《图书情报工作》2013年第14期。

② 参见蔡莉妍:《区块链环境下个人数据权利保护的困境与突破——以欧盟〈一般数据保护条例〉为例》,载《北京航空航天大学学报(社会科学版)》2022年第6期。

数据控制者,而信息型问题所对应的是信息指向利益,受侵害的主体是信息个体。因此,信息型问题与数据型问题相区分的关键因素是人格指向性,可依据利益受侵害的主体进行判断。

2. 阶段流动上的财产价值

数据并非一个静态概念,其处于实时高速流动之中,这是一个涉及数据的收集、处理、存储等各环节的动态过程。① 数据法意在为数据的不同生命阶段提供不同的法律保护框架,包括数据的生产、收集、处理、交易、删除等全生命阶段。② 法学上的数据型问题便集中在这样一个以数据结构为核心的动态过程中,这些都体现为数据在传输过程中的阶段流动性,其关注重点并非信息的联系指向性,无论信息指向为何或具有何种意义都不影响数据结构上的流动属性,这是与信息型问题相区别的。信息型问题则不关注阶段而关注所属,如个人信息对特定个人的识别、知识产权成果的权利归属等,都表现出信息在主客体关系上的所属关系,这是信息问题所看重的。需要辨别的是,信息型问题与数据型问题在很多情况下是并合的,如数据交易等,其中不仅涉及数据结构的阶段性流动,而且涉及信息的联系指向性。规制数据产业最重要的两方面就是禁止未经许可的公开传播和促进数据许可或转让等商业交易,这都是在数据流通阶段提出的要求。③ 在数据市场中,决定其交易价值大小的是数据背后的有价信息,这反映在数据的来源、内容、公开程度等要素,而这些要素正是维纳控制论中联系价值的展现,因此在数据交易中同样存在信息型问题。但相较而言,数据交易更侧重数据问题,其价值性反映在合同标的上而不反映在法律关系的确定上,数据被视为"物"而进行买卖流通是基于其结构上的"物化",而非其联系上的意义,这也是数据被视为财产的原因之一,人与数据表现为人与物的关系。正如欧盟委员会在讨论数据权利时所指出的,拟议的权利"可以设想为一项对物权"或"作为一套纯粹的防御性权利",前者涵盖了财产模型的优势,后者则转向商业秘密或反不正当竞争法。④ 而隐私、共享等方面则更侧重信息型问题,这些虽然不可避免地涉及自系统内向系统外的信息传播流通,但更多关注的是人的主体价值。隐私、共享的出发点与落脚点是人,它要满足的是人对公共信息的需求以及人对平等关系的要求,人是信息问题上的逻辑起点与终点。正如

① 参见齐爱民:《论大数据时代数据安全法律综合保护的完善——以〈网络安全法〉为视角》,载《东北师大学报(哲学社会科学版)》2017年第4期。

② 参见何渊主编:《数据法学》,北京大学出版社2020年版,第5页。

③ 参见崔国斌:《大数据有限排他权的基础理论》,载《法学研究》2019年第5期。

④ See Peter K. Yu, *Data Producer's Right and the Protection of Machine-Generated Data*, Tulane Law Review, p. 900(2019).

马克思主义对于共享的基本立场，即立足于人，其目标在于发展人、实现人、解放人。[①] 人与信息实际上表现为人与人的关系。因此，数据自治是一个大范畴，其中包含隐私、共享等广泛的权利义务。[②] 整体来看，数据型问题常表现在数据传输流通的各阶段上，其注重的是结构上的不变性与一致性，体现为人与物的关系；信息型问题常表现在信息的价值与意义上，其注重的是主体上的价值性与因果性，体现为人与人的关系。

3. 竞争秩序上的公共价值

如前所述，信息具有个体性，这是维纳控制论中联系性的一种表现，落脚于私法上的保护，如个人信息保护法、知识产权法等。数据的集合性使数据侵害问题的焦点从私人权益转向市场环境，这是香农信息论中结构秩序性的表现。这体现在主体之外的利益相关者上，其在数据处理上涉及涵盖公共利益、数据控制法定职责、数据控制者合法利益等多方面正当利益，欧盟《通用数据保护条例》对此规定极为细致。[③] 香农将信息视为负熵，而负熵意指信息在持续的熵减运动中不断降低其无序属性，信息的机械结构得以在数据的采集、分析、处理中保持整体稳固。无论出于何种目的，受同一主体控制的数据集合都获得了稳定的有序活动，并在整个市场竞争秩序中保持各自的独立范围而不产生冲突。在市场竞争中，企业会使用这些数据来制定独特的竞争战略，并通过优先竞价、抢占市场等获得竞争优势地位，而大体量、大规模的消费者所带来的数据与信息能够帮助企业迅速达成这一目标，因此，企业会避免与他人共享他们的数据资产。[④] 当市场主体突破秩序红线而夺取他人数据利益时，数据的负熵状态被破坏而成为无序，数据控制者的竞争利益受到损害，为恢复市场正常运转法律必须对此作出回应，这是数据型问题中表现出来的公共秩序性价值。为了促进数据要素流动，实现数据的公平获取使用和利益分享，需要一种公法构造，形成关于数据处理的公法秩序。[⑤] 在我国，竞争法是数据规制与保护的主要战场，如反不正当竞争法、反垄断法等，其中蕴含对数据外部环境公共性的考量。在进入竞争法的视野后，数据利用行为不再是只关乎个人利益的个体行为，而同时是关乎公平正义的公共行为，不仅需要在私法上规制数据，更需要在公法上“解绑”数据。市场监管总局发布《禁止网络不正当竞争

---

① 参见项久雨、潘一坡：《论马克思主义对共享的根本解答》，载《马克思主义与现实》2020年第4期。

② See Cesare Fracassi & William Magnuson, *Data Autonomy*, Vanderbilt Law Review & En Banc, p. 374 (2021).

③ 参见商希雪：《超越私权属性的个人信息共享——基于〈欧盟一般数据保护条例〉正当利益条款的分析》，载《法商研究》2020年第2期。

④ See William Magnuson, *A Unified Theory of Data*, Harvard Journal on Legislation, p. 33 (2021).

⑤ 参见陈越峰：《超越数据界权：数据处理的双重公法构造》，载《华东政法大学学报》2022年第1期。

行为规定(公开征求意见稿)》,其中便对数据抓取、数据“杀熟”等有所规定,进一步体现了将数据保护纳入竞争法体系内的立法考量。

(二)信息与数据:规则逻辑的模式辨析

数据与信息的不同特征导致法学上数据问题与信息问题的不同侧重,这便引出了一个关键问题,数据如何保护?从信息论来看,数据作为信息的机械结构与“物”有密切的相关性与连通性,其稀缺性与价值性为数据财产化的证立提供了正当性理由,①但这仍不能够使这样一项新兴利益成为新兴权利。信息作为财产赋权已获得认可,以知识产权为代表的典型信息权利群正逐渐扩张,信息“联系性”的存在能够设定所有权而不产生分歧。但在新时代背景下,数据的结构属性映射在法学上却只能证成其“物”的性质,而不能证成“所有权”的属性,这是数据赋权的难点所在。而从体系化来看,相比数据所有权,开放多元的数据使用权更具有重要性,无法确定数据归谁所有,就需要划定谁有权使用。在这个问题上,很容易陷入信息问题的误区,即权利人在多大程度上享有使用能力与控制能力。以版权为例,他人通过技术手段对某网络平台中某小说作品进行未授权爬取,这同时涉及信息型问题中的知识产权侵权与数据型问题中的数据不正当爬取,无论是何种情形,它都引发了有关后续数据控制者对原始权利者的知识产权上义务的问题,这会产生法律选择适用上的难题。② 不同的选择面临不同的权利体系,信息的关键在于“所有”,数据的关键则在于“控制”。

1. 主体的选择:由谁享有

在数据保护逻辑中存在三方势力:数据主体,即数据的原始生产者;数据控制者,即数据的采集储存者;数据处理者,即数据的实施利用者。③ 三者中本应以数据主体为最大利益保护人,但现实却存在偏差,数据控制者成为保护数据呼声最高的一方,其关键在于“控制”。在物权中,权利人对物具有所有权,既应当有观念上的所有权,也应当有事实上的所有权;对物的控制占据,亦应同时具备观念上与事实上的控制,二者密切统一。④ 但数据的特殊性在于,它是一个集合性的存在,物权中“一”对“一”的关系无法适用于来自多个主体的数据集合,无论是单一主体还是多个主体都不能取得对集合数据的控制利益。数据控制者则不同,它在收集、处理数据的过程中生成数据集合并

---

① 参见郑佳宁:《数据信息财产法律属性探究》,载《东方法学》2021年第5期。

② See Inge Graef, Martin Husovec & Nadezhda Purtova, *Data Portability and Data Control*: *Lessons for an Emerging Concept in EU Law*, German Law Journal, p. 1380(2018).

③ 本文在讨论中排除数据主体、数据控制者、数据处理者两两混同的情形。

④ 参见王明锁:《论所有权占有权能与他物权控占权二元制法律体系的构建》,载《法律科学(西北政法大学学报)》2009年第6期。

对此享有竞争利益，这使其能够完美消化与数据之间“一”对“多”的存在。因此，数据控制者因为个人信息的采集与利用而更具有实质控制的实践可能，这种占有或至少说直接占有是应当归属于数据控制者的。① 这种占有与物权、信息产权的区别在于对数据的占有是非所有性质的，或者说是非排他性的，控制者与数据之间所建立的并非唯一且排他的专属联系，因此，数据的利用者只能在有限范围内享有控制利益。这种控制利益将他人合法正当的数据获取行为排除在侵权之外，使多个数据利用者能够同时产生互不干扰控制利益，因此数据的垄断所有是不存在的。而主体对信息的所有是存在的，比如，个人信息保护、知识产权保护等，法律均赋予权利人以独占排他的财产权，这使信息主体与数据控制者在各自保护对象的权能上有所不同。在保护能力上，数据控制者具备更大的技术优势，他们能够通过计算机指令的方式设置相关的权限，阻止或者允许特定主体访问、复制、修改、删除特定数据信息，从而在一定范围内建立起支配与控制，达到与有体物之占有相似的规范效果。② 上述种种使数据控制者受到法律专门保护的特别青睐。《深圳经济特区数据条例》中的“数据权”，实际是一种“数据控制权”，是权利人依法对特定数据享有的自主决定、控制、处理、收益、利益损害受偿等权利，这些具体权利并非由一人享有，而应根据不同主体作进一步实质区分。③ 需要注意的是，我们讨论数据保护三方法律关系的前提与基础是传统互联网领域，而非区块链等新式网络领域，新环境下的法律保护模式仍然在初步的探索阶段，尚难以与传统领域适用同一规则。比如，具有分散式数据治理特征的区块链模式在某种意义上来说是自我监管的，这种监管方式在很大程度上取决于进入该网络的个人用户，其中处理数据的控制权分布在整个系统中，因此很难根据当前的立法框架，划定区块链系统上数据的责任分配。④

2. 客体的分辨：不同阶段的转换

在主体与控制者进行信息交换之前，数据就是信息，数据主体就是信息主体，这些信息基于主体个人的生理特征或社会特征而产生，与主体具有不可分离的指向上的联系，冠以“数据”之名实际是一种误解，此时信息处于个人控制阶段，信息的身份不变。当信息流通进入企业控制阶段时，经过电子化、脱敏处理而形成一定规模集合的信息

---

① 参见彭诚信：《论个人信息的双重法律属性》，载《清华法学》2021 年第 6 期。

② 参见郑佳宁：《数据信息财产法律属性探究》，载《东方法学》2021 年第 5 期。

③ 参见刘士国：《信息控制权法理与我国个人信息保护立法》，载《政法论丛》2021 年第 3 期。

④ See Raffi Teperdjian, *The Puzzle of Squaring Blockchain with the General Data Protection Regulation*, Jurimetrics, p. 257 – 258(2020).

便不再是一般意义上的信息。[①] 当主体以明示或默示的方式将个人信息转移至控制者时,信息的状态发生了不同情形下的性质转变,这里需要根据信息的结构与联系进行区分。当控制者、处理者以主体个人为对方,旨在基于特定目的获得个人授权同意或与个人发生交易许可时,该“信息”为信息,其人格联系尚未切断,具有维纳控制论中的目的性与反馈性特征,在法律上表现为内在于人的人格利益;当控制者、处理者的利用行为并不以信息主体为对方,而是与其他主体就数据集合发生财产性质上的法律关系时,该“信息”为数据,以香农信息论中的机械结构形式存在,在法律上表现为外在与人的财产利益。因此,在控制者、处理者这两个环节,信息以两种状态存在:一种为具有指向联系的信息,适用信息法上的保护;另一种为具有机械结构的数据,适用数据法上的保护。这两种状态可归纳为:信息主体—信息控制者—信息处理者,以信息为核心,适用信息法;信息主体—数据控制者—数据处理者,以数据为核心,适用数据法。信息向数据的转化表现为匿名化处理或去标识化处理,该处理使信息的人格利益与财产利益实现分离,也使信息的结构与联系相分离,这个过程使信息法进入数据法的范畴。[②] 回顾上文提及的例子,通过技术措施抓取著作权人的小说作品,其核心是未经作者许可的信息问题,因此需要用知识产权法来进行保护。因此,在不同主体的不同控制阶段下,客体在信息与数据之间来回转化,进而适用不同的规则模式,保护不同的主体利益。

3.路径的适用:权利法模式与竞争法模式

欧盟《通用数据保护条例》首创对个人数据的保护,德国、巴西等国以《通用数据保护条例》为模板颁布了各自的数据保护条例,从各国条例中对个人数据的表述来看,该数据实为信息之意。[③] 欧洲保护个人数据的逻辑是:个人数据是人的延伸,体现个人的意志,因而个人数据应由独立自主的数据主体掌控。[④] 这个逻辑不仅是康德“以人为目的”的观念体现,也是维纳控制论中“联系”的体现。而欧洲地区流行的“数据保护”与美国使用的“隐私”或者“个人信息保护”指向了基本相同的内涵,域外各国立法中的数

① 参见彭诚信、杨思益:《论数据、信息与隐私的权利层次与体系建构》,载《西北工业大学学报(社会科学版)》2020年第2期。

② 参见韩旭至:《大数据时代下匿名信息的法律规制》,载《大连理工大学学报(社会科学版)》2018年第4期。

③ 欧盟《通用数据保护条例》第4条第1款规定,个人数据是任何已识别或可识别的自然人相关的信息;德国《联邦数据保护法》(BDSG)第46条第1款规定,个人数据是指所有与已识别或可识别自然人有关的信息;巴西《通用数据保护法》第5条规定,个人数据是与已识别或可识别的自然人有关的信息。

④ 参见高富平:《个人信息保护:从个人控制到社会控制》,载《法学研究》2018年第3期。

据概念尚未与信息概念相分离,二者仍处混同状态。不同的是,欧盟的《通用数据保护条例》鼓励消费者将数据视为财产,而美国法律却普遍拒绝承认数据的财产权。①

我国在数据保护上则更多表现出与欧盟模式的近似,如定义概念、透明度、数据处理活动的限制等方面,但同时又具有中国特色。② 这一特色表现在我国立法对信息与数据的概念界定上,《个人信息保护法》采与《通用数据保护条例》相同的"数据"概念表述,但以"个人信息"名之,以人格权益视之;《数据安全法》则将数据重新定义为"对信息的记录",以此实现二者在中国法律体系中的分割。虽然二者的概念定义依旧模糊,但能借此窥探出立法者对二者作出异化的旨意态度,根据不同客体构建不同的法学保护体系或许是未来数字法治建设的重点方向。信息法学的财产化(知识产权等)与人格化(个人信息等)建立在信息"机械结构+联系"的基础上,不能简单移植至建立在信息"机械结构"基础上的数据法学中。数据具有财产的结构,却不具备财产的内核,即主体的专属性与排他性,这使数据具有财产性却难以取得产权。同时,尽管数据越来越具有财产性权益,但其仍然具有很强的公共性,开放与共享仍然是法律规制的底线。③ 数据的互惠共享性、自由流动性以及变动不居性使其难以运用赋权的方式授予特定主体而专有,这有损数据的共享性与流动性。④ 因此,数据之上难以成立专有产权,而应该通过行为设定有限控制权。

司法实践为数据纠纷找到了一条可行的救济路径,即反不正当竞争法、反垄断法等"竞争法"模式,⑤虽然立法无法在文本条款中如民法、知识产权法等"权利法"模式一般预先给予公众以客观明示的权属分配,但对市场主体的数据利用行为进行法律规制同样可以达到息讼止争的目的。反不正当竞争法并不赋予专有财产权,而是设立一套责任规则,这些规则阻碍破坏市场的行为并防止他人以不正当手段剥夺该数据集合的价值。从这个意义上说,法律赋予了一种反对不当行为的、具有相对提前期的"消失的权利",这个提前期就在于他人自行创建相同数据集合的时间节点。⑥ 如同商业秘密

---

① See Steven H. Hazel, *Personal Data as* Property, Syracuse Law Review, p. 1057(2020).

② See Emmanuel Pernot-Leplay, *China's Approach on Data Privacy Law: A Third Way between the U. S. and the EU*?, Penn State Journal of Law & International Affairs, p. 92(2020).

③ 参见丁晓东:《论企业数据权益的法律保护——基于数据法律性质的分析》,载《法律科学(西北政法大学学报)》2020 年第 2 期。

④ 参见李晓宇:《大数据时代互联网平台公开数据赋权保护的反思与法律救济进路》,载《知识产权》2021 年第 2 期。

⑤ 如"淘友诉微梦案""淘宝诉美景案""百度与大众点评案""上海汉涛公司诉百度地图案"等。

⑥ See J. H. Reichman & Paul F. Uhlir, *A Contractually Reconstructed Research Commons for Scientific Data in A Highly Protectionist Intellectual Property Environment*, Law and Contemporary Problems, p. 350(2003).

保护,法律并未赋予商业秘密所有人排他性权利,但对不正当获取、披露、使用商业秘密等行为的竞争法规制同样可以为商业秘密所有人提供实体上的救济与保护,权利的落脚点终归是法律行为。同时,反不正当竞争法中维护市场竞争秩序的规范目标与数据问题中的公共秩序性相吻合,大数据的获取与利用离不开社会秩序的整体控制,分享与流通的公共目标成为阻碍数据垄断的不可忽视因素。而数据的大规模泄漏也会产生严重的群体性事件,这不仅关乎个人生活隐私,而且关乎社会公共利益,因而采用"竞争法"模式规制保护更符合数据的本质特征。这种方式无须设定数据专有产权,不会产生控制者之间利益分配上的冲突,也不会影响预先的信息产权确认与授权,因此更妥善。将数据保护纳入作为知识产权制度补充的反不正当竞争法,与数据知识产权体系的建设目标殊途同归。①

至此,信息法规则可以归纳为:信息所有者 + 信息 + 所有 = 权利法路径;数据法规则可以归纳为:数据控制者 + 数据 + 控制 = 竞争法路径。

五、结语

互联网技术的进步与市场竞争的加剧使数据逐步进入法学规制的视野,日常生活中不加辨别的数据与信息因此产生区分的必要,不同制度下的体系建设遵循不同的方法论原则,如何正确理解法学上的数据与信息成为破解数据法学体系的关键。从不同基础理论出发理解分析不仅在于发现数据与信息的不同特征,更在于将归纳总结的数据问题与信息问题应用于司法实践,二者的不同直接影响司法机关对案件性质的认定以及对适用法律的择定。法院在判断问题类型时不应仅以数据单一或整体为判断标准,而应该结合多项要素进行判断,如行为人主观意图、行为侵害目标、损害利益等。尤其当一个侵权行为同时涉及数据问题与信息问题时,法院应谨慎判断。司法实践需要法学理论的指导,数据表现出来的独特属性使数据法学走上不同于信息法学的规制道路,数据与信息之间的性质辨析只是体系建设的第一步,如何构建数据知识产权规则、如何规范知识产权数据交易市场、如何激发知识产权数据市场价值等都是未来需要解决的数据难题。无论是个人数据、企业数据还是公共数据,有实际意义的法律界权都不是划线分清"你的""我的",而是逐步搭建并灵活调整多元主体之间的法律关系网络。② 因此,数据保护需要多元法律理论的解释工具,也需要各法律制度的融洽配合,围绕数据的独有个性打造科学规范的数据保护体系,切实保护数据权益。

---

① 我国《知识产权强国建设纲要(2021—2035年)》提出,构建数据知识产权保护规则。

② 参见戴昕:《数据界权的关系进路》,载《中外法学》2021年第6期。

数字经济与法治

加密资产交易平台 STO 的合规监管路径[*]

——平台语境下的规则审视

汪青松[**]　李苗苗[***]

摘　要：ICO 发行交易过程脱离既有监管体系，为金融市场带来诸多风险隐患，STO 以一种主动拥抱监管的姿态修正了 ICO 的缺陷，在世界范围内，由 ICO 转向 STO 已经成为新的监管趋势。国内市场 ICO 整治清理并未根本调和金融创新与金融安全的价值分歧。为了在激烈的全球竞争中抢占金融科技新高地，当务之急是探索针对 STO 的有效规管。STO 合规监管的前提是加密资产交易平台的主体定位和证券代币的识别标准的澄清。STO 的合规监管路径可从两个维度予以展开：一是构建加密资产交易平台的合规管理制度，包括加密资产交易平台的牌照要求、分类监管、合规建设。二是完善证券法 STO 配套制度。包括明确证券代币的构成要件、负面清单，规定平台运营者的信义义务，探索在监管沙盒环境试点 STO 小额发行豁免制度。

关键词：加密资产交易平台；证券代币；小额发行豁免；合规监管

一、引言

以区块链为代表的技术发展使基于技术理性建构的共识机制成为可能，促使中心化的金融交易发生异变。① 2016 年 5 月 28 日，著名区块链公司 Slock. it 利用区块链技

---

* 2019 年度国家社科基金后期资助项目“数字经济时代的营业性构造演进与商主体体系创新研究”（项目批准号：19FFXB008）、2021 重庆市教委人文社科项目“科技赋能金融创新的行为规制研究”（项目批准号：21SKJD030）的阶段性成果。

** 西南政法大学民商法学院教授、博士研究生导师，研究方向：证券法。

*** 西南政法大学民商法学院 2018 级博士研究生，研究方向：证券法。

① 参见汪青松：《信任机制演进下的金融交易异变与法律调整进路——基于信息哲学发展和信息技术进步的视角》，载《法学评论》2019 年第 5 期。

术成功开发名为以太坊(Ethereum)的去中心化自治组织(Decentralized Autonomous Organization,DAO)发行以太币(Ether)融资高达1.5亿美元。这种融资模式被称为"首次代币发行"(Initial Coin Offering,ICO),即金融科技公司通过开发DAO发行代币(Token)筹集资金的行为。由于代币的经济实质是加密资产,DAO亦被称为加密资产交易平台。① 据不完全统计,截至2019年年底,全球市场有超过1500种代币(Token)和大约50个DAO(包括Moloch DAOs, Aragon, DAOstack及单独的Token DAO)。②作为基于区块链技术的金融创新,ICO与IPO相比,融资门槛较低,成本低廉,具有便捷、快速的优势。然而,ICO依托区块链、代码作为交易媒介,规避了传统IPO的注册要求、披露要求、第三方验证等合规程序,引发诸多风险。ICO不透明的开发者权威降低了投资者公平保护。③ 面对DAO以及ICO带来的金融监管挑战,在世界范围内,ICO转向"证券代币发行"(Securities Token Offering,STO)已经成为新的监管趋势。投资者获得代币的性质完全取决于发起人对加密资产权益结构的设计。④ 若代币性质属于证券,那么就进一步限缩为STO。STO以一种主动拥抱政府监管的姿态修正了ICO的致命缺陷。⑤ 作为ICO的改良优化,STO发行大多具备资产支撑,整个过程遵循证券监管要求,提高了公众投资者保护水准。⑥ 部分司法辖区已经率先出台监管举措予以应对。⑦

在我国,ICO曾经风靡一时,但也滋生了一些风险问题。《关于防范比特币风险的通知》《关于防范代币发行融资风险的公告》发布以后,ICO被全面叫停。2019年10月24日,习近平总书记在十九届中央政治局第十八次集体学习时强调,"要利用区块链技术探索数字经济模式创新,为打造便捷高效、公平竞争、稳定透明的营商环境提供动

---

① 代币(Token)即所谓的通证,加密资产又常被称作数字资产、数字货币。代币(通证)是可编程的加密数字权益,各种权益和资产可以代币的方式赋予价值进行交易。

② See James Waugh, *The Next Flippening: More DAOs than Tokens*, Medium(Nov. 9, 2019), https://medium.com/axialabs/the-next-flippening-more-daos-than-tokens-60dfa46ade04.

③ See Shaanan Cohney, David Hoffman, Jeremy Sklaroff, David Wishnick, *Coin-Operated Capitalism*, Columbia Law Review, Vol. 119:3, p. 659(2019).

④ 参见张美惠:《境外市场证券法视野下的代币发行监管——基于美国、新加坡、澳大利亚和中国香港地区的监管实践》,载《财经法学》2019年第3期。

⑤ 参见郭艳、王立荣、张琴:《STO:重新定义证券与泛金融工具的发轫》,载《经济研究参考》2020年第17期。

⑥ 参见杨雅婷、张瑞星:《浅谈证券型代币(STO)法规监管趋势》,载《财金法学研究》2019年第2期。

⑦ 参见侯东德、周莉欣:《风险理论视角下智能投顾投资者的保护路径》,载《华东政法大学学报》2021年第4期。

力……”。这首先需要完善的合规制度,通过合规制度建设可以有效增强市场主体对法律的信任感和对自我行为的自控力。① 中国是全球重要的数字经济大国,新时代、新形势、新机遇之下,按照科技强国的经济布局,堵不如疏,当务之急是开展加密资产交易平台 STO 合规化探索,将其纳入良性发展轨道,促进金融科技与证券市场基础设施建设的深度融合,服务于区块链行业高质量发展的战略目标,在复杂多变的外部环境以及激烈的全球竞争中抢占金融科技新高地。在此背景之下,与 ICO 相关的更多的基础性、核心性法律问题尚待澄清。前者如:作为加密资产交易平台的原初形态,DAO 应界定为何种法律主体? DAO 的权利义务如何分配? DAO 如何合规运营? 后者如:STO 是 ICO 的改良、优化,若未来寻求 STO 的试点,应以何种标准认定证券代币? STO 如何与现行证券法律衔接? 鉴于此,笔者将梳理加密资产交易平台 STO 的问题要点,结合理论、实务的最新动态,探索适合中国国情、满足市场需求的 STO 的合规方案、监管路径。

二、加密资产交易平台 STO 的合规监管趋势

(一)加密资产交易平台 ICO 的法律风险

加密资产交易平台的开发运营以及 ICO 的发行交易脱离既有监管体系,出现了一些风险。一方面,是加密资产交易平台的风险:第一类是平台违约风险。区块链网络运营过程之中,开发团队技术不成熟,风险控制不到位,黑客袭击导致平台违约的事故频发。诸如 2016 年 6 月的以太坊 DAO 硬分叉事件、2019 年 5 月加密资产交易所 Binance 被盗事件、2019 年 7 月加密资产交易所 BITPoint Japan 热钱包不法侵害事件等。第二类是平台洗钱风险。区块链的匿名化、去中心化的技术容易被不当利用,致使平台成为滋生犯罪的温床,走私毒品、枪支,洗钱,恐怖分子资金筹集等非法活动猖獗,不法分子趋之若鹜,利用加密支付系统将非法收益洗白。如美国“丝路”(Silk Road)网站,实质是比特币“地下黑市”。另一方面,是加密资产交易平台 ICO 的风险:一是 ICO 客体的风险。代币交易并非在场内区域开展,炒作之风盛行,羊群效应显著,代币暴涨暴跌,价格波动猛烈,具有高风险性。二是 ICO 行为的风险。ICO 的发行交易过程脱离监管体系,缺乏透明的信息披露和反欺诈安排,市场操纵时有发生。如投资者通过购买代币为 DAO 的项目提供融资,平台并无股票锁定期要求,可能项目还没做成,而开发者已经通过二级市场“套现”的问题。② 目前,全球主流虚拟货币交易平台

---

① 参见赵万一:《合规制度的公司法设计及其实现路径》,载《中国法学》2020 年第 2 期。

② 参见刘晓蕾:《区块链社区:一种新型的组织模式》,载《人民论坛·学术前沿》2018 年第 12 期。

基本没有与金融机构对接,很难证明这类平台没有和代币大矿主联合操纵价格或是进行内幕交易。

(二)加密资产交易平台ICO的监管困境

自2017年开始,ICO在国内市场发展迅速。据中国国家互联网金融风险分析技术平台对43家相关平台监测而发布的《2017上半年国内ICO发展情况报告》,仅2017年上半年,已完成65个ICO项目,融资规模折合人民币高达26.16亿元,参与人次多达10.5万。① 国内市场的ICO运作模式通常是,代币发行人通过发行平台向投资者募集比特币或以太坊等通用“虚拟货币”,并按照兑换比例向投资者发放代币,募资完成后,代币需要在交易平台交易。发行平台包含ICOAGE、ICO365、ICOINFO、币盈ICO、币投资等;交易平台则包括中国比特币、比特儿、币久网、币安网、比特时代、聚币、元宝网、云币等。

金融创新也带来了一些问题,由于有效规管不足,ICO无序生长。2017年9月4日,央行等7部委联合发布《关于防范代币发行融资风险的公告》紧急叫停ICO,随着监管部门重拳出击以及清退工作开展,这股币圈“郁金香狂热”逐步归于沉寂。立足彼时背景,禁止ICO活动极为必要。如前所述,ICO的风险众多,将对国家金融秩序构成潜在威胁。一些发行平台把关不严,项目良莠不齐。真正有技术能力开发优质项目的团队数量有限,而ICO本身也存在项目失败或跑路的违约风险。更有甚者,一些不法分子披着金融科技的炫酷外衣,假借项目开发名义实施非法集资、诈骗传销等犯罪活动,其中散户投资者居多,他们对于ICO缺乏足够了解,资金打水漂的不在少数之列,ICO被异化为圈钱诈骗的工具。例如,在“陈某某、章某某、郭某某等组织、领导传销案”中,陈某某等人未经主管部门批准,通过北京互融时代软件有限公司开发了“国正数字资产交易平台”虚拟货币交易平台对外发行名为“大圣币”的虚拟币,通过分级返销返利、代理定投等模式向不特定公众推广,吸引投资人购买,实则是诈骗传销活动,构成组织、传销活动罪。②

ICO整治工作取得了显著成效,数据显示,境内虚拟货币交易的全球份额已从最初的90%以上下降至不足5%。然而,问题似乎并未根本解决。随着ICO清退,地下交易盛行。“代投”行业越发吃香,投资者将ETH以太币转给代投人,并从该人之处换回ICO项目代币,暗箱操作信息不对称,交易频频爆雷。2018年3月,OKEx平台

---

① 参见《国内完成ICO项目共65个,融资超26亿》,载中金网2017年7月27日,http://usstock.jrj.com.cn/2017/07/27092422804746.shtml09。

② 参见浙江省义乌市人民法院(2017)浙0782刑初2897号刑事判决书。

Refereum（RFR）项目带头人顶风作案，虚假代投涉嫌诈骗，涉案金额高达 6200 万元人民币。[①] 自《关于防范代币发行融资风险的公告》出台之后，银保监会等 5 部委于 2018 年 8 月发布的《关于防范以“虚拟货币”“区块链”名义进行非法集资的风险提示》、中国人民银行于 2021 年 7 月发布的《关于防范虚拟货币交易活动的风险提示》等文件，折射出了 ICO 监管所面临的棘手现实。

（三）ICO 改良的可能性：STO 的合规监管趋势

长期以来，制约中小企业发展的首要问题是融资难，中小企业融资需要中小金融机构和适当的非正规金融，而我国市场大型金融机构占据主导地位和金融压抑的管制监管严重不适合中小企业融资。[②] 传统 IPO 准入门槛高、耗时周期长，小微科技企业望而却步。借助科技春风，股权众筹、P2P 等互联网金融业态流行开来。然而，2015 年股市震荡，防范和化解金融风险，虚拟经济服务于实体经济成为经济基本盘的首要关切，2016 年股权众筹试点暂停。同时，受益于科技强国、供给侧结构性改革等制度红利，科创小微企业孵化良好，居民理财需求日益旺盛，在该等背景之下，ICO 成为市场主体迫不得已的选择，适度缓解了股权众筹的市场需求。ICO 与众筹相似，都是为了化解小额融资需求与高昂融资成本之矛盾。区块链本质上是众筹理念的体现，区块链经济是技术依托下众筹的新形态。[③]

从国际层面来看，关于 ICO 合法化的问题，各地市场的监管态度存在差异。部分法域从审慎的角度对其限制或是禁止，如中国、韩国。另有法域基于包容的立场对其有条件接纳，如美国、日本、泰国、新加坡、加拿大、俄罗斯、英国等。[④] 在具体监管政策上，可细分为以下两个层次。第一层次是关于代币的分类。如瑞士金融市场监管局（Swiss Financial Markets Authority，FINMA）将代币归纳为 3 种：一是支付（payment）代币，代币持有者作为支付工具；二是实用（utility）代币，代币持有者可持代币换取发行人的产品或服务；三是资产（asset）代币，代币持有者对 ICO 发行人享有资产请求权，此时代币性质如同证券。[⑤] 新加坡金融管理局（Monetary Authority of Singapore，MAS）也

---

① 参见《史上最大 ICO 代投诈骗，带头人“李诗琴”跑路，涉案金额超 6000 万元》，载凤凰网 2018 年 3 月 15 日，https://tech.ifeng.com/a/20180315/44907517_0.shtml。

② 参见林毅夫、孙希芳：《信息、非正规金融与中小企业融资》，载《经济研究》2005 年第 7 期。

③ 参见杨东：《“共票”：区块链治理新维度》，载《东方法学》2019 年第 3 期。

④ 参见何隽铭：《ICO 商业模式的法律性质分析及监管模式优化——基于九国 ICO 监管现状》，载《上海金融》2018 年第 2 期。

⑤ See FINMA, *Guidelines for Enquiries Regarding the Regulatory Framework for Initial Coin Offerings (ICOs)*, FINMA.ch (Feb. 16, 2018), https://www.finma.ch/en/news/2018/02/20180216-mm-ico-wegleitung/.

采类似观点,认为不同性质的代币可能会被视为股票、债券或集合投资计划单位(CIS)。[①] 第二层次是STO证券法监管路径。鉴于ICO与IPO的共通之处,部分法域尝试将ICO纳入证券监管。在代币类型化逻辑基础之下,若代币具有证券属性,即属于证券代币发行STO的范畴,那么将接受证券法的全面规制。日本明确将投资类ICO代币按照证券投资业务进行监管,如果ICO是以证券型代币发行STO的方式融资,则代币发行被列入《金融工具交易法》的监管范畴。[②] 此外,在我国香港特别行政区提供符合"证券"定义的虚拟资产交易服务的加密资产交易平台,如果获批牌照,将受到香港证监及期货事务监察委员会的规管。[③]

我国有关ICO的监管政策主要由央行主导、各部委协同监管。《关于防范代币发行融资风险的公告》将ICO界定为"未经批准非法公开融资的行为,涉嫌非法发售代币票券、非法发行证券以及非法集资、金融诈骗、传销等违法犯罪活动"。从文义解读,还应当区分不同情况:第一,针对真实的ICO项目,监管者实际已经认可ICO的类似证券发行的属性,不合规的更重要原因是没有获得证券发行的注册许可。更进一步地,实务中可能还存在合法案例,诸如以私募方式发行代币,此时区块链项目模式类似初创天使投资,若将其认为是未经批准的公开融资行为似乎有待商榷。[④] 第二,针对虚假的ICO项目,由于其本质与欺诈无异,应当按照诈骗传销等刑事犯罪予以认定。对于ICO非法骗局甚至犯罪活动,对其进行严厉打击自不待言,不过将所有的比特币产品认定为金融骗局也是不合理的。[⑤] 从兼顾各方、利益衡平的角度,在安全稳定的合规大前提下,对科技小微企业的发展需求也应给予关注。ICO的初心在于为区块链产业发展提供资金支持,使命在于助力科技创新,提升经济发展质量。关于ICO监管的可行进路是构建一套科学完备的STO合规制度,筛选真正具有潜力的区块链项目,为代币发行人、平台运营者等各方主体提供政策遵循、行动指南,从而结束ICO的混乱无序状态。构建STO合规制度的优势在于:一是节约法律资源。《证券法》强大的反欺诈安排、严格的信息披露可以过滤欺诈的ICO项目,防范风险于未然。二是促进监管协同,优化监管环境。STO符合国际主流监管趋势,便于后续开展国际跨境执法合作。三是为真

---

① See MAS, *A Guide to Ditital Token Offerings*, MAS (Nov. 14, 2017), https://www.mas.gov.sg/regulation/explainers/a-guide-to-digital-token-offerings.

② 参见杨东、陈哲立:《虚拟货币立法:日本经验与对中国的启示》,载《证券市场导报》2018年第2期。

③ 参见香港证券及期货事务监察委员会:《立场书:监管虚拟资产交易平台》,2019年11月6日发布。

④ 参见邓建鹏:《区块链的规范监管:困境和出路》,载《财经法学》2019年第3期。

⑤ 参见赵磊:《论比特币的法律属性——从HashFast管理人诉Marc Lowe案谈起》,载《法学》2018年第4期。

正具有潜力的优质金融科技小微企业排忧解难，为其发展壮大提供政策支持，让区块链技术更好地服务金融市场基础设施建设、服务于数字经济发展。四是通过 STO 的试点探索，发展中国顶级加密资产交易所，确立人民币在数字资产的定价权，有助于中国在新赛道“弯道超车”，未来更加积极地应对美元霸权。

三、加密资产交易平台 STO 的合规基础

（一）加密资产交易平台的主体定位

1. 加密资产交易平台的权利分配

DAO 是代币发行的始作俑者，明确对 DAO 的科学认知是 STO 合规监管的大前提。DAO 的各方主体包括代币持有者、平台运营者、技术人员、矿工等。比如，以太坊 DAO 的开发者（founder）和管理员（curator）是重要的平台运营者。开发者是创建 DAO 之人，也是最为了解 DAO 之人，他们可以决定智能合约的技术代码，管理 DAO 的运营，当 DAO 出现问题时，提议暂停所有项目提案直到代码漏洞得到解决，并任命安全专家来防控黑客风险。管理员由开发者选任，也能对区块链网络产生部分影响。开发者选择管理员负责以下事务：（1）审查项目提案；（2）决定投票的时间；（3）决定投票的顺序和频次；（4）决定提案通过要求的人数。①管理员对于提案的顺序、频次有明显的控制权，管理员可以依其主观标准对提案应否放置白名单予以判断，进而由代币持有者进行投票。对代币持有者来说，尤其是对开发者和管理员的专业知识、技能具有一定程度的依赖，这种关系非常类似公司董事与股东之间的信义关系。②

技术人员与 DAO 的关系也应关注，此类控制关系尚不可与信义关系等同视之。在公共区块链的某些情形下，作为技术人士的 DAO 协议程序员（protoco developer）的角色不能完全定位为受托人。由于网络的不可篡改性和安全性，信息不对称问题得到有效缓解。信托关系的基本特征是委托人将权利或财产转让给受托人，但技术人员与加密资产持有者没有授权行为，技术人员不会像信托人那样完全代表受托人的立场。技术人员对于业内长期声誉和加密资产的经济效益更看重，技术人员更加努力地编写高质量代码，确保系统安全有效运行，并实现网络的价值最大化，此类经济、声誉激励降低了协议开发者失信或过失的可能性。③

---

① See SEC, *Report of Investigation Pursuant to Section* 21(*a*) *of the Securities Exchange Act of* 1934 *The DAO*, SEC. gov. (July 25, 2017), https://www. sec. gov/litigation/investreport/34 – 81207. pdf.

② 参见侯东德：《董事会对短期主义行为的治理》，载《中国法学》2018 年第 6 期。

③ See Raina S. Haque, Rodrigo Seira Silva-Herzog, Brent A. Plummer, Nelson M. Rosario, *Blockchain Development and Fiduciary Duty*, Stanford Journal of Blockchain Law & Policy, Vol. 2, p. 241 – 243(2019).

2. 去中心化自治组织DAO的法律性质

另外值得关注的是DAO的主体认定问题,即DAO属于何种法律形态? 作为平台运营的区块链系统,从网络外观来看,DAO具有结构节点化、交易去中心化、决策自治化、资产数字化、契约智能化的特点。[①] 从内部治理考察,区块链系统具有“团队生产”和“合同的联结”之特性,区块链系统具有“共同目的”,体现出节点之间的“联合控制”。[②] DAO似乎已经具备了“准商事组织”的特性,但作为虚拟组织,DAO又应界定为何种商主体? 对此,学说、实务见解纷呈:

第一,“合伙说”。该说主张DAO应为普通合伙(general parternership)或风险投资(venture captial)。DAO的代币持有者基于份额获得投票权,每名成员都有能力访问代码协议,成员以营利为目的经营共同事业。[③]

第二,“公司说”。SEC指出,DAO管理运营与公司董事、股东的代理关系类似,代币持有者实质上依赖于发起人、管理员的经营努力。尽管代币持有者也可以通过区块链投票,达成共识、参与治理,但是,该等控制是受限的。一方面,代币持有者只能针对那些被管理者通过的协议进行投票。比如,为了回应投资者发布在DAO社区论坛的问题和请求,发起人提出的提案内容有意保持模糊,意图在于让投资者决定是否接受。另一方面,鉴于区块链匿名性、分散性的技术特征,代币持有者很难聚集施加有效影响。尽管代币持有者可以线上发布匿名提案,然而,鉴于代币持有者的庞大数量,联合投票通过提案的可能性是微弱的,这使代币持有者扮演的角色与大型股份公司的股东类似。[④]

第三,“信托说”。该说认为DAO更加契合商业信托。在该等结构之下,DAO包含两类代币权益主体:一是权益代币持有者,持有代表商业信托的权益比例的代币,其权限包括选任受托者、更改DAO代码。二是受托者代币持有者,所持代币与信托权益无关,而是享有从事管理商业信托的权限。[⑤]

---

① 在区块链去中心化网络之中,众多节点(代币持有者)通过智能合约的底层技术参与项目管理、提案投票、自动执行交易。

② 参见汪青松:《区块链系统内部关系的性质界定与归责路径》,载《法学》2019年第5期。

③ See Laila Metjahic, *Deconstructing the DAO: The Need for Legal Recognition and the Application of Securities Laws to Decentralized Organizations*, Cardozo Law Review, Vol. 39, p. 244 - 245(2018).

④ See SEC, *Report of Investigation Pursuant to Section* 21(*a*) *of the Securities Exchange Act of* 1934 *The DAO*, SEC. gov. (July 25, 2017), https://www.sec.gov/litigation/investreport/34-81207.pdf.

⑤ See Carla L. Reyes, *If Rockefeller were a Coder*, George Washington Law Review, Vol. 87, p. 415 - 416(2019).

"合伙说"的局限在于,合伙作为民事主体不具有独立人格和有限责任,如《民法典》第 102 条将合伙企业纳入非法人组织,DAO 的投资者将对组织承担无限连带责任,无法有效隔离风险,如此一来,DAO 筹集资本的吸引力显著下降。针对合伙的该等局限,有观点认为,考虑可推知的投资者意思、发起人的最终控制者地位、衡平投资者保护与技术产业发展,宜令投资者承担有限责任,发起人承担无限责任,最终定性为有限合伙。① 还有见解指出代币持有者保持独立性并负担责任是探讨的着眼点,DAO 或可认定为合伙型联营,联营各方作为合伙人,共同出资共同经营,责任由各成员独立承担。② "公司说"注意到了 DAO 的提案投票与公司治理的异曲同工之处,但却无法涵盖 DAO 的所有形态。基于去中心化程度不同,DAO 可细分为私有链、联盟链、公有链,对于去中心化程度较高的公有链,DAO 的运营模式更加类似自治社区,公司法的两权分离、团队生产、权威管理等范式似乎很难沿用。信托的意义在于,相比合伙和公司,信托的构造似乎对于法律责任、风险隔离更加彻底,对于投资者保护更加周延。但是,信托构造无法满足代币持有者积极参与 DAO 社区治理、贡献力量的共识期待。

位于金融科技的前沿阵地,DAO 本身是不断变化的,呈现不同的阶段特征:在形成期,DAO 的建立依靠开发团队的专业技术;在发展期,DAO 的壮大依赖管理人员的运营;在成熟期,随着技术升级和治理成熟,不排除 DAO 后期甚至可能进化为完全独立自治系统的可能。正因如此,DAO 白皮书特别说明,随着技术发展,实务案例经验的增多,DAO 的具体功能和法律地位由多种因素决定或影响。③ 基于 DAO 组织进化的现实,将 DAO 界定为单一法律主体似乎存在困难。从组织逻辑出发,或可依照开发者、代币持有者对 DAO 施加控制程度的不同以及实际需求,来确认 DAO 的不同组织形态。④ 若是立足 STO 的语境讨论,由于 STO 实质是融资工具,证券代币则代表一种投资权益,投融资关系的存在实际已经排除了 DAO 已经发展成熟、完全去中心化的可能性。DAO 若采用合伙、公司架构,则 STO 发行应当分别遵守私募、公募的证券法规范,DAO 若采用信托架构,则履行资产证券化 SPV 的相关规则。

---

① 参见郭少飞:《"去中心化自治组织"的法律性质探析》,载《社会科学》2020 年第 3 期。

② 参见陈吉栋:《区块链去中心化自治组织的法律性质——由 Token 持有者切入》,载《上海大学学报(社会科学版)》2020 年第 2 期。

③ See Christoph Jentzsch, *Decentralized Autonomous Organization to Automate Governance Final Draft-Under Review*, Slock. it(Mar 23, 2016), https://download. slock. it/public/DAO/WhitePaper. pdf.

④ See Aleksei Gudkov, *Control on Blockchain Network*, Nova Law Review, Vol. 42, p. 369(2018).

（二）STO的证券监管的合规前提

1. STO监管前提:代币是否构成证券

迄今为止,美国是STO发行数量最多的国家,占比37.65%。[①] 代币是否构成证券是对其纳入合规监管的前提,2017年7月25日美国证券交易委员会(Securities and Exchange Commission, SEC)发布的《关于DAO的调查报告》适用Howey测试判断DAO发行的代币是否构成证券。[②] 第一,金钱投资。DAO代币投资者通过将以太币转移到DAO的地址购买DAO发行的代币,像是对普通企业投资,通过支付对价订立投资合同,因此构成金钱投资。第二,收益的合理期待。Slock. it发布宣传材料告知投资者,DAO将利用募集到的以太币来为项目提供资金并赚取收益。若协议提案被管理员放到白名单上,代币持有者可进行投票。根据协议条款约定,代币持有者将会从这些协议中获得不同的收益提成。至少在一定程度上,理性投资者将会被描述的收益前景打动。第三,依赖于他人的经营努力。代币持有者依赖开发者、管理员对DAO的经营努力。为了宣传DAO以及发行的以太币,Slock. it开发者建立专门网站,发布白皮书,回答代币持有者的问题,包括DAO的投资前景、安全保障、投资信息、运作规则等。同时,他们选任专业人士作为管理员。通过管理行动和宣传材料,引导投资者相信他们是可靠的,DAO的成功可以通过经营努力实现。

2019年4月SEC金融科技策略小组(Finhub)发布的《数字资产"投资合同"的分析指引》在《关于DAO的调查报告》基础之上对何为"依赖他人的经营努力""收益的合理期待"作出细化解释。关于依赖他人的经营努力,涉及因素有开发者是否:(1)推动网络的运作与发展;(2)承诺为网络后续价值、功能提升付出合理努力;(3)被授权开发运营网络;(4)支持或创造代币流通的市场、价格;(5)拥有网络运营、事务决策的管理地位。关于收益的合理期待,考虑因素有:(1)代币持有者是否获得投资收益;(2)加密代币是否可在二级市场流通;(3)加密代币是否被广泛向潜在投资者分销;(4)代币是否向潜在投资者推介,内容包括开发者专业能力、加密代币的投资属性、网络或代币功能、未来开发前景、代币的可转让性、项目经营的保证、项目盈利的潜力等。[③]

2. STO的判例续造、执法行动

在美国判例法中,"SEC诉瑞币公司案"(SEC v. Recoin Group Foundation, LLC)是首起针对加密代币是否为证券的案件。SEC起诉扎斯拉夫斯基(Zaslavskiy)及Recoin

---

① 参见杨志华、陈娟等:《证券型通证的海外实践与分析》,载《证券市场导报》2021年第4期。

② See SEC v. W. J. Howey Co. 328 U. S. 293 (1946).

③ See SEC, Framework for "Investment Contract" Analysis of Digital Assets, SEC. gov. (Apr. 3, 2019), https://www. sec. gov/corpfin/framework-investment-contract-analysis-digital-assets.

公司,控告其涉嫌向投资者分销未注册证券以及虚假陈述。Recoin 公司对外宣称其 ICO 项目由“经验丰富的经纪人、律师组成的开发商团队”运营,代币收益将与房地产、钻石项目的回报挂钩。投资者被这些陈述所吸引,事实上,这些代币甚至从未开发。在该案判决中,纽约东区联邦法院沿用 Howey 测试,认为该案发行的代币构成证券,而所涉 ICO 项目存在不实陈述,构成证券欺诈。① 此外,在“SEC 诉布莱克韦斯特案”(SEC v. Blockvest, LLC)中,Howey 测试再次被法官重申。SEC 起诉 Blockvest 公司及其创始人林戈尔德(Ringgold)发行的 BLC 代币涉嫌证券欺诈,并向法院申请紧急禁令。法官表示,BLC 代币符合 Howey 测试,Blockvest 项目所分发的推介材料向投资者所声称的“已经向 SEC 注册”“经由区块链交易委员会的批准”,属于虚假信息,构成了未注册证券的分销要约以及虚假陈述。②

除法官续造外,SEC 陆续开展的反欺诈执法行动也试图勾勒出 STO 与 ICO 的边界。在 STO 发行违规方面,SEC 根据《1933 年证券法》查处的艾瑞斯银行(AriseBank)的 AriseCoin 项目和币多公司(TokenLot,LLC)的 Superstore 项目,执法理由分别是未注册证券分销以及未注册的经纪交易商运营,违反联邦证券法。③ 在 STO 交易违规方面,SEC 根据《1934 年证券交易法》查处的麦德通公司(Middleton)的 VERI 项目,执法理由为信息披露虚假陈述、操纵 VERI 代币的平台交易价格、挪用客户资产等。④ 从现有案例观察,并非所有 ICO 项目都违反监管要求,还存在部分执法豁免的情况。比如,SEC 针对塔克吉特公司(TurnKeyJet,TKJ)出具无异议函,称将不对其采取执法行动,SEC 的意见是,TKJ 项目代币不是证券,区块链网络已经发展完善、运行良好,TKJ 的代币基于功能性价值而流通,并未以增加收益的方式推介分销。⑤ 又如,SEC 针对沃德公司(Pocketful of Quarters,PoQ)出具的无异议函中,称其不采取执法行动的原因在于,PoQ 并没有使用筹集的资金建设 Quarters 平台,并且该平台已经发展完备,运行良好,Quarters 代币将会被用于游戏而非投资的目的,平台限制 Quarters 代币的流通,Quarters

---

① See SEC v. Recoin Group Foundation, LLC, No. 17 – cv – 05725(E. D. N. Y. Sept. 29,2017).

② See SEC v. Blockvest, LLC, No. 18 – cv – 2287(S. D. Cal. Nov. 27,2018).

③ See SEC, *In the Matter of Tokenlot, LLC, Lenny Kugel, and Eli Li. Lewitt*, SEC. gov. (Sep. 11,2018), https://www. sec. gov/litigation/admin/2018/33 – 10543. pdf.

④ See SEC, *Obtains Freeze of $8 Million in Assets in Alleged Fraudulent Token Offering and Manipulation Scheme*, SEC. gov. (Aug. 13, 2019), https://www. sec. gov/news/press-release/2019 – 150.

⑤ See SEC, *TurnKey Jet, Inc. No-Action Letter*, SEC. gov. (Apr. 3,2019), https://www. sec. gov/news/press-release/2019 – 150, https://www. sec. gov/divisions/corpfin/cf-noaction/2019/turnkey-jet – 040219 – 2a1. htm.

代币将会被持有者以固定价格长期持有。PoQ 销售 Quarters 代币基于游戏消费使用的目的。[①] 总体而论,是否形成投资关系、是否具有融资目的、是否符合证券发行要素皆包含在考虑之列。

美国 STO 的监管矛盾依旧存在。在司法领域,Howey 测试为判断何为 STO 的代币证券提供了灵活的尺度,然而,在该测试之下,"证券"的外延更加模糊——毕竟,果园收益、年金计划都可被"投资合同"覆盖,并且,Howey 测试仍然要依赖司法程序法官个案援引。另外,尽管 SEC 的《关于 DAO 的调查报告》以及《数字资产"投资合同"的分析指引》传达尊重创新的意愿,但却尚未消除 STO 执法的不确定性。如其所强调的那样,作为内部行动指南,《分析指引》并不具有法律意义。为此,有业内评论指出,尽管 SEC 针对臭名昭著的 ICO 欺诈案件陆续采取行动,但执法仍然具有较大不确定性。出于招致 SEC 突如其来执法行动的担忧,市场人士期待未来法院进一步明确 STO 的合规边界。[②]

四、加密资产交易平台 STO 的合规路径

如果考虑金融创新的需求,那么引导此类融资合规运营或许是更加折中温和的方案。当然,今后我国监管方针若要有所调整,可以在构建完备 STO 制度的基础之上进行。对此,应划分为两个维度:第一,在加密资产交易平台方面,构建平台合规管理制度,控制平台运营风险,保障投资安全。第二,在 STO 方面,明确证券代币的构成要素、STO 发行注册、豁免要求。

(一)构建加密资产交易平台的合规管理制度

1.加密资产交易平台的牌照要求

如今,金融科技公司、大型金融机构甚至中央银行都可能研发创建 DAO,平台运营者无疑是监管介入点。比如,《网络安全法》赋予网络运营者诸多网络安全保护义务和社会责任,以此维护网络空间安全和秩序。关于加密资产交易平台,《关于防范代币发行融资风险的公告》从平台运营者规管着手,要求任何代币融资交易平台不得为代币提供定价、信息中介服务,监管者期待通过经营限制的方式控制代币发行融资风险,但如前文所分析的,该等处理方式并不能很好地为金融创新预留空间。此外,我国《区块

---

① See *Pocketful of Quarters, Inc. Response of the Division of Corporation Finance*, SEC. gov. (July. 25, 2019), https://www.sec.gov/corpfin/pocketful-quarters-inc-072519-2a1.

② See Paul Vigna, Dave Michaels, *Are ICO Tokens Securities? Startup Wants a Judge to Decide*, The Wall Street Journal, WSJ (Jan. 7, 2019), https://www.wsj.com/articles/are-ico-tokens-securities-startup-wants-a-judge-to-decide-11548604800.

链信息服务管理规定》第11条明确了区块链信息服务提供者的备案要求,根据《互联网信息服务管理办法》第4条的规定,备案制度针对的是非经营性互联网信息服务,对于经营性互联网信息服务则实行许可制度。故此,区块链平台的政策定位是技术信息中介,而非经营信用中介。从国外立法例观察,多数司法辖区要求将平台运营者登记为公司法人,从而方便接受统一规管。2017年3月,日本内阁通过了《关于虚拟货币交易平台内阁府令》,规定从事虚拟货币买卖和虚拟货币间交换业务的公司需登记申请并提供有关信息。在我国香港特别行政区,只有公司方可申请从事虚拟资产服务业务。自然人或商业模式(如独资经营或合伙)均不符合资格申请。法人身份确保持牌虚拟资产服务提供商的操守合规。① 由于DAO已经实质具有组织特性,平台运营者也可以将DAO注册登记为商主体。2018年5月,美国弗明特州议会通过的《区块链商业促进法案》允许平台运营者将DAO注册为基于区块链技术的有限责任公司(BBLLC)。② 2021年4月,怀俄明州议会通过《DAO法案》明确DAO在该州属于合法组织,DAO应注册为有限责任公司;为了区别传统公司,DAO必须在其登记名称中包含"DAO""LAO"或"DAO LLC"等字样。③ 2018年7月马耳他数字创新管理局(Malta Digital Innovation Authority,MDIA)颁布《创新技术安排和服务法案》允许将DAO认证为一种创新技术安排,从而可以选择法人身份。④

STO项目具有证券发行属性,在去中心化的环境中,加密资产交易平台实质充当信用中介并为交易背书。平台运营者由此成为接受规管的交汇点,从而成为完全受监管的金融机构本身。⑤ 平台运营者不仅需要登记为国家认可的法律主体,业务运营尤其是STO还应获得金融牌照。按照业务领域的区分,平台运营商可以注册为证券经纪交易商、证券交易所等多类受规管主体。2018年3月,美国SEC发布声明,强调如果加密资产交易平台ICO提供STO服务,平台运营者必须符合牌照要求,包括注册成为证

---

① 参见香港证券及期货事务监察委员会:《立场书:监管虚拟资产交易平台》,2019年11月6日发布。

② See State of Vermont, *An Act Relating to Blockchain Business Development*, Legiscan(May, 2018), https://legiscan.com/VT/text/S0269/2017.

③ See Stete of Wyoming, *Decentralized Autonomous Organizations Supplement*, Senate File No. SF0038, Wyo. gov.(Apr., 2021), https://sos.wyo.gov/Forms/WyoBiz/DAO_Supplement.pdf.

④ See MDIA, *Innovative Technology Arrangements and Services Act*, Mdia. gov.(July,2018), https://mdia.gov.mt/wp-content/uploads/2018/10/ITAS.pdf.

⑤ See Philipp Paech, *The Governance of Blockchain Financial Networks*, Modern Law Review, Vol. 80:6, p. 1073(2017).

券交易所、证券经纪交易商、过户代理人或结算代理人,除非其满足证券发行豁免条件。[①] 如果DAO适用众筹豁免,DAO作为股权众筹平台必须持有证券经纪交易商牌照或者向SEC或FINRA注册为集资门户(funding portal)。泰国《数位资产事业皇家法令》将平台运营商分为数字资产交易所(digital asset exchange)、数字资产经纪商(digital asset broker)、数字资产交易商(digital asset dealer),必须经由泰国证交会推荐或财政部部长核准方可营业。[②]

2. 加密资产交易平台的分类监管

按照运营模式的不同,加密资产交易平台还可划分为发行平台、交易平台。如前所述,国内ICO清理之前,实务平台大多依此分类。在该等情况之下,两类平台均应纳入牌照监管。如新加坡MAS认为,代币发行必须通过持牌的发行平台(primary platform)或是交易平台(trading platform)进行。在日本,代币发行人应该申请牌照,还是委托已经获得牌照的加密资产交易商在加密资产交易所发售代币正在被立法讨论。[③] 由于代币发行、交易的运营模式可能混同或者分离,监管方案应分情况讨论:(1)单一平台运营者。此时代币发行人、平台开发者合二为一,代币发行、交易处于不同区块链网络。由于网络节点是不受规管的金融机构实体,唯一能够对节点施加监管约束的实体是平台开发者本身,即经典原初ICO,如以太坊DAO由开发者自行运营,在其成立之初,并未持有金融牌照。在该等情况下,如果DAO开发者的STO项目寻求合规,则应符合发行豁免条件或者申请证券业务牌照,注册成为证券经纪交易商或交易所。比如,SEC针对部分DAO采取多项执法行动的重要理由即DAO运营者未持牌经营。(2)复合平台运营者。此时代币发行人、平台开发者相互分离,平台多为持牌大型金融机构开发的成熟稳定区块链系统或是发展成熟、交易活跃、业务稳健的加密货币交易所。代币发行、交易处于同一区块链网络,代币发行人需要借助此类大型平台从事发行活动以及二级市场流通交易,即所谓的"首次交易所发行"(Initial Exchange Offering, IEO)模式。该种平台的优势在于集约安全,有利于发挥间接监管优势。正如学者指出,直接监管难以应对加密货币的多样性、技术性、匿名性以及跨国性,诉诸间

---

① See SEC, *Statement on Potentially Unlawful Online Platforms for Trading Digital Assets*, SEC gov. (Mar. 7, 2018), https://www.sec.gov/news/public-statement/enforcement-tm-statement-potentially-unlawful-online-platforms-trading.

② See Thai SEC, *Summary of the Royal Decree on the Digital Asset Businesses B. E.* 2561, SEC. or. th. (May 13, 2018), https://www.sec.or.th/EN/Documents/ActandRoyalEnactment/LawReform/summary-decree-digitalasset2561.pdf.

③ 参见张伊丽、皮六一、薛中文:《日本加密资产监管制度研究》,载《证券市场导报》2020年第8期。

接监管的措施，将有限监管资源聚焦电子钱包提供者或者交易所等（准）金融机构更妥当。①

3. 加密资产交易平台的合规建设

在区块链金融脱媒的背景之下，DAO的内部治理和平台运营者的风险控制成为加密资产交易平台合规建设的重点。一方面，在DAO的内部治理方面，规范良好的区块链内部治理机制可以降低交易成本，控制机会主义风险，改善传统的团队监督机制。另一方面，平台运营者应当建立合理的风险控制机制。国际证监会组织（International Organization of Securities Commissions，IOSCO）于2019年5月、2020年2月陆续发布《加密资产交易平台有关事宜、风险及监管的考虑》的咨询书以及最终报告，探讨并罗列关于监管机构评估加密资产交易平台的潜在风险问题的考虑因素，包括客户准入审查、客户资产保障、平台财务审计、利益冲突披露、平台运营合规、市场诚信保障、价格形成透明、技术风险监控等方面。②

在平台合规建设方面，近年来我国陆续出台系列标准，如行业标准《区块链技术架构安全要求》（YD/T 3747－2020）、深圳市地方标准《金融行业区块链平台技术规范》（DB4403/T 127－2020）等，但上述标准多数聚焦于技术层面，缺乏金融交易领域的平台运营规范。在此方面，我国香港特别行政区的监管动向值得关注。香港证监及期货事务监察委员会于2019年11月出台《监管虚拟资产交易平台立场书》在IOSCO框架基础上细化了合规要点，即平台运营者应当：（1）保管客户资产，透过一家公司以信托方式持有资产；建立加密资产储存、密钥管理程序，为加密资产投购保险。（2）遵守客户适当性要求，包括了解客户情况（Know Your Costumers，KYC），适时提供培训，为不同客户设定交易限额或持仓限额，确保足够的风险承受能力等。（3）设立打击洗钱及恐怖分子资金筹集政策、程序和监控措施。（4）监控、预防市场操纵、欺诈等违规交易活动。（5）委任财务审计。（6）设立风险管理框架，控制业务及运作所致的风险。（7）管理、披露或消除与客户实际或潜在的利益冲突。（8）建立平台运作管理的监督机制。我国香港特别行政区平台合规建设的创新之处在于，在风险控制机制的基础上，规定了平台的尽职调查义务，平台运营者应当对加密资产的纳入或移除进行合理尽职审查，内容包括：发行人管理层或开发团队的背景；加密资产所在司法辖区的监管状况；加密资产的供求、市场成熟度及流通性；加密资产的底层技术，区块链网络及共识

---

① 参见许多奇、肖凯：《加密数字货币的定性困境与间接监管出路》，载《中国应用法学》2020年第3期。

② See IOSCO, *Issues, Risks and Regulatory Considerations Relating to Crypto-Asset Trading Platforms Final Reports*, IOSCO. org. (Feb. ,2020), https://www. iosco. org/library/pubdocs/pdf/IOSCOPD649. pdf.

算法类型;开发团队的活跃水平;生态系统的普及程度;发行人推广材料准确及不具误导性;加密资产的开发情况、白皮书项目结果、过往开发的重大事件;加密资产是否是香港特别行政区《证券及期货条例》项下"证券"等。①

(二)细化证券法STO发行配套制度

1. 证券代币的扩张解释

我国现行《证券法》并未对证券代币提供明确判断依据。为此,有学者建议,立法上扩大证券的范围和概念,②但短期内修法成本不切合现实。可考虑如下举措:一是转变STO作为融资手段的观念。如果将STO视为传统融资方式借助区块链技术的优化,而非彻底创新的融资模式,③那么"证券"外延无疑是可以扩张适用于代币的。二是由央行会同证监会联合出台规范性文件,明确穿透监管之下不同代币经济属性的分类标准,为证券代币提供认定依据。Howey测试为核心,立法列举与司法认定相结合的证券定义模式,更适合作为数字货币证券法律属性的标准。④ 证监会专司证券监管,具有丰富的资源、经验,可出台监管细则对证券代币的内涵外延、负面清单予以明确,对何为证券代币"共同投资""收益期待""依赖他人努力"这些构成要件细化,法院在个案中予以解释。三是优先类推适用证券欺诈规范。针对ICO欺诈盛行的问题,在证券代币标准明晰之后,STO注册披露规则尚未完备之前,可以尝试证券欺诈规则与注册披露规则的暂时分流。因为在证券法体系之下,未经批准发行证券、违反发行程序、虚假陈述、内幕交易、操纵市场等都属于广义的反欺诈法律安排,可通过法院解释代币发行的证券欺诈责任,扩张ICO执法范围,增强法律威慑。

2. STO的注册发行与豁免适用

第一,STO的注册发行。在发行的代币构成"证券",平台持有牌照的情况下,代币发行人可以遵照我国《证券法》发行注册的要求进行STO融资,STO也应类推适用证券发行的宣传招揽和承销询价等规则。⑤ 证券注册主要目的是促使发行人遵照监管规则作出信息披露。代币发行人、平台运营者应披露更多技术特色的信息:(1)开发者(creator)的身份信息和对DAO施加的控制力,确保信义义务得以适用,防范可能的利

---

① 参见香港证券及期货事务监察委员会:《立场书:监管虚拟资产交易平台》,2019年11月6日发布。

② 参见刑会强:《我国〈证券法〉上证券概念的扩大及其边界》,载《中国法学》2019年第1期。

③ 参见张超:《证券型通证发行的法律性质与监管范式转变——以美国数字资产投资合同分析框架为视角》,载《财经法学》2020年第1期。

④ 参见柯达:《区块链数字货币的证券法律属性研究——兼论我国〈证券法〉证券定义的完善》,载《金融监管研究》2020年第6期。

⑤ 参见张巍:《虚拟货币初次发行监管初探》,载《证券法苑》2019年第2期。

益冲突;(2)DAO 的经营目的和项目,确保投资者获得作出投资决策的充足信息;(3)智能合约的条款,确保投资者知晓投票规则、投资机会;(4)第三方服务商的披露,确保投资者有足够的渠道了解其声誉、能力;(5)风险披露,如黑客袭击,收益未达预期;(6)财务披露,DAO 必须提交财务报告,提供 DAO 项目的回报、代币权益变化等信息。①

第二,STO 的注册豁免。在证券法之下,STO 也可以享有发行豁免。我国《证券法》仅仅有私募豁免,在豁免设计上,还存在更多的种类和方式:一是《证券法》既有豁免。依照美国证券法,STO 可以适用的豁免包括 RegulationD 的私募豁免、RegulationA + 的小额发行豁免、《Jobs 法案》的众筹豁免。新加坡 MAS 认为,代币发行人 STO 必须遵守招股说明书注册披露要求,除非满足小额发行豁免、私募豁免的条件,或者仅针对机构投资者、合格投资者发出招股要约,并遵守推介限制。平台运营者的服务还应经过沙盒测试。② 加拿大证券管理局(Canadian Securities Administrators,CSA)与 MAS 的要求相似,不同之处在于 STO 的披露要求更加严格。③ 由于虚拟资产交易涉及重大风险,香港证监及期货事务监察委员会将 STO 对象限定为专业投资者,持牌人必须遵从监管条款、定期报告、沙盒测试的要求。④ 二是 STO 的专项豁免。2020 年 2 月,SEC 职员 Hester Peirce 公布了代币安全港提案(Token Safe Harbor Proposal),⑤并于 2021 年 4 月更新了该项提案(Token Safe Harbor Proposal 2.0)。⑥ STO 专项豁免原因在于,认为区块链网络的建设依赖代币流通,证券法既有豁免受到诸多限制,去中心化难以获得技术成熟。对策是在《1933 年证券法》增加规则 195,为 STO 设立专项豁免。开发者必

---

① See Tiffany L. Minks, *Ethereum and The SEC: Why Most Distributed Autonomous Organizations are Subject to the Registration Requirements of the Securities Act of* 1933 *and a Proposal for New Regulation*, Texas A & M Law Review, Vol. 5, p. 432(2018).

② See MAS, *A Guide to Ditital Token Offerings*, MAS. gov. (Nov. 14, 2017), https://www.mas.gov.sg/regulation/explainers/a-guide-to-digital-token-offerings.

③ See CSA, *Staff Notice* 46 – 307: *Cryptocurrency Offerings*, OSC. ca. (Aug. 24, 2017), https://www.osc.ca/sites/default/files/pdfs/irps/csa_20170824_cryptocurrency-offerings.pdf.

④ 参见香港证券及期货事务监察委员会:《可能规管虚拟资产交易平台营运者的概念性框架》,2018 年 11 月 1 日发布。

⑤ See Hester M. Peirce, *Running on Empty: A Proposal to Fill the Gap Between Regulation and Decentralization*, SEC gov. (Feb. 6, 2020), https://www.sec.gov/news/speech/peirce-remarks-blockress – 2020 – 02 – 06#_ftn10.

⑥ See Hester M. Peirce, *Token Safe Harbor Proposal* 2.0, SEC gov. (Apr. 13, 2021), https://www.sec.gov/news/public-statement/peirce-statement-token-safe-harbor-proposal – 2.0.

须付出善意合理努力;3 年内将网络发展成熟;免费披露信息;代币发行目的是便利 DAO 的发展及用户参与;为客户创造流动性,确保代币流通的二级市场。此外,开发者还应按照 RegulationS-T 的要求履行信息披露义务:(1)初始披露。内容包括代币信息、共识机制、治理机制、开发计划、发行数量、开发者所持代币数量、关联交易等信息,在 EDGAR 系统提交诚信声明(notice of reliance),告知代币投资者开发者、发行人的地址、联系方式、披露信息获取方式。(2)持续披露。开发者须每 6 个月提交半年报,更新初始信息,在 3 年届满提交退出报告,如果 DAO 已经发展成熟,须描述去中心化程度,解释开发者此后参与 DAO 与过往的区别等。

对我国来说,发展试点 STO 可以考虑构建完整的 STO 的注册披露制度,明确平台运营者的信义义务、尽职调查义务等。在豁免类型的选择上,除私募豁免外,未来还可尝试众筹豁免,前提是未来股权众筹试点重新启动。STO 专项豁免的政策建议在国外仍然停留在提案阶段,时机尚未成熟。为了便利科技小微初创企业资本形成,为金融创新提供空间,或可探索设立 STO 小额发行豁免制度,允许代币发行人面向合格投资者证券代币发行,当然,发行规模、数量要受到合理限制。对此,有两套方案可供选择:一是沙盒测试方案。测试平台运营者是否符合风险控制、合规建设要求,DAO 的内部治理是否规范,经过审查合格,酌情发放牌照或准予代币发行。二是交易所 STO 方案。在沪深交易所设立数字板,为加密资产交易平台提供专门板块,由官方认可的稳定安全的持牌加密资产交易平台所作为代币流通市场,平台运营者对 STO 项目尽职调查,扮演看门人角色,验证信息的真实性,降低欺诈风险。由证监会、证券交易所对 STO 予以动态全程监管。对于虚假违法 STO 项目增强执法打击力度,确保 STO 合规运营,化解风险。

五、结语

ICO 为全球金融监管带来挑战,尽管各国各地对于 ICO 的合法性问题依然存在争议,但是,新近的监管趋势之下,改良的 STO 融资模式受到正面肯定,与之配套的合规监管体系也正在形成之中。把握机遇,适时探索加密资产交易平台 STO 合规的中国道路,是打造新时代世界科技强国,深度参与全球科技治理,贡献中国智慧的应有之义。

数字经济下带货主播的法律定位及责任配置*

任立文** 任中秀***

摘　要：直播带货作为时下备受商家和消费者欢迎的新型营销模式，俨然成为电商新风口，但其在带动经济增长的同时，衍生出虚假宣传、产品质量无法保障、商品购买后维权难等许多违法违规行为。面对数字经济对旧制度的挑战，传统法律规范已不能提供直接解决纠纷的法律依据。从《广告法》看，一方面是直播带货的法律性质存在分歧，另一方面是带货主播的身份定位与法律责任不够清晰。此外，还存在主播法律身份竞合时责任如何认定的问题。为厘清带货主播所承担的法律责任，维护消费者合法权益，需要从主播的法律行为着手，遵循"细化主体身份→明确所涉及法律关系→厘清法律责任"的逻辑。实务中，还需灵活适用相关法律，处理好主播涉及多重身份时法律责任的确定问题。

关键词：直播带货；主体定位；法律关系；法律责任

一、引言

"直播+电商"下的新型购物模式迎来了广阔的发展机遇，直播和短视频成为多网络用户购物和娱乐的重要渠道。根据第47次《中国互联网络发展状况统计报告》显示，截至2020年12月，我国网购消费者数量已达7.82亿，占网民整体数量的79.1%，

---

* 教育部人文社会科学研究青年项目（项目批准号：19YJC820047）、山西财经大学研究生创新项目"'直播带货'的法治化监管路径研究"（项目编号：21cxxj148）阶段研究成果。

** 山西财经大学法学院在读硕士研究生，研究方向：民商法。

*** 山西财经大学法学院副教授，研究方向：民商法。

其中直播电商用户规模目前达到了整体数量的66.2%。[①] 直播带货快速发展的同时,由于法律缺位及监管不力带来的负面影响正渐次显现。侵害消费者权益的现象频繁出现,如商品虚假宣传[②]、销售假冒注册商标的商品[③]、消费者售后维权无门[④]等。这些问题存在的根源主要在于,主播等主体的法律身份与法律责任界定模糊。与传统商业广告相比,网购模式涉及的主体众多,商家在其中的地位不明显,主播个人魅力和互动性与消费者是否作出购物决策呈比例关系,且由于主播的法律身份具有复合性,就导致法律责任条款不具有普适性消费者和监管机构难以确定适格的追责对象。[⑤] 因此,如何界定不同情形下的法律责任,需要进一步细化。本文的研究意义在于厘清多重法律身份引发的法律关系,为认定主播具体承担何种法律责任提供法律依据。

二、带货主播的法律身份定位

法律行为在我国宪法学和法理学上被明确界定为"具有法律意义之行为"或者"能够导致法律关系发生的行为",其通常作为民事权利义务发生变动以及承担法律责任的正当性根据。[⑥] 直播带货这一法律行为能否构成《广告法》上的"商业广告",这是认定带货主播法律身份的关键以及后续探讨法律责任如何承担的前提。因此,笔者首先对直播带货行为作出准确定性。

(一)直播带货的法律性质认定

当下,关于直播带货的法律性质,业内主要有3种观点:第一种观点附条件地界定直播带货的性质。该观点主体是最高监管机关,其发布的直播带货政策文件,通过"构

---

① 参见中国互联网络信息中心:《第47次中国互联网络发展状况统计报告》,载国家互联网信息办公室官网,http://www.cac.gov.cn/2021-02/03/c_1613923423079314.htm。

② 参见"杭州夜雪电子商务有限公司与刘某策网络购物合同纠纷案",浙江省杭州市中级人民法院(2020)浙01民终3789号民事判决书。

③ "廖某等人销售假冒注册商标的商品案",上海市杨浦区人民法院(2021)沪0110刑初305号刑事判决书。

④ 参见赵丽、郭晶:《直播带货成消费投诉重灾区 责任不清渐致消费者维权难》,载中国财经,http://finance.china.com.cn/industry/20210317/5521373.shtml。

⑤ 参见陈璟:《"直播带货"的法治化监管路径探索》,载《人民论坛·学术前沿》2020年第17期。

⑥ 参见孙宪忠:《民法典总则编"法律行为"一章学者建议稿的编写说明》,载《法学研究》2015年第6期。

成商业广告的，则按照《广告法》……”这样的条件句式避开对该行为直接的性质界定。[①] 第二种观点以导购行为界定直播带货的性质。该观点认为直播带货行为本质是传统营销模式中的导购，它是线下导购互联网化的形式，既然实体店导购员的促销行为实务中不予认定为广告活动，相应地，直播带货也不应受《广告法》的规制。[②] 第三种观点认为直播带货本质属于一种荐证广告。直播带货使消费者对商品认知更加丰富、直观，这与流量明星、权威人物在传统广告中发挥的代言效应类似，均是为推广特定商品给消费者，促进购买，因直播带货完全符合法律规定的认定商业广告之要件，故属于《广告法》调整的范畴。[③]

首先分析第一种观点。监管机关对这个法律责任承担的前置性问题持保守态度，其附条件界定直播带货的性质凸显了法律的严谨性，在某种程度上是为了契合新技术、新模式对传统营销方式的挑战，但过于谨慎的态度也导致行为性质界定没有实质性意义，在实践中还需下级执法机关和人员作个案判断。第二种观点主张直播带货是实体店铺销售场域的范式转移，本质仍是导购行为。但在实务中导购员因法律地位和导购行为差异，可能被认定为缔约之磋商行为或广告行为等，法律效果最终由谁承担还需作个案判断。这样的界定其实没有法律逻辑，它是以社会事实来界定社会事实，未形成可适用的法律规范。[④]

笔者赞同第三种观点，认为直播带货属于商业广告活动。我国《广告法》规定，商业广告的认定需要同时满足 3 个要件：一是商业推销目的（决定性因素）；二是向不特定公众告知；三是针对特定产品、服务。[⑤] 首先，大部分主播都是以推销商品、说服下单为目的。其次，直播带货均以平台为依托面向不特定网络用户公开直播，具备广告的外观宣传形式。最后，带货产品均为特定商品，消费者点击链接可实现一键购买。

此外，在实务中亦有将直播带货认定为商业广告的先例。2019 年首批虚假违法广告案件中，上海海王星辰药房直播销售处方药，该市监管部门认为直播营销构成“商业广告”，以违反《广告法》为由对其作出行政处罚。可见，以商业推销为目的的直播带货

---

① 市场监管总局《关于加强网络直播营销活动监管的指导意见》“（三）压实网络直播者法律责任”部分规定，直播内容构成商业广告的，应按照《广告法》规定履行广告发布者、广告经营者或广告代言人的责任和义务。

② 参见刘双舟：《关于网红“直播带货”法律属性的思考》，载《中国市场监管研究》2020 年第 5 期。

③ 参见夏令蓝、宋姣：《后疫情时代“直播带货”规范化研究》，载《传媒》2020 年第 13 期。

④ 参见宋亚辉：《网络直播带货的商业模式与法律规制》，载《中国市场监管研究》2020 年第 8 期。

⑤ 参见《广告法》第 2 条第 2 款。

具有《广告法》上的商业广告属性,应纳入该法的调整范围。

(二)不同情形带货主播的法律身份认定

界定直播带货行为的性质是认定主播法律身份的前提,对于带货主播,其实施行为较单一,即利用互联网平台直播发布特定商品信息,通过现场测评、亲自试用将商品多元化地推广给消费者。反而是主播行为背后的法律主体身份值得深入探究,由于运营模式、带货场景不同,主播的法律主体身份在不同情况下通常具有复合性,其承担的法律责任也因此产生差异。笔者尝试对不同情形带货主播的主体身份进行分析。

1. 主播身份仅为广告代言人

当流量明星、"网红达人"作为带货主播与某品牌签订合作协议或与商家签订代言合同,利用自己可被公众识别的名义、形象等人格特征信息,对商品进行推荐、证明时,主播身份仅为广告代言人。其需要同时满足认定广告代言人的3个要件:一是非广告主;二是以自己的名义或者形象;三是对要提供的商品、服务作推荐、证明。① 以总台央视主持人朱某某和李某某助力湖北经济重振、为湖北产品直播带货为例:首先,朱某某不属于《广告法》第2条规定的广告主身份,如果他是为自己带货,则是自我服务行为,此时就不满足"非广告主"这一要件。其次,作为央视主持人,朱某某自身具有较高的知名度与权威性,消费者基于信赖而购买,满足第二个要件"以自己的名义或者形象"。最后,朱某某是用自己幽默诙谐的语言证明并推广商品,满足第三个要件"对商品服务作推荐、证明"。所以,朱某某这类的带货主播就属于广告代言人。此外,明星做客专业主播直播间,也属于单纯的以广告代言人身份对产品进行推介的情况。

2. 主播拥有广告代言人、广告发布者双重身份

若主播享有自媒体账号的控制权,其线下与机构签订服务协议,约定以自己的影响力和销售能力推送、展示品牌方的产品信息,其同时进行了广告的代言与发布,此时具备广告代言人和广告发布者的双重身份。在这种情况下,商家通常只提供商品基础信息,商品推广与发布的具体内容需要依靠主播自身决定,这种情形本质是将广告的发布和代言进行了融合,满足这个条件,就符合了《广告法》规定的"广告发布者"的定义。②

---

① 参见《广告法》第2条第5款。

② 参见《广告法》第2条第4款。

3. 主播拥有广告主、产品销售者双重身份

很多“头部”主播都是随着自己流量增加、积累了定量粉丝之后，注册自己的网店自主销售产品，在直播带货主播同时是自营店的店主，主播自主选择销售产品品类，并设计、制作、发布广告的情况下，主播就符合了《广告法》所规定的“广告主”的定义，①同时具有广告主以及产品销售者的双重身份。

4. 主播兼具广告主、产品销售者、产品生产者多重身份

如今的经济组成方式，已经很难言纯粹的销售者、生产者。带货主播在直播间销售的往往是自己生产的产品，主播身份是销售者和生产者的竞合。如各地农产品生产者纷纷开展线上直播销售，亲自代言自己的特色农产品。由于农户是通过新媒体平台直播销售自己的农产品，其兼具广告主的身份。类似这样的带货主播身份就出现了融合，同时具备了多重身份。

综上所述，本文以带货商品的来源以及服务的性质为依据，划分了4类主体身份。但这类划分并不绝对，个案中由于带货商品的归属不同，主播可能同时具备多重主体身份，这种身份的竞合直接导致各方权利义务关系复杂化。因此带货主播所要承担的法律责任不能直接适用《广告法》中广告发布者、广告代言人、广告经营者规定，应根据个案的具体情况综合分析。

三、带货主播不同身份涉及的法律关系分析

为明确主播在这一业态下的法律责任，还需进一步梳理各行为主体之间的交易模式，结合现有直播带货的运营模式，对带货主播不同身份涉及的法律关系进行具体分析。

（一）“直播带货”的运营模式分析

目前，直播带货行业已形成一套结构较完整的运营模式，它主要涉及四方主体：商家、平台、主播、网络用户（消费者）。具体运营模式如图1所示：

① 参见《广告法》第2条第2款。

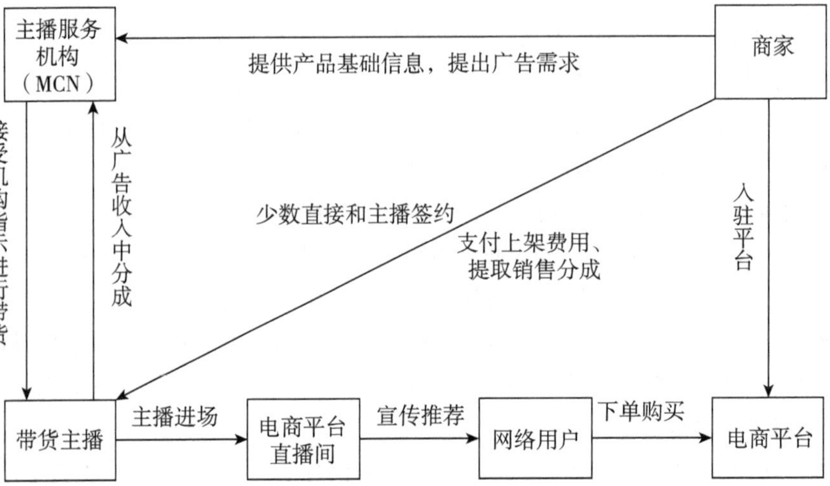

图1 直播带货运营模式

在这套运营模式中,主播是直播带货产业链中关键的一环,其类型多样,根据主播与网店的关系,带货的形式可以分为以下3类:第一类是由网店老板、内部员工或直接聘请的专属主播对特定商品或服务进行推介,业内称为店铺直播。第二类是流量明星受邀与达人主播共同直播或自主直播带货,业内称为名人直播。第三类是“网红达人”线下和机构签订服务协议,完成达人入驻,在平台创建个人账号后,销售众多网店的商品,业内称为达人直播;达人以自己的知名度对广告内容背书,多数网红属于这类。具体情况参见表1。

表1 各类主播法律身份及基本特征对比

主播类型		店主/店员/聘用主播	流量明星	网红达人
主播法律身份	为第三方商家带货	1. 广告代言人 2. 广告代言人 + 广告发布者		
	为自己带货	3. 广告主 + 产品销售者 4. 广告主 + 产品销售者 + 产品生产者		

续表

主播类型	店主/店员/聘用主播	流量明星	网红达人
典型特征	集中分布在淘宝平台,带货主要依托品牌知名度	明星做客专业主播直播间或使用个人账号直播	积累一定关注度与粉丝量后开始带货,带货实质是将粉丝量转化为销售量
亮点	数量多,熟悉自家品牌与产品,讲解专业	自带流量与影响力,明星做客专业主播直播间,二者是互补关系	直播经验丰富,带货水平较高
不足	店员直播专业能力不强,店铺销量不稳定	不熟悉品牌与产品、缺乏销售技巧、带货销量不稳定	产品质量参差不齐,售后服务没有保障

注:根据阿里研究院《迈向万亿市场的直播电商》整理。

(二)带货主播不同身份涉及的法律关系分析

法律关系是以法律规范为基础形成的、以权利与义务为内容的社会关系,①违背了正常的法律关系,就需要承担法律责任。厘清带货主播的法律责任,首先要对带货主播的法律身份进行界定,其次还将继续分析主播多重法律身份引发的法律关系。基于研究需要,本文从内部和外部两个层面分析涉及的法律关系。

1. 主播身份仅为广告代言人

主播身份仅为广告代言人时,②从外部关系视角看,带货主播和网络用户并无直接法律关系,是单纯的广告代言人和消费者的关系。从内部关系视角看,商家基于线上带货的需求委托流量明星、网红达人以直播方式推广产品,主播从委托方处收取报酬或从销售额中收取佣金;二者存在委托关系。

2. 主播拥有广告代言人、广告发布者双重身份

主播拥有广告代言人、发布者双重身份时,因广告发布者所要承担的主要权利义务多于代言人,故本文主要分析主播作为广告发布者时涉及的法律关系。从外部关系视角看,带货主播和网络用户并无直接法律关系,也是一个单纯的广告发布者和消费

① 参见张文显:《法理学》(第5版),高等教育出版社2018年版,第152页。

② 参见宋亚辉:《广告代言的法律框架与解释适用》,载《中国工商管理研究》2015年第4期。

者的关系。从内部关系视角看,商家和主播系委托关系。根据双方签订的委托合同或协议约定,商家委托主播在直播过程中宣传商品、对外发布广告、促进销售;商家给予网络主播相应的费用。

3. 主播拥有广告主、产品销售者双重身份

主播拥有广告主、产品销售者双重身份时,从外部关系视角看:第一,主播和网络用户此时也是一个简单的广告主和消费者的关系。第二,消费者直接与商家基于交易形成买卖合同关系,即一般的网络购物合同关系,《消费者权益保护法》把生产者和销售者都统称为经营者,[①]因此这是一个经营者(仅包括销售者)和消费者的买卖合同关系。从内部关系视角看,产品销售者与产品生产者签署了一个销售合同,这是一个生产者和销售者的买卖合同关系。

4. 主播兼具广告主、产品销售者、产品生产者多重身份

主播兼具多重身份时,直播带货扩展至生产领域,实现了一个闭环的全流程运营模式,此时我们只需要分析外部关系,带货主播和网络用户之间首先是广告主和消费者的关系,其次是经营者(包括生产者和销售者)和消费者之间的买卖合同关系。[②]

通过内部与外部关系两个视角,笔者对主播多重身份引发的法律关系予以认定。内部关系由当事人签订的合同或协议调整,约束双方,商事活动遵从营业自由原则,故法律不予以过多干涉。但外部关系和消费者权益保护相关,若出现侵害消费者权益情形,则需要法律予以规制,责任人承担相应的法律责任。

四、带货主播应承担的法律责任分析

法律责任是违法行为人或其他有责主体,由于违反特定义务所需承担的合理负担。确定主体所要承担的法律责任要遵循先明确主体的身份,进而明晰法律关系和法律责任的逻辑。

首先,从其法律行为着手,带货主播承担法律责任的前提是产生了违法行为或违约行为,这里一般包括带货商品为不符合产品质量标准的假冒伪劣产品、残次品,以及带货过程中主播某些行为、言论等严重损害消费者利益等。紧接着,消费者作为利益相关方请求维护自己的合法权益或监管机构根据法律规定对违法行为实施监督管理。最终由司法机关或行政机关确定相关主体的违法行为以及其应承担的法律责任。以疫情期间消费者通过直播渠道购买到假冒伪劣的口罩以及防护服为例,消费者提出维

---

① 参见《消费者权益保护法》第3条。

② 参见邱燕飞:《直播带货主播法律责任要素与区分规则》,载《中国流通经济》2021年第5期。

权请求,此时应如何确定直播带货主播应承担的法律责任?要先看口罩以及防护服的归属,判断各种情形下主播的法律身份——是属于上述4种情形之一还是根据具体情形另有多重身份。其次,分析该身份涉及的相关法律关系。最后,根据不同法律关系选择适用的不同实体法律,得出主体应承担的具体法律责任。现阶段,能够约束直播带货的法律法规有《消费者权益保护法》、《广告法》、《产品质量法》、《食品安全法》、《电子商务法》、《民法典》第三编合同编及司法解释和《刑法》。

(一)主播应承担的法律责任分析

1. 主播作为广告代言人的责任

当主播仅被认定为广告代言人时,法律责任较轻。其与网络用户是单纯的广告代言人和消费者的关系,因而受《广告法》的调整。[①] 在民事责任方面,根据《广告法》第38条、第56条的规定,主播不得代理保健品、医疗药品、器械这类广告,不得代言自己未使用的产品,即主播应当提前使用其要推荐的产品,推荐应当和实际情况一致,不得夸大其词。

当涉及损害消费者生命健康的虚假广告,无论广告代言人是否有过错,均要作为连带责任人与广告主承担连带责任;除涉及生命健康外的其他虚假广告侵犯消费者合法权益的,广告代言人不得在明知或应知该广告虚假的情况下进行介绍、推荐,否则同广告主对外承担连带责任。但最终责任人应当为广告主,广告代言人履行先付义务后,有权向广告主追偿。关于流量明星、网红达人代言食品领域的虚假广告,误导、欺骗消费者的,依据《食品安全法》第140条同食品生产经营者承担连带责任。

同时,《广告法》指明由市场监管部门对广告代言人的代理广告行为实施监管,虚假广告代言人将承担没收违法所得,并处罚款的行政责任。且第38条规定,虚假广告代言人受到处罚后,3年内禁止再代言。此外,在刑事责任方面,广告代言人虽不是《刑法》第222条规定的虚假广告罪的犯罪主体,但如与《广告法》其他主体共同实施虚假广告行为,完全可以虚假广告罪的共犯论处。

2. 主播作为广告代言人、广告发布者的责任

当主播被认定为广告代言人、发布者时,其与网络用户是广告代言人和消费者、广告发布者和消费者的关系,受《广告法》的调整和规制。我国法律对广告发布者设定的法律责任明显重于广告代言人,此处着重分析广告发布者应承担的法律责任。

在民事责任方面,如主播明知广告虚假仍发布,此时需要作为连带责任人与广告主承担连带责任,法条依据是《广告法》第56条。如主播并不明知是虚假广告,由广告

---

① 参见邱宝昌:《广告代言与"网红带货"中的法律责任》,载《中国市场监管研究》2020年第5期。

主依法承担民事责任,在广告发布者不能提供广告主真实信息、联系方式的情况下,需要应消费者要求先行赔付。但有一个例外,当涉及损害消费者生命健康的虚假广告造成消费者损害的,无论广告发布者有无过错,均要作为连带责任人与广告主承担连带责任。带货过程中主播实施了其他侵权行为的,应承担相应的侵权责任,如在广告中未经同意使用他人名义或者形象等。

在行政责任方面,虚假广告发布者需承担停止广告发布业务、吊销执照、没收违法所得、处以广告费用数倍以上的罚款的行政责任。此外,其甚至可能作为虚假广告罪的犯罪主体,面临有期徒刑或拘役的刑事处罚。

3. 主播作为广告主、产品销售者的责任

当主播被认定为广告主、产品销售者时,其与网络用户是广告主和消费者、经营者(销售者)和消费者的关系,这两类关系分别由《广告法》《产品质量法》及《消费者权益保护法》调整。

在民事责任方面,就广告行为而言,带货主播违法发布虚假广告,侵害消费者人身财产权益的,应根据《广告法》第56条的规定首先承担侵权责任。就销售行为而言,若产品质量缺陷致他人人身损害或财产损失,被侵权人有权向销售者请求赔偿。[①] 若商家所提供的商品或服务与约定不符,即商家存在违约行为,可依据《消费者权益保护法》的规定请求商家恢复原状,赔偿损失,履行退货、修理等义务。此外,主播还可能承担惩罚性损害赔偿责任,若其为促成交易实施欺诈行为,误导消费者购买产品,需要承担"三倍赔偿责任";[②]若其明知食品不符合安全标准仍利用广告宣传销售,需要承担"十倍赔偿责任"。[③]

在行政责任方面,广告主应根据《广告法》第55条第1款的规定承担停止发布广告、消除影响,甚至吊销营业执照等行政责任。此外,在刑事责任方面,就广告行为而言,若广告主通过广告活动实施虚假宣传,其可能构成虚假广告罪;就销售行为而言,如果直播过程中明知属于不符合安全标准的食品、不符合卫生标准的化妆品仍然销售,且销售金额达5万元以上,则需要承担《刑法》规定的销售伪劣商品罪这一类犯罪的刑事责任。[④] 若主播销售假冒注册商标的商品,还可能涉嫌构成销售假冒注册商标的商品罪,[⑤]面临刑事处罚。

---

① 参见《民法典》第1203条。

② 参见《消费者权益保护法》第55条。

③ 参见《食品安全法》第148条。

④ 参见《刑法》第140条、第143条、第146条、第148条。

⑤ 参见《刑法》第214条。

4. 主播作为广告主、产品销售者、产品生产者的责任

当主播被认定为广告主、产品销售者和产品生产者时，其与网络用户是广告主和消费者、经营者（包括生产者和销售者）和消费者的关系。作为广告主，其应当遵守《广告法》对于广告主的相关规定，另外，其还具备经营者的身份，也应当遵守《民法典》《消费者权益保护法》《食品安全法》《产品质量法》等法律中关于生产者、销售者的相关规定，主要是履行告知义务和安全保障义务。

关于主播作为广告主以及产品销售者的责任上文已说明，此处着重说明作为生产者的责任。首先，这类带货主播作为生产者更应当对其产品质量负责，否则将要承担更多的民事赔偿责任。比如，生产明知是缺陷产品造成他人生命健康严重损害的，应当承担惩罚性赔偿责任，[①]欺诈消费者应承担“三倍赔偿责任”，违反食品安全标准应承担“十倍赔偿责任”等。其次，除民事责任外，生产不符合行业标准的食品、化妆品等造成严重后果的，主播可能涉嫌构成《刑法》中生产伪劣商品罪这一类犯罪。

（二）主播法律身份竞合时的处理建议

综上所述，我们可以看到网络直播带货活动中主播的身份具有复合性，可能同时兼具多重身份，甚至在个案中出现一体化现象。关于主播涉及多个身份所承担的法律责任竞合问题，在理论上和实践中仍然存在争议，但如果单纯按照主播涉及的多重身份及行为对其法律责任作叠加处理，则无法体现法律的公平、正义和人权保障的价值。

大多数国家对于违约责任和侵权责任竞合时处理方式，均认为受害人只能择双项请求权之一行使，侵权行为人不需要承担双重民事责任。我国法律也明确规定，在责任竞合情况下，当事人可以选择违约责任或侵权责任请求对方承担，[②]以达到保护受害人，制裁违法行为的目的。

据此，笔者认为，类推到网络直播带货活动中，若主播被认定为《广告法》中的广告代言人、广告发布者，因主播实施的广告行为互为牵连，可择数行为中责任最重之行为承担责任；若主播被认定为《消费者权益保护法》中的经营者，就广告行为而言，它最终服务于经营行为，应被经营行为吸收，因此认定责任时根据经营者的法律责任来认定，广告行为则作为责任认定程度情节予以考虑。总之，法律责任认定应最大限度地保护各方当事人的合法权益，营造公正、公平、透明的法治环境。

五、结语

技术的发展衍生出新的消费需求，在数字经济背景下，直播带货作为新的营销模

---

① 参见《民法典》第1207条。

② 参见《民法典》第186条。

式应运而生,但也产生不少问题。面对直播带货无序发展带来的问题,各主体都应当进行深刻的自我思考,承担相应的法律责任。笔者立足数字经济背景,从主播的法律主体身份出发,分析不同身份涉及的法律关系,明确这两个核心要素后,选择适用的实体法律,最终得出带货主播应当承担何种责任的结论。事实上,直播带货业主体的法律责任关乎这一新业态的平稳发展,需要理论界与实务界不断深入研究。主播位于直播带货业中最核心的位置,首先,应当明晰自己在直播带货中的主体定位,处理好不同身份所涉的法律关系,积极履行作为广告代言人、广告发布者、销售者的义务,主动履行合理注意义务以及道义责任。其次,消费者和监管机构要实时做好监督,出现问题及时找相应主体维权,切实保障自身及大众消费者的合法权益。如此,才能实现社会对于科技善治的美好期待。

人工智能医疗中的医患信任危机及其法律治理*

罗 娜** 罗建东***

摘 要:人工智能技术已经在疾病诊断、预测、图像分析、医疗资源分配和诊疗建议等领域取得明显进展,呈现准确、高效和便利的技术优势。但是,人工智能自动化决策中所固有的算法"黑箱问题"使患者与医疗服务提供者之间出现信任危机。患者自主权利弱化和医疗侵权事故受害患者权利救济不足,致使医患信任关系的法律保障不够。基于算法风险的类型化治理应成为下一步人工智能医疗中医患信任关系重塑的基本思路。在具体法律治理对策上,应当运用事前监管手段增加人工智能医疗算法的透明度,同时健全人工智能医疗侵权事故中的患者权利救济机制。

关键词:人工智能;算法黑箱;医患关系;信任危机

人工智能,是指通过收集和处理数据来分析应用环境特征,并据此采取最理性行为来实现人类既定目标的系统。① 人工智能系统的运行,需要借助嵌套其中的人工智能软件来实现与人类近似的学习、决策和操作能力。当前,人工智能系统已经在诸如无人驾驶、智慧司法和智能翻译等专业领域取得明显进展,并对提升我国的科技创造

---

* 国家社科基金后期资助项目"数字经济时代的营业性构造演进与商主体体系创新研究"(项目编号:19FFXB008);重庆市研究生科研创新项目"突发公共卫生事件中董事损害赔偿责任的偏失与重构"(项目编号:CYB20121)的阶段性研究成果。

** 西南政法大学民商法学院博士研究生,主要从事民商法学研究。

*** 齐齐哈尔大学机械电子工程专业本科生,主要从事机械电子工程与人工智能交叉研究。

① See High-Level Expert Group on Artificial Intelligence, *A Definition of AI: Main Capabilities and Disciplines*, European Commission (April 8, 2019), https://digital-strategy.ec.europa.eu/en/library/definition-artificial-intelligence-main-capabilities-and-scientific-disciplines.

力、改善人民生产生活方式和增进社会服务水平作出了巨大贡献。同时,人工智能在患者疾病预测、诊断和愈后监测等方面也对医疗服务领域产生了深远影响。[①] 因此,我国全国人大常委会也在2019年12月28日审议通过的《基本医疗卫生与健康促进法》第49条中明确提出,要在基本医疗卫生与健康领域推动健康医疗大数据和人工智能的应用发展。这是我国首次在法律层面肯认人工智能在医疗服务领域的应用价值,同时指明了我国下一阶段卫生领域发展的任务目标。然而,正如其他专业领域在引入人工智能技术时会招致质疑一般,医疗服务领域人工智能技术的应用也因对现有医疗服务体系框架形成诸多挑战,[②]而遭受了来自理论界和实务界的质疑。显而易见的是,人工智能技术也为传统医疗服务领域带来诸多不可替代的价值。但是,由于医疗服务领域关涉患者的生命与健康等基本权利,人工智能算法所固有的不透明性使原本就脆弱的医患关系陷入了信任危机。因此,只有厘清人工智能医疗中医患信任危机的产生机理,以法律手段对医患信任危机进行治理,才能真正发挥出人工智能技术在医疗服务领域的优势。基于此,笔者将从人工智能医疗的发展现状出发,剖析医患信任危机产生的技术和制度原因,最终提出修复人工智能医疗中医患信任危机的法律治理对策。

一、人工智能医疗的发展概况及应用优势

(一)人工智能医疗的发展概况

人工智能系统的运行机理在于,在人类给定复杂目标的情况下,通过数据采集感知环境、解释收集的结构化或非结构化数据、对知识进行推理和处理,并决定为实现既定目标而采取最佳行动方式。人工智能系统具有强大的运算能力,既可以使用符号规则,也可以学习数字模型,还可以通过分析环境如何受到其先前行为的影响来调整自己的行为。人工智能驱动的自动化决策可以定义为决策被部分或完全委托给人工智能系统的过程。[③] 具体到医疗服务领域,人工智能医疗,主要是指使用人工智能技术和自动化过程来诊断和治疗需要护理的病人。

在技术和实践的双向促进下,人工智能已经可以完成包括疾病诊断、疾病预测、图像分析、医疗资源分配和治疗建议等医疗服务领域的诸多特定任务类型。兹举几例:

---

① See A. Michael Froomkin, Ian Kerr & Joelle Pineau, *When AIs Outperform Doctors: Confronting the Challenges of a Tort-Induced Over-Reliance on Machine Learning*, Ariz. L. Rev. 61, p.33(2019).

② 参见涂永前:《规制人工智能:一个原则性法律框架研究》,载《人工智能法学研究》2018年第1期。

③ See Automating Society, *Taking Stock of Automated Decision Making in the EU*, Algorithm Watch (Jan., 2019), https://algorithmwatch.org/wp-content/uploads/2019/02/Automating_Society_Report_2019.pdf.

首先,在疾病诊断领域,人工智能技术可在智能手机应用中基于婴儿的面部特征来判断其是否存在发育障碍,①抑或是基于眼球运动跟踪得出的规律对幼儿孤独症进行辅助诊断;②其次,在疾病预测领域,基于人工智能技术的算法可以通过持续分析外伤患者的生命体征来预测出血症状,并提示医疗服务提供者及时对患者病情进行干预以防止紧张性休克的发生;③再次,在图像分析领域,人工智能可以通过分析患者皮肤损伤的图像来识别患者患有皮肤癌的概率,以此分担解剖病理学家或放射科医生的大部分工作;④最后,在医疗资源分配领域,人工智能可通过自动化技术帮助临床医生减少耗费在重复工作任务上的时间,还可以通过对患者进行类型化分流减少临床医生对部分轻症患者的关注,合理分配针对不同患者的诊疗时间,⑤将稀少的资源分配给最有可能从中受益的患者。

(二)人工智能医疗的应用优势

第一,人工智能医疗能够提高医疗服务的准确性。一方面,人工智能医疗能够提高医疗服务提供者作出医疗决策的准确性。人工智能算法可以帮助医生预测不同患者在同一诊疗方法下的诊疗效果差异,并据此调整更适合个体患者的医疗决策,以实现患者诊疗效果的最大化。人工智能技术还可以帮助医生识别那些应当定期筛查是否有特定疾病的患者。在药物指导护理方面,人工智能算法还可以帮助医疗服务提供者选出最适合特定患者的药物,并对不同患者的药物需求进行优先度排序,同时合理保留或分配有限的医药卫生资源。⑥ 例如,芬兰开发的一个疾病预测模型就可以预测某种新药组合对特定癌细胞的影响,这使肿瘤学家能够选择最佳的药物治疗方法,以

---

① See Megan Molteni, *Thanks to AI, Computers Can Now See Your Health Problems*, Wired (Jan. 9, 2017), https://www.wired.com/2017/01/computers-can-tell-glance-youve-got-genetic-disorders/.

② See Nicole Stuart et al., *Eye Gaze in Autism Spectrum Disorder: A Review of Neural Evidence for the Eye Avoidance Hypothesis*, J. Autism Dev. Disord, 2022 Feb 4.

③ See Nehemiah T. Liu et al., *Development and Validation of a Machine Learning Algorithm and Hybrid System to Predict the Need for Life-Saving Interventions in Trauma Patients*, Med. & Biological Engineering & Computing 52, p. 193 (2014).

④ See Ziad Obermeyer & Ezekiel J. Emanuel, *Predicting the Future—Big Data, Machine Learning, and Clinical Medicine*, New Eng. J. Med. 375, p. 1216 (2016).

⑤ See Chris Hayhurst, *What Doctors Want: More Time with Patients*, Athenahealth (Oct. 18, 2017), https://www.athenahealth.com/knowledge-hub/practice-management/what-doctors-want-more-time-patients.

⑥ See W. Nicholson Price Ⅱ, *Artificial Intelligence in Health Care: Applications and Legal Implications*, The SciTech Lawyer 14, p. 10 – 13 (2017).

达到更有针对性地杀死具有特定基因组成的癌细胞的目的。[①] 另一方面,人工智能通过学习算法检查大数据并辨别以前未知的模式、联系和因果效应,进而帮助科研工作者在医疗研究领域快速取得新进展。与现有的医学问题研究模式相比,在人工智能技术辅助下开展的医学问题研究将取得更加精确和定制化的研究成果。例如,人工智能系统监测到的数千个不同基因之间的相互作用可以帮助预测肿瘤对不同化疗药物的反应,帮助医疗服务提供者对患者进行更精准的药物推荐和选择更加有效的治疗方案。[②] 再如,在糖尿病患者诊疗方案研究领域,人工智能可以通过机器学习发现胰岛素计量和血糖等其他相关信息之间的变化关系,据此调整全天接收的胰岛素最小剂量,这一技术可以帮助糖尿病患者更加精准地改善血糖水平。[③]

第二,人工智能医疗能够提高医疗服务的高效性。人工智能可以通过自动化某些任务来提高医疗效率,从而降低医疗服务提供方的人员成本。例如,超级计算机"沃森"被用来扫描脑癌患者肿瘤的基因数据,将基因数据的扫描时间从几周甚至几个月有效减少到几分钟。[④] 再如,一款用于分析乳房光片的软件程序,能够帮助用户对患乳腺癌的易感性展开早期诊断,在保证诊断准确率高达99%的情况下,将患者数据转化为诊断信息的速度比医疗从业者快30倍。[⑤] 此外,人工智能医疗的高效率优势还体现在公共卫生服务领域。在全球应对新冠疫情期间,研究者开发出一款利用胸部图像诊断病情的人工智能模型,该模型还可预测哪些感染者将会产生严重的并发症。[⑥]

---

① See Aalto University, *AI Predicts Which Drug Combinations Kill Cancer Cells: A Machine Learning Model Developed in Finland Can Help Us Treat Cancer More Effectively*, Science News(Dec. 1, 2020), https://www.sciencedaily.com/releases/2020/12/201201084800.htm.

② See Nathaniel Braman et al., *Predicting Neo-adjuvant Chemotherapy Response from Pre-treatment Breast MRI Using Machine Learning and HER2 Status*, J. Clin. Oncol. 36, p.582(2018).

③ See W. Nicholson Price Ⅱ, *We Have to be Smart about Artificial Intelligence in Medicine: When the Technology is Complicated, Opaque, Changing, and Absolutely Vital to the Health of a Patient, How do We Make Sure it Works as Promised?*, The Petrie-Flom Center(Aug. 15, 2018), https://petrieflom.law.harvard.edu/resources/article/we-have-to-be-smart-about-artificial-intelligence-in-medicine.

④ See Eliza Strickland, *IBM Watson Takes on the Genetics of Brain Cancer: The AI Will Analyze Patients' Genetic Data to Provide Treatment Suggestions*, IEEE Spectrum(Mar. 19, 2014), https://spectrum.ieee.org/ibm-watson-takes-on-brain-cancer#toggle-gdpr.

⑤ See Houston Methodist, *Artificial Intelligence Expedites Breast Cancer Risk Prediction*, Science Daily (Aug. 29, 2016), https://www.sciencedaily.com/releases/2016/08/160829122106.htm.

⑥ See Xiangao Jiang et al., *Towards an Artificial Intelligence Framework for Data-Driven Prediction of Coronavirus Clinical Severity*, Computers, Materials & Continua 63, p.537(2020).

第三,人工智能医疗能够提高医疗服务的便利性。当前,我国医疗服务领域面临的重要矛盾之一,就是巨大的医疗服务需求量和相对有限的医疗服务资源之间的矛盾。医疗服务活动的有效开展需要借助足够的医疗服务提供者等人力资源,更要依赖医疗服务提供者的专业知识和执业技能。因此,医疗专业知识便成为横亘在潜在医疗服务需求方与医疗资源之间的鸿沟。人工智能技术的出现,使医疗专业知识可以借助计算机、5G和物联网等现代技术手段。人工智能可以为医疗条件严重匮乏的地区提供诊疗帮助,如进行疾病诊断或提出基本的治疗建议。换言之,人工智能医疗的出现不仅能弥补医疗服务提供者人力资源的不足,还能解决医疗服务提供者因自身专业知识局限而面临的掣肘,使普通患者不会因为医疗服务资源分布不均的问题而错失诊疗机会。

二、人工智能算法“黑箱”下的医患信任危机

信任之构筑基础,要么来自信息的充分传递,要么依靠制度作为保障。存在于人工智能技术中的算法“黑箱”问题是人工智能技术在医疗服务领域加以广泛应用的最大阻碍,①更因其本身的信息不透明性切断了联结医疗服务提供者与患者之间的信息纽带,从而导致医患之间的信任危机加剧。

首先,信任是维系人工智能医疗中医患关系的制度基点。医疗服务提供者与患者之间是一种不对称的社会关系,这主要体现在以下三个方面:第一,信息不对称。在传统的医疗服务关系中,医疗服务提供者掌握着患者的个人信息和诊疗信息,患者始终需要通过医疗服务提供者来了解自身的健康水平和诊疗情况。第二,知识不对称。医疗服务提供者具备医学领域的专业知识,能够针对患者特定的诊疗信息进行医学上的诊断与解读,而患者则不具备此种能力。第三,权力不对称。患者在诊疗过程中需要获得医疗服务提供者的帮助,更容易受到伤害。在医疗服务领域,人际信任被认为是维系医患关系的唯一基础。正是由于医疗服务提供者与患者之间存在以上不对称关系,所以只有当医疗服务提供者与患者之间建立起普遍的信任关系,才能使医疗服务领域法律制度中的各种权利、责任和规则得以建立,才能使医患关系保持健康稳定。由于医疗服务提供者与患者之间关系的不对称,所以医患信任关系,主要是指患者对医疗服务提供者的信任。基于此,相关法律制度旨在规范和促进医疗服务提供者的行为,对违反信任期望的行为予以惩罚和威慑,以满足患者对诊疗效果的期望。具体而

---

① 参见李润生:《论医疗人工智能“黑箱”难题的应对策略和规制进路》,载《东南大学学报(哲学社会科学版)》2021年第6期。

言,医疗服务提供者需要根据当前医疗领域的知识标准向患者传达准确、全面的建议,以保障患者的知情权;在确保患者对诊疗事项充分知情的情况下,医疗服务提供者还需要按照患者的意愿进行具体的诊疗,即保障患者的知情同意权;医疗服务提供者还要按照患者的最佳利益实施诊疗活动,如果具体的诊疗手段或建议不符合医疗领域的专业标准,给患者造成损害的,要承担由此产生的侵权责任。

其次,人工智能医疗中的自动化决策过程依赖算法的力量。人工智能驱动的自动化决策一般利用机器学习技术,机器学习的过程就是通过算法模型来分析大数据得出相应结论,而其间并没有明确的编程过程。[①] 简言之,机器学习的过程大体分为以下几个阶段:一是定义需要解决的问题;二是收集和准备所需数据;三是选择适当的算法模型;四是训练算法模型;五是评估和测试模型。一旦模型经过适当的训练,它就可以在新的情况下展开预测,得出最佳的行动方案。例如,在实践中可以对机器学习模型进行训练,在大量的健康人群和患者数据中找到模型,并预测特定个人的患癌风险。[②]

再次,人工智能医疗技术存在不可避免的算法"黑箱"问题。机器学习是人工智能中的重要分支,它能够使计算机自动检测数据中的模型,然后利用检测到的模型预测未来的数据或者执行决策任务。科学家通过向机器学习算法提供被称为训练数据的信息来训练机器学习算法展开分析工作。例如,科学家可以向机器学习算法展示大量的肿瘤X光片,指示哪些是癌变的和哪些是非癌变的,并将这些指示作为数据标签进行输入。此后,该学习算法会根据肿瘤图像中的模型区分良性和恶性肿瘤,当测试者键入新图像时,它便可以准确地识别恶性肿瘤。一旦科学家确定该算法的性能良好,它就可以针对未知标签的图像进行分类。[③] 尽管算法有不同程度的透明性和可解释性,[④]但在某些情况下,算法是不透明的,因为其依赖复杂的习得规则,甚至不容易被用户或编写该技术的开发人员所理解。[⑤] 此外,当有更多原始数据可用时,算法将变得愈加复杂,丰富的数据来源尽管会不断提高算法作出决策的合理性,但也会导致算法本

---

① 参见侯东德、周莉欣:《风险理论视角下智能投顾投资者的保护路径》,载《华东政法大学学报》2021年第4期。

② See Yutong Wang et al., *Application of Artificial Intelligence to the Diagnosis and Therapy of Colorectal Cancer*, American Journal of Cancer Research 10, p. 3575 – 3598(2020).

③ See Alvin Rajkomar et al., *Ensuring Fairness in Machine Learning to Advance Health Equity*, Annals Internal Med. 18, p. 867(2018).

④ See Milena A. Gianfrancesco et al., *Potential Biases in Machine Learning Algorithms Using Electronic Health Record Data*, Jama Internal Med. 178, p. 1546(2018).

⑤ See Alvin Rajkomar, Jeffrey Dean & Isaac Kohane, *Machine Learning in Medicine*, New Eng. J. MED. 380, p. 1348(2019).

身随着时间不断发生变化,从而加剧算法的不透明性。这意味着人工智能技术将无法证明其得出结论的确切依据和具体过程,这就是人工智能中的算法“黑箱”问题。算法“黑箱”问题在医疗服务领域会导致人工智能无法像医疗服务提供者一样解释其医疗决策过程,即便算法能够对技术如何得出结论给出一些解释,但它可能也没有医学意义。

最后,算法“黑箱”下的诊疗事故会破坏医患信任关系。在算法“黑箱”下,人工智能系统的运行质量几乎只取决于它使用的数据。[①] 因此,以下两种情况可能会威胁自动决策的准确性:一是用于训练模型的数据可能存在原始缺陷。人工智能医疗系统中的低质量培训数据通常源于范围狭窄的数据集或存在错误的数据集。[②] 二是即便人工智能系统是使用来源广泛的高质量数据集开发的,在实际应用过程中也会遇到新的情况。举例而言,一个人工智能驱动的机器人外科医生是在数百万幅高质量图像的基础上训练而成的。但是,经过多年的使用后,机器人的材料有一点拉伸和弯曲,这就要求机器人将其运动幅度改变几毫米。尽管人类外科医生会无意识地适应这些微小变化,但以人工智能为动力的机器人外科医生的决策过程则缺乏应对这些突发变化、混乱和不确定性的准备。[③] 虽然人工智能系统最终会在遇到新情况时变得更加准确,但这仍然会在开始时导致错误的输出。当实际诊疗过程中出现此类数据安全性威胁,就会导致医疗操作上的误判误诊,最终使患者的生命健康权益受到侵害。此时,连接算法模型培训数据与决策结果之间的算法机制却因“黑箱”问题而无法准确揭示,最终导致受害患者无证可查、无理可诉。

三、人工智能医疗医患信任危机的归因

如果说,人工智能医疗中的算法“黑箱”问题是导致医患信任危机的技术原因,那么由算法“黑箱”引发的医患信任保障规范适用困难,则是导致人工智能医疗中医患信任危机的原因。

---

① See European Union Agency for Fundamental Rights, *Data Quality and Artificial Intelligence-Mitigating Bias and Error to Protect Fundamental Rights*, An Official Website of the European Union(Jun. 18, 2019), https://staging. fra. europa. eu/sites/default/files/fra_uploads/fra – 2019 – data-quality-and-ai_en. pdf.

② See Ziad Obermeyer et al., *Dissecting Racial Bias in an Algorithm Used to Manage the Health of Populations*, Science 366, p. 447 – 453(2019).

③ See Russell Taylor, Greg Hager & Axel Krieger, *The Robot Surgeon will See You Now*, The New York Times(May. 6, 2021), https://malonecenter. jhu. edu/the-robot-surgeon-will-see-you-now-the-new-york-times/.

(一)人工智能医疗患者的自主权利弱化

尊重人的自主性原则,被认为是现代医学伦理学的一项基本原则。而一切患者权利都建立在患者自主权利的基础之上,更是在医患关系中增强患者权能的先决条件。[①]第二次世界大战期间,在德国涉及人类受试者的研究暴行中,引发了一场道德哲学运动,即尊重患者为自主代理人,并将自主价值置于卫生专业人员与患者关系的中心。[②]在波尚和柴尔德里斯发展的医学伦理学标准方法中,关于决策的个人自主权是根据3个条件来理解的,个人必须是"故意地""有理解地""不控制决定其行为的影响"。[③] 从这种自主的概念中,可以为患者推导出若干权利,例如,拒绝治疗的权利和获得充分信息以作出知情选择的权利。[④] 知情权意味着患者有权获得关于治疗过程的可靠和可理解的信息,包括可能发生的诊疗风险和替代方案,并且卫生专业人员有责任进行解释。知情同意权与知情权紧密相关,其根植于这样一种理念,即必须为患者提供足够的信息,使其能够对自己的身体作出自主决定,并对诊疗行为作出有效的知情同意表示。我国《民法典》第1219条即明确规定,医务人员在诊疗活动中应向患者或其近亲属说明病情和医疗措施,并取得明确同意,否则造成患者损害的,医疗机构要承担赔偿责任。可见,患者知情同意的内核是患者的自主性,因为基本思想是必须为患者提供足够的信息,使其能够对自己的身体作出自主决定。

人工智能医疗中的算法"黑箱"导致患者知情同意权受损。鉴于人工智能系统的不透明性质,医疗服务提供者可能并不总是能够完全告知其患者医疗决策过程中的步骤。当患者不了解基于人工智能的决策在其健康背景下的性质和后果时,患者的自主性就可能受到损害,这会影响患者作出知情决策的可能性。此外,围绕人工智能驱动的医疗决策的大量不透明性、不确定性和知识缺乏可能会影响确保患者对其身体作出知情决策的方式。如果使用人工智能医疗中的手机应用程序或聊天机器人作为治疗的一部分,数字用户协议能否取代传统的知情同意程序?

人工智能医疗背景下患者的客观化风险会忽视人的内在价值。一方面,人工智能

① See Willy Palm et al., *Patients' Rights: From Recognition to Implementation in*, *Achieving Person-Centred Health Systems: Evidence, Strategies and Challenges*, Cambridge University Press, 2020, p. 347 – 386.

② See Jonathan F Will, *A Brief Historical and Theoretical Perspective on Patient Autonomy and Medical Decision Making: Part Ⅱ: The Autonomy Model*, Chest 139, p. 1491 – 1497(2011).

③ See Kenneth V Iserson, *Principles of Biomedical Ethics*, Emergency Medicine Clinics of North America, May, p. 513 – 545(1999).

④ See Kenneth V Iserson, *Principles of Biomedical Ethics*, Emergency Medicine Clinics of North America, May, p. 513 – 545(1999).

医疗中的诊疗方式无法纳入单个患者的意愿,从而忽视了个体患者的内在价值。例如,不同的结肠癌患者对于最大化寿命或是最小化痛苦的优先排序不同,而人工智能诊疗设备则只能按照既定的诊疗目标给出建议。另一方面,随着人工智能医疗中的算法技术变得越来越自主,医疗服务领域可能会经历一个从患者主体性到患者客体化的范式转变。一般而言,人工智能应用程序对大量个人数据的依赖可能会给患者的尊严带来压力,因为人工智能医疗技术看重的是患者的个人数据,而不是他们的内在价值。在患者客观化风险之下,患者基本权利保护之本质可能会被置于危险之中。因此,人工智能医疗对患者人格尊严的威胁程度取决于决策过程的自动化程度。与辅助医疗服务提供者决策的人工智能系统相比,几乎完全取代医疗服务提供者决策的人工智能自动化决策系统将对患者自主权利构成更大的威胁。①

(二)医疗侵权事故受害患者救济问题

当前的侵权责任立法已经无法应对人工智能医疗中产生的医疗侵权事故。正如有学者所指出的,原本建立在人类行为基础之上的法律理论,在面对人工智能的挑战时可能会失灵。② 这种法律理论适用上的困难主要来自人工智能算法“黑箱”的不透明性和结果的不可预期性。

医疗侵权损害责任制度面临适用障碍。在医疗侵权损害责任制度中,医疗专业人员承担过错责任,即受害患者需证明医疗专业人员未能遵守其专业中普遍公认的医疗标准。尽管行业普遍公认的医疗标准也会随着医学技术和研究的进步而不断发展,但是目前人工智能医疗领域的行业标准仍然没有建立。我国《医疗事故处理条例》第 33 条就明确规定,在现有医学科学技术条件下,发生无法预料或者不能防范的不良后果,不属于医疗事故。因此,囿于当前人工智能在医疗服务领域的应用尚未形成行业标准,故难以认定医疗专业人员存在过失。

医疗产品侵权责任制度面临适用困境。根据我国《民法典》第 1223 条的规定,因药品、消毒产品医疗器械的缺陷造成患者损害的,患者有权要求产品上市许可持有人、生产者和血液提供机构承担责任。如果人工智能医疗中的算法本身存在缺陷,或者监管未能确保算法的高质量,那么算法(或依赖算法的技术)的开发者可能会根据侵权法承担责任。但是,患者对于人工智能医疗中的算法存在缺陷的证明将异常困难。因为目前用于医学的人工智能技术中的算法在特征上是不完善的。此外,人工智能医疗软

---

① See Danielle S Bitterman, Hugo J W L Aerts & Raymond H Mak, *Approaching Autonomy in Medical Artificial Intelligence*, The Lancet Digital Health 2, p. e447 – e449(2020).

② See Yavar Bathaee, *The Artificial Intelligence Black Box and the Failure of Intent and Causation*, Harv J Law Technol. 31, p. 889 – 938(2018).

件也难以被认定为医疗器械,原因在于人工智能软件是通过向医疗服务提供者提供信息或分析来帮助他们作出决策的技术,并且医疗决策的最终决定权仍然在于医疗服务提供者。

四、人工智能医疗中医患信任危机的法律治理

算法社会是一个由算法、机器人和人工智能代理围绕社会和经济决策组织起来的社会,它们不仅作出决策,还在某些情况下执行决策。但在这个新兴社会中,我们需要的"不是机器人的法则,而是机器人操作者的法则",监管的核心不是算法,而是使用算法的人以及允许自己受算法支配的人。① 因此,由算法"黑箱"引发的医患信任危机同样需要通过法律治理来解决。

(一)基于算法风险类型化的信任危机法律治理思路

不同类型的人工智能医疗会给医患信任关系带来不同程度的威胁。风险程度通常取决于两个要素:一是潜在的伤害程度;二是伤害发生的概率。② 一方面,潜在的伤害程度取决于人工智能在医疗服务领域承担的任务类型。可以想象,人工智能驱动的手术机器人会比人工智能系统造成更多的伤害或破坏,如造成患者受伤、残疾或死亡。而仅仅是帮助医疗服务提供者处理重复性的文件工作的人工智能技术,如医疗预约管理的潜在损害程度则明显较小。当前,人工智能医疗技术在任务类型上大体可以分为4类:一是诊断类,如医学图像识别和疾病辅助诊断等;二是治疗类,如以达·芬奇医用机器人为代表的诊疗机器人;三是预测类,如帮助公共卫生机构预测传染病暴发的人工智能算法疾病;四是健康管理类,如在手机应用软件中加入监测心率、血压等身体日常体征的功能。其中,治疗类的人工智能医疗技术对患者的潜在伤害程度排在第一位,而健康管理类的人工智能医疗技术显然对患者并无侵入性的实质影响。另一方面,伤害发生的概率取决于人工智能医疗自动化决策过程中的自动化程度。与此相对,根据人类决策者对人工智能医疗技术的控制权的多少进行分类,可以分为辅助决策人工智能医疗技术和完全自动化人工智能医疗技术。人工智能医疗的决策过程自动化程度越高,医疗服务提供者的监控也就越少,因此也越可能发生伤害患者生命健康安全的事件。

对人工智能医疗的算法风险进行类型化的最终目的是对其进行分类治理。2021

---

① See Leslie Salzman, *Rethinking Guardianship (Again), Substituted Decision Making as a Violation of the Integration Mandate of Title Ⅱ of the Americans With Disabilities Act*, U. Colo. L. Rev. 81, p. 157(2010).

② See Giulia Claudia Leonelli, *Acknowledging the Centrality of the Precautionary Principle in Judicial Review of EU Risk Regulation: Why it Matters*, Common Market Law Review, p. 1773 – 1818(2020).

年4月21日，欧盟委员会公布了期待已久的人工智能立法提案《人工智能法》(the Artificial Intelligence Act)。该提案的主要目的是协调人工智能规则，并通过使其使用符合基本权利和原则，在人工智能中创建一个信任生态系统。[①] 该提案对人工智能采取了基于风险类型的监管方法，即风险越高，监管规则就越严格，同时将人工智能区分为3个风险类别，即"不可接受的风险""高风险""有限风险"。其中，"不可接受的风险"，是指对人类安全、生计和权利构成不可接受的威胁的风险类型；"高风险"包括法案附件二中所列的欧盟监管产品，其中就包括受到《欧盟医疗器械法规》监管的医疗器械，[②]此外还包括附件三所列领域中使用的人工智能系统，如关键基础设施网络；"有限风险"，是指设计用于与人类进行互动的人工智能系统，如聊天机器人。[③] 该提案对"高风险"和"有限风险"类型的应用制定了规则，而风险最小的人工智能应用则不受监管。欧盟委员会的这一立法提案明确了风险与监管之间的正相关关系，因此值得我国在人工智能医疗的监管中加以借鉴，以达到既保障人工智能技术能造福患者诊疗的巨大优势，同时能使风险程度较高的人工智能医疗技术受到严格监管，以修复和维护医患之间的信任关系。

(二)人工智能医疗中医患信任危机的法律治理对策

1. 运用事前监管手段增加人工智能医疗算法透明度

我国于2021年6月1日起施行的《医疗器械监督管理条例》第103条明确将直接或间接用于人体的诊断、预防、监护、治疗或缓解疾病的物理诊疗设备所需要的计算机软件纳入医疗器械的范畴之中。如果人工智能医疗软件具有以上指定的医疗用途，则可将其作为医疗设备进行管理。但是，对于人工智能医疗软件到底是否属于医疗器械的分类仍然充满挑战。因为与一般医疗设备的分类不同，鉴于软件通常不会以诊断、预防、监护、治疗和缓解的功能直接作用于人体，因此这些鉴别要素如何应用于人工智能医疗软件仍然十分模糊。同样面临人工智能医疗软件归类困境的欧盟，在医疗器械立法的背景之下，通过欧盟法院(Court of Justice of the European Union, CJEU)审理的

---

① See Directorate-General for Communications Networks, Content and Technology (European Commission) & European Commission, *Proposal for a Regulation of the European Parliament and of the Council Laying Down Harmonised Rules on Artificial Intelligence (Artificial Intelligence Act) and Amending Certain Union Legislative Acts*, An Official Website of the European Union (Apr. 21, 2021), https://op.europa.eu/en/publication-detail/-/publication/e0649735 - a372 - 11eb - 9585 - 01aa75ed71a1/language-en/format-PDF/source - 205836026.

② See Artikel 6 AIA.

③ See Art. 52 AIA.

第一则此类案件大致确定了一个划分标准。欧盟法院裁判指出,计算身体解剖部位的软件和旨在用于诊断目的的图像增强软件通常被视为软件医疗器械,因为其被用于辅助医疗服务提供者进行临床诊断和治疗。① 相较之下,用于管理一般患者诊疗数据的软件,或仅用于存储、归档、传输数据的信息系统,并不被纳入软件医疗器械的范畴。具体而言,在人工智能医疗领域,那些被用作分析大量数据以推进疾病研究进展或诊疗方案进展的人工智能软件不会被认为具有直接或间接用于人类诊断、预防、监测、治疗或缓解疾病的功能,因为它不是针对单个患者治疗方案的软件程序。被用来增强或改善单个患者临床诊断或为可能的治疗决策提供决策信息的人工智能软件将被视为软件医疗器械。

当人工智能医疗软件被归为医疗器械之后,如果人工智能系统介入"高风险"事项,则应被加以严格管控。在现有的《医疗器械监督管理条例》中应增加对"高风险"人工智能软件医疗器械供应商的法定义务,如必须在进入医疗服务市场之前进行充分的风险评估,建立风险缓解系统,设置严格的来源数据集质量要求,以此尽量降低高风险人工智能医疗软件的运行风险。同时,还应要求"高风险"人工智能软件医疗器械供应商向用户充分披露软件系统的信息,保障患者知情权。此外,人工智能医疗系统还必须符合行业技术水平,具有准确性和安全性,由主管机关进行监督。针对"有限风险"的人工智能医疗软件,则可以适当放宽监管要求,只要求在满足行业标准的基础上增加软件运行信息披露义务。

2. 健全人工智能医疗侵权事故中的患者权利救济机制

首先,明确医疗服务提供者在使用人工智能医疗技术时的尽职标准。在人工智能医疗技术应用中,应当要求医疗服务提供者谨慎评估人工智能算法的安全性和可靠性。如果医疗服务提供者没有采取足够的措施来评估用于患者疾病诊疗的人工智能技术,应当在医疗事故侵权损害责任的认定中认定其存在主观过错。其次,在医疗产品侵权责任的承担方面,如果人工智能医疗软件的供应商存在逃避上述医疗器械监管的情节并对患者造成伤害,应当判定供应商承担医疗产品侵权责任。最后,当医疗服务提供者和人工智能医疗产品供应商均不存在上述过错的情况下,可以建立企业共同责任制度,以便为人工智能医疗事故中的受害患者提供必要救济。其背后的基本原理在于,如果某种伤害是由人工智能系统造成的,那么参与使用和实施人工智能系统的

---

① See Hannah van Kolfschooten, *EU Regulation of Artificial Intelligence*: *Challenges for Patients' Rights*, Common Market Law Review 2022.

所有团体都应该共同承担一定的责任，而不是将错误归咎于特定的人或实体。① 这种解决方案的好处在于，所有相关方都分担人工智能技术产生的风险，不需要耗费资源去纠察过错在哪一方。

五、结语

人工智能技术在为医疗服务领域带来空前发展机会的同时，因自动化决策中的算法“黑箱”属性，致使患者的自主权利遭到侵犯、救济权利难以得到保障，进而引发了不容忽视的医患信任危机。面对这一问题，必须采取基于算法风险程度的类型化法律治理思路，在法律规范层面力求修复患者与医疗服务提供者的信任关系。如此才能充分发挥出人工智能在医疗服务领域的应用优势，推动人工智能在医疗卫生健康领域的应用发展。

---

① See David C. Vladeck, *Machines Without Principles*: *Liability Rules and Artificial Intelligence*, Wash Law Rev. 89, p. 117 – 150(2014).

智能投顾的功能异化及投资者风险法律规制*

张可法**

摘　要：数字信息时代，利用智能化工具投资成为发展趋势，为防范智能技术给投资者带来的风险，从智能投顾功能界定入手，探究智能投顾功能异化的原因所在，分析智能投顾功能的买方投顾异化为卖方投顾，智能算法异化为"黑箱"算法，智能投顾客户画像准确性问题，合同订立中的认知风险等具体表现形式，提出事前、事中、事后不同侧重的规制逻辑。基于此，为应对智能投顾运营商开展业务的障碍及投资者保护面临的问题，构建我国智能投顾在牌照、算法自检、信息披露和公私法协同治理方面的规制进路。

关键词：智能投顾；异化；规制

智能投顾是借助计算机算法程序，普惠于普通投资者，在线进行投资财富管理服务的一种金融工具。相较传统的人工投资顾问，研究发现，智能投顾在概念界定、功能对比、法律属性、研究现状、主要风险和规制建议上存在较大分野。① 作为金融科技的

---

* 2020年度教育部哲学社会科学研究重大课题攻关项目"人工智能发展中的重大风险防范体系研究"（项目编号：20JZD026）的阶段性研究成果。

** 西南政法大学民商法学院博士研究生，主要研究方向：商法、证券法、人工智能法。

① 文献梳理：

1. 概念界定：主要有"工具说""服务说""平台说"等。接受美国式的名词表达（李晴，2016年）；将其界定为数字化建议等（郭雳等，2018年）；还有抽象地提出法律界定的基本要求（邢会强，2018年）。

2. 功能对比：提出智能投顾是数字金融的重要业态（李瑞雪，2019年）；是金融机构科技转型的重要落脚点（郑毓栋，2019年）；具有费用低、投资门槛低、决策客观、理性等优势（姜海燕等，2016年）；表现出工具性、智能性和经验性（袁淼，2018年）。

3. 法律属性：多数学者把智能投顾定性为证券投资咨询业务的一种基本形式（李文莉等，2017年）；也有学者定性为信托关系，论述其全权委托的合法性（叶林等，2018年）。

典型代表,智能投顾在我国发展时间甚短,还未能与我国当前的法律法规现状和金融环境形成良好的融合,易产生发展中的难题和经营监管的困境。①同时,智能投顾在我国本土化实践过程中,由于法律供给的不足,功能异化风险加剧,加之我国中小投资者在智能化投资方面经验和知识储备不足,加大了智能投顾平台技术优势与投资者之间地位的不平等,不对称优势会导致中小投资者利益遭到不法损害。②现阶段,我国对智能投顾业务的监管依据散见于部门规章及条例,并没有系统的、科学的针对智能投顾的监管法规。监管部门按照平台运营商营业业务注册的不同,采用分业监管模式遵循不同的业务管理法规,导致业务监管交叉混乱。为了进一步促进智能投顾业务的发展,我国智能投顾业务在完善监管手段,在规制市场准入、算法、信息披露、投资者准确画像等方面面临法律治理的新问题。

一、智能投顾功能的界定

Bet-terment 公司和 Wealthfront 公司是美国最早通过智能算法将专业投资顾问服务引入普通大众的投资理财公司。公司的主要业务包括投资顾问和证券经纪两个方面,譬如,为投资者提供代客户向证券经纪公司发送交易指令,买卖 ETF 等。③在实践中,投资管理咨询的智能化,即系统会在投资建议或理财报告会中体现不同场景的分析,自动地依据市场变化、个税缴纳等情况优化调整投资者账户内的资产权重,为普通投资者利益最大化服务。正是大家都看到了智能投顾平台能避开中小个人投资者的知识盲区,以及进入门槛低、收取费率低、节约个税等优点,促使智能平台迅速活跃于

4. 研究现状。当前我国智能投顾服务水平较低,面临管理功能弱化、风险测评不充分、信息披露不到位等挑战(郭雳,2019 年);不仅具有一般法律风险,而且具有合法性的问题(于文菊,2017 年)。

5. 主要风险:数据处理与算法模型设计应当成为两个核心要素(蒋辉宇,2019 年);算法是具有商业秘密属性的智力财产(张凌寒,2018 年);对外披露的信息对于大部分用户来讲可能属于无效信息(张淑玲,2018 年);绝对的透明是不存在的(徐凤,2019 年)。

6. 规制建议:考虑考察域外的实践经验,有美国的注册投资顾问、英国的"监管沙箱"和"RegTech 监管制度"(蔚赵春等,2018 年);完善法律法规、信息披露、加强消费者保护、合理确定运营者民事责任等(徐慧中等,2016 年;李莹,2017 年;郑佳宁,2018 年;刘沛佩,2019 年)。

① 参见李晴:《智能投顾的风险分析及法律规制路径》,载《南方金融》2017 年第 4 期。

② 参见侯东德、周莉欣:《风险理论视角下智能投顾投资者的保护路径》,载《华东政法大学学报》2021 年第 4 期。

③ "ETF"的英文全称是"Exchange Traded Funds",在中国称为交易所交易基金。ETF 是一种跟踪市场指数,可以在证券交易所买卖的开放式基金,可以把 ETF 理解为一种特殊形式的公募基金:发行机构购买不同的股票或者债券或其他资产,汇集到一起形成基金,然后再分成小块的份额拿到股市上交易。

美国投资市场。

作为理财新手段,智能投顾优势功能在于智能化算法和自动运行,通过智能化分析归纳大量有关投资数据后,按照既定程序模式自动生成投资建议报告或资产理财方案,该报告或方案内容清晰、便于理解且方便操作,最主要的是能够依据客户提供的财富情况、风险偏好、投资目标等信息对投资者投资行为画像,其阶段性的成果就是给出合理的投资建议。该智能化建议可以克服人性的偏执和判断失误,投资建议服务质量明显高于非智能化投资顾问。

趋利避害是投资者不二选择,运营商的责任是系统化地构建服务流程体系,充分体现智能投顾的应然功能,其首要目标就是选出合格的投资者,智能投顾运营商主要通过问卷调查获得的投资者提供信息(如投资者惯常行为、应对风险偏好、拥有的资产数量、身份信息)等给客户画像,抽象出该客户作为投资者的一般性形象,全面地归纳出其商业诉求,经过系统算法优选区分功能,提供符合客户投资诉求的产品组合方案供其选择。当然最核心能力是风险的分散,智能投顾能够建立强大现代投资组合理论模型,以及资本资产定价模型,利用大数据技术判断市场的变化情况,提供管理和服务决策依据;①同时,为了克服人工投资顾问和投资者皆有的人性弱点,尤其是赌徒心理,技术性地设置止亏条件启动程序,自动买入或卖出相应产品,将组合决策维护在一个相对合理的区间水平。

但是,智能投顾的智能化造成了传统的法律规制方式缺位,导致了功能异化后的规制风险,如解决智能投顾业务边界不明和准入牌照冲突,全权委托的禁止和平台业务模式的冲突,智能投顾信义义务虚化与其应然落实的冲突和智能投顾的算法规制困境等问题。下文具体分析诸多冲突带来的功能异化风险和如何规制问题。

二、对智能投顾功能异化的风险检视

没有一种投资工具是无风险的,我们的目标是努力降低风险,提高成功的机会,在变幻莫测的投资市场中,为投资者提供投资策略及投资品种,达成财富增值目标,因此,检视实然状态下智能投顾功能可能存在的异化的风险有其必要性。

(一)智能投顾功能异化风险原因

1.性质界定多元及限制全权委托

对智能投顾法律规制进行研究时,逻辑起点是智能投顾的本体论问题。首先要回答什么是智能投顾?法律属性何种?智能化手段的介入是否对传统证券法上投资顾

① 参见蔚赵春、徐剑刚:《智能投资顾问的理论框架与发展应对》,载《武汉金融》2018年第4期。

问业务的基础法律关系有所改变？传统的结构定位是“资产管理 + 投资咨询”的二元功能，[①]但加上智能化要素之后，智能投顾的构成要件的界定角度各异，涵盖范围多有不同。有代表性的是“工具说”和“服务说”。其中，“工具说”认为，智能投顾的本质是一种工具，只是应用在金融领域和操作方式自动化而已，[②]在法律关系的构成结构中属于法律关系的客体范畴。美国证券交易委员会和美国金融业监管局也有类似表述。[③]“服务说”认为，智能投顾属于一种新的服务方式，其新在通过算法驱动为投资者自动化地提供投资建议。该服务是服务者与被服务者之间有偿的、直接或间接的经济性劳动。澳大利亚证券投资委员会就是基于“服务说”理论开展的监管。[④] 由于认知的不同，法律制定者会在监管中传输不同的监督理念。尤其多元界定使智能投顾在应用中应然功能必然会产生实然性裂痕。

从法律属性上分析，投资者是委托方，智能投顾平台是受托方，两者之间属于委托代理关系。《证券法》只是基于传统法律关系的构造方式，通过一系列监管规则对证券投资顾问可从事的业务类型作了回应，不仅《证券法》第 161 条第 1 款规定禁止证券投资咨询机构获得客户全权委托，其他规定也设置了行政审批的藩篱。[⑤] 不难理解，该禁止规定的担心主要基于防范传统人工咨询服务时运营商诱发的道德风险。但是，智能化的投资管理和咨询服务的出现，恰恰能通过算法技术有效限制人性的贪婪，完全符合数字化经济发展的潮流。《证券法》及其相关条例意图禁止以智能投顾名义变相从事资产管理类业务，立法方式阻隔为了实现“分业监管”，直接目的在于降低成本。那么，我们同样会反问：我们在降低监督成本的同时是不是牺牲了投资者获得更加周全的投资服务的机会，有没有平衡的方法供投资者和智能投顾平台选择？答案当然是否定的。原因是 2020 年 3 月实施的《证券法》在关于投资咨询主体的相关规定上依然没有放松对于禁止全权委托指令的限制，使智能投顾在功能上的优势无法完全展开，智能投顾的核心业务之一“代客理财”因没有法律授权而面临合法性困境。

---

① 参见吴烨、叶林：《“智能投顾”的本质及规制路径》，载《法学杂志》2018 年第 5 期。

② 参见李苗苗、王亮：《智能投顾：优势、障碍与破解对策》，载《南方金融》2017 年第 12 期。

③ 两个机构在共同发布的《投资者警示：自动化投资工具》中将“智能投顾”表述为可以用以选择和管理投资组合的自动化投资工具。

④ 澳大利亚《255 号监管指南：向零售客户提供数字金融产品顾问》中认为，“智能投顾”是一种投资顾问服务，这种服务使用算法、技术这类技术。

⑤ 关于投资咨询业务资格，我国《证券投资顾问业务暂行规定》第 3 条、证监会《关于加强对利用“荐股软件”从事证券投资咨询业务监管的暂行规定》中明确规定，从事证券投资咨询业务，应当经中国证监会许可。

2. 牌照管理的合规困境

除上述的全权委托外,牌照是智能投顾发展的又一阻碍。近年来,证监会已基本停发证券投资咨询新牌照,根据《证券法》第160条的规定,从事证券投资咨询服务业务,应当经我国证监会核准,截至2020年2月全国仅有84张证券投资咨询顾问牌照。①

在现行法律规范上,2018年中国人民银行等4部委联合印发的《关于规范金融机构资产管理业务的指导意见》第23条,②《证券、期货投资咨询管理暂行办法》第3条,③明确禁止证券投资咨询机构及其从业人员代理委托人从事证券投资。种种规定无疑为智能投顾行业在我国的发展设置了不可逾越的法律障碍。但是,由于采用分业管理的监督体制,当下我们在资产管理业务上的牌照颇为丰富。所以,许多新兴科技公司或智能投顾公司如需开展智能投顾业务,就必须持有"投资咨询"和"资产管理"双重牌照,复杂的监管模式诱发了运营商在证券投资咨询业务上无牌照经营、非法买卖或租赁现象。

3. 投资者适格性测评不足

经济学上从"经济人"假设作为逻辑前提来探讨个人在市场中的行为,智能投顾平台必须客观地获得服务对象的风险偏好和风险承担能力测评评价。这是依据国际证监会组织采用"将适当的产品提供给适当的投资者"为原则建立的一项制度。作出投资者是否适格的判断,对于智能投顾平台企业是一种合理注意义务。④ 我国关于投资者适当性制度始于2012年,整体发展较晚。目前《证券法》中仍无明确定义,大多分散于部门行政法规、规范性文件及行业规定中。其中4部委联合发布的《关于规范金融机构资产管理业务的指导意见》在"投资者适当性要求"的条款中明确要求要和判断依据相一致,核心意思是"了解客户"并"了解产品",将合适的投资产品推荐给合适的客户匹配。我国《证券法》第88条关于适当性义务规定应当作为智能投顾运营者在开展

---

① 《证券投资咨询机构》,载中国证券业协会网,https://jg.sac.net.cn/pages/publicity/investment-list.html,最后访问日期:2022年3月9日。

② 《关于规范金融机构资产管理业务的指导意见》第23条第1款前半句规定,运用人工智能技术开展投资顾问业务应当取得投资顾问资质。

③ 《证券、期货投资咨询管理暂行办法》第3条规定,从事证券投资咨询业务必须取得中国证监会的业务许可。

④ 投资者适格判断的主要依据就是充分了解客户的财产状况、投资需求、风险偏好、投资目的、投资经验等信息。

业务前对投资者适当性进行前置性测评的法律依据。①

(二)智能投顾功能异化的表现

任何事物的发展都有两面性,智能投顾属于高科技舶来产品,在与我国本土制度融合发展过程中出现功能异化问题,会在一定程度上疏离其应然性功能优势,存在脱离本源价值目标轨道的倾向。

1. 应然买方投顾异化为实然卖方投顾

智能投顾运行模式就是提供服务并收取费用,具体而言,买方投顾模式是以市场对智能投顾的真正需求直接向投资者赚取投资顾问费为经营模式的,相对应的卖方投顾是以推荐购买公司产品赚取销售提成。但在实践操作中,买方投顾此种运营模式需要《证券法》及相关规定的支撑,受牌照和禁止全权委托等客观因素及分业监管主观原因制约,买方投顾逐渐有异化为卖方投顾的风险。智能投顾平台以公司的利益而非投资者的利益为导向,关注卖方利益最大化且积极在资产管理过程中很大程度上充当了公司的产品推介和销售渠道。早在2015年我国《账户管理业务规则(征求意见稿)》第25条和第26条就有上述信义义务规制,②但由于上位法的掣肘,有关智能投顾的规则事实上无法真正付诸实施。

2. 智能算法异化为"黑箱"算法

市场天生的嗅觉传导会在末端系统产生竞争无序、系统分散、数据来源不统一、数据质量不高等因素的困扰,致使以数据为基础的算法模型准确性大大降低。法律的不认可导致平台企业动力不足,智能投顾仅有少数模型可用,资产投资组合决策尚无法实现自动化预测和智能化判断买入和卖出,顾问端智能客服缺乏横向和纵向领域的数据积累,客户的投资咨询需求难以满足。③ 市场的无序性加之运营商目标的失范,且我国法律对算法披露、登记备案等方面的规制有待完善,智能投顾运营商可运用算法"黑箱"遮蔽损害投资者利益的行为和利益冲突的格局,从而加深了违法行为的隐蔽性和欺骗性。④ 当前我们对"黑箱"算法计算机程序的解释、审查与监督规则和信义义务规

---

① 《证券法》第88条第1款规定:"证券公司向投资者销售证券、提供服务时,应当按照规定充分了解投资者的基本情况、财产状况、金融资产状况、投资知识和经验、专业能力等相关信息;如实说明证券、服务的重要内容,充分揭示投资风险;销售、提供与投资者上述状况相匹配的证券、服务。"

② 该规则第25条提出交易相关指引,规定持牌机构开展账户管理业务进行交易要坚持如下原则:争取最佳执行价格原则、坚持对客户有利原则、公平对待不同账户的交易、严禁违背客户利益为赚取手续费而过度交易原则等。第26条为防范关联交易的规定。

③ 参见申晓宇:《智能投顾如何适应中国水土》,载《中国外汇》2020年第18期。

④ 参见谭艺渊:《智能投顾功能异化与司法治理》,载《中国外资》2021年第1期。

范还在探索之中,因此,智能投顾的算法几乎无门槛限制,"裸奔"的算法不定性易引发问题、增加投资者风险。①

3. 智能投顾客户画像准确问题

投资者画像准确与否直接关系到投资行为的适格性,是智能投顾的基础性数据业务,如果智能投顾平台在问卷中所列的问题足够准确、全面,就可以为后续算法提供可靠的数据资料,支持智能投顾平台作出恰当的投资建议。

目前,投资者画像首选的方式是调查问卷。但问卷设计的模式化、简单化、程序化,深度挖掘客户需求不够等因素,导致问卷得出的结论不能准确反映客户财务风险特征,非精准的基础信息导致结论偏差,个性化的服务形式大于实质。再者,智能投顾以网络平台为载体,在我国普及度较低,还未建立客户大数据体系,虽然对客户情况分析和投资建议简便迅捷,但较之于人工问卷调查,人机天然隔离缺乏互动性,使投资者的需求不能很好得到满足。

4. 合同订立中异化的认知风险

在智能投顾平台交易前,签订的服务或者用户协议有利于确定交易多方的权、责、利,固定交易方的权利义务内容,尤其采用电子合同形式,降低了交易的成本,也提高了交易的效率。② 在智能投顾合约中,平台运营者作为合同的提供方具有很大的主动权,也天然地具有诸多专业上的优势。相反,作为投资者只能被动地接受条款,信息的不对称和专业知识的劣势,加之普通投资者对智能投顾的运作模式等不甚了解,对于条款中涉及的相关风险警示、专业提示事先也可能无法预判,因而在选择该项服务时基本视为订立了格式合同。③ 加之合同主体间的信息不对称缘由,投资者对格式合同本身存在认知程度上的差异,更不用谈及普通投资者对复杂的算法认知能预估出智能建议和报告对其投资造成何种风险。④

三、智能投顾规制的域外概况

(一)自律与政府协同的美国监管

2010年,美国金融业监管局(Financial Industry Regulatory Authority,FINRA)和美国证券交易委员会的相关规定和实践构成了美国当前的智能投顾监管体制;包含牌照

① 参见郭雳:《智能投顾开展的制度去障与法律助推》,载《政法论坛》2019年第3期。

② 参见袁青:《浅谈电子商务对我国合同法律制度的挑战》,载《法制与社会》2012年第18期。

③ 《电子商务法》第49条第1款规定,电子商务经营者发布的商品或者服务信息符合要约条件的,用户选择该商品或者服务并提交订单成功,合同成立。当事人另有约定的,从其约定。

④ 参见王翰:《智能投顾信息披露法律制度研究》,载《北方金融》2020年第3期。

管理、问卷设计、算法、披露义务等方面。

牌照是智能投顾开展业务适格性问题,无牌照开展业务属于违法。美国在《1940年投资顾问法》的规制下,智能投顾的牌照申请处于开放状态,法律并未进行过多的干涉,牌照的营业包括资产管理和财富管理服务。一个牌照、两个资质的优势基本覆盖市场全部业务,给平台创造了足够的发展空间。2017 年美国证券交易委员会发布的《智能投顾监管指南》发挥全权委托账户管理服务的优势,智能投顾平台持有注册投资顾问牌照即可开展投资顾问与账户管理两项业务。问卷设计上突出 3 个特性:一是问卷的客观全面,这一要求不仅仅是对问卷设计的技术要求,还在于运营商和投资者负有同样的信义义务保障数据采集的客观真实;二是增加互动,运营商应当为客户提供沟通补救渠道,沟通的要求是为了弥补问卷调查的封闭性特性,即系统在运行中允许更新及补充信息,包括对既有内容的修改及更新;三是智能投顾平台运营商具有信息不对称优势,立法规范就应要求优势一方对入库的信息进行谨慎核验,一旦发现新的问题,运营商按照投资指引的要求向投资者及时开展信息披露。由于算法是一种利用系统的方法描述解决问题的策略机制,能够对一定规范的输入信息在有限时间内获得所要求的输出结果。算法程序是整个智能投顾运行的底层驱动和优势之所在,是运营商为投资者提供服务的关键。美国金融业监管局监管逻辑起点就始于算法输入和输出一致性规制,运营商的义务即一定要保证算法的输入和输出的统一,通过技术手段确保智能投顾平台实现所设定的任务或目标。① 信息披露方面,美国证券交易委员会对运营者有高标准要求。披露不仅是运营者要备案算法函数和算法假设,并对智能顾问开展中可能产生的特殊风险进行预判,还包括与开发算法程序有利益冲突的第三方机构或关联关系,运营中直接或间接产生的费用等利害信息;披露表达上不得采取夸大的描述,避免误导性陈述。

(二)实质重于形式的澳大利亚监管

澳大利亚对智能投顾服务的持牌规则作出了比较灵活的制度安排。他们认为,智能投顾是一种“数字化建议”,该建议是利用算法和相关技术参数替代传统人类直接参与方式产生的,智能投顾本身是为客户提供自动化金融产品的工具。

澳大利亚提出了《向零售投资者提供的数字金融产品监管指南》,该指南对牌照的获取也基本采取开放的态度。在申请程序上,首要条件是运营商通过合理的方式保障客户对运营信息的明确知悉,至于开展资产管理服务抑或资产咨询服务,运营商具有

---

① 参见李文莉、杨玥捷:《智能投顾的法律风险及监管建议》,载王卫国主编:《金融法学家》第 9 辑,法律出版社 2010 年版,第 341 ~342 页。

相对自由的选择,如果运营商提供真实信息服务则无须取得澳大利亚证监会许可或牌照。运营商应当根据营业服务的不同需求申请对应的AFS牌照,在牌照申请行为的判断上,通过金融科技产品的整体业务流程,把握金融业务的行为实质,确定具体的监管主体和适用规则。

(三)普通与特殊并行构造的英国监管

《欧盟金融市场指令Ⅱ》(MiFID Ⅱ)①和英国金融行为监管局(Financial Conduct Authority,FCA)创新计划(发布《FCA目标:执法方法》②)构成并行监管体制。MiFID Ⅱ被视为英国智能投顾的普通监管体制,FCA被视为普通监管的例外或补充,在逻辑上形成了一般与特殊的双层监管结构。特别是涉及有关佣金问题时,MiFID Ⅱ严厉禁止投资咨询公司通过捆绑式佣金安排从经纪人处获得投资研究报告或投资策略。MiFID Ⅱ提出最佳交易原则,强化交易的透明度。FCA成立了"创新中心"(Innovation Hub),最著名的监管方式就是始自2016年6月的"监管沙盒"。③ 相对宽松的创新环境可以帮助初创企业降低服务费用,提高服务质量,以造福金融投资者。

四、智能投顾异化风险应对逻辑

金融科技化是发展趋势,传统监管规则的出台往往缓慢而无法应对智能投顾这一新的事物。从前文中国家对智能投顾牌照的发放、投资理财的委托限制的审慎态度上不难看出,我们还没有监管市场的有效应对手段。因此,有必要在坚持传统监管原则

---

① MiFID Ⅱ遵循MiFID Ⅰ的结构,在规则内容和适用范围上都有大幅扩展,规定了投资公司和受监管市场的授权程序和运营条件。在投资公司业务规则方面,主要是纳入了有关投资者保护、高频交易(HFT)以及OTF的新规则;新增了数据报告提供者的内容,包括自动发布安排(APA)、集中行情供应商(CTP)和批准报告机制(ARM)。先期发布的MiFIR法规涵盖了交易前和交易后的透明度规则以及对这些规定的豁免权,MiFID Ⅱ涵盖了股权、非股权产品和衍生工具。从这个角度来说,市场监管的强化可从MiFID Ⅱ不断增加的范围中窥见。现在MiFID Ⅱ已经正式将数据提供者、非股票和衍生品市场的价格透明度以及高频交易纳入监管视野。此外,MiFID Ⅱ还改革了MiFID Ⅰ某些运作不佳的领域,如利益冲突或最佳执行要求。当初起草MiFID Ⅰ时,就已经开始流行"公平竞争环境"的理念,这一理念被沿用到MiFID Ⅱ,现在叫作"单一规则"。更多的预设规则也有助于消除监管的不确定性。

② FCA监管执法方法最早制定于2018年3月,2019年4月修订,目前实施的为该版本。

③ 监管沙盒,是指在风险受控的环境下暂停与消费者或者投资者等有关的法律法规的实施,最大限度地减少创新者的合规要求,为创新者提供一个极为自由和宽松的创新环境,让创新者在这个受限的"盒子"内充分发挥自己的创造力,进而实现金融创新。待监管沙盒中的项目成熟以后,监者再把此类项目的模式进行推广,并据此修订相应的监管规范。由此便完成了一轮由项目创新到规范创新的过程。

之外,融入科技监管理念,探索智能投顾在事前、事中、事后多维的监管体系。[①]

(一)前期从禁令到科学准入

我国证券市场注册制改革极大地刺激高科技企业的快速成长,是一个明智而又科学的选择,具有重大意义。我国在投资咨询与资产管理业务上采取分离监管方式,两项业务应当分别申领相应的资质牌照,"九龙治水各管一方"。在前文分析中发现,无论是美国、澳大利亚两国对智能投顾牌照管理的灵活性,还是英国创立的沙盒监管制度,都体现了监管者对新技术的包容态度,这对我国具有借鉴意义。

现如今,我国的经济总量达到全球第二,资本市场逐步趋于成熟,适当探索适合我国经济利益与国际环境的规制手段也势在必行。目前《证券投资顾问业务暂行规定》(2020 年修正)第 7 条,以及《证券期货投资咨询管理暂行办法》第 3 条,分别对从事证券投资顾问服务的人员和从事证券、期货投资咨询业务事项采取登记和许可进行了限制。智能投顾行业现存牌照数量逐年减少,全权委托的合规问题依然止步不前。要进一步发展投资管理和投资咨询业务的数字化发展,利用区块链技术和大数据手段,就必须突破目前智能投顾作为荐股软件的框架,打破"伪智能"外衣,充分激发智能投顾应然功能的优势作用,降低投资成本让利于中小投资者,强化监管运营商将成本转嫁给投资者。在打破《证券法》第 161 条限制的同时,试点逐步放开对于全权委托的限制。

(二)中期从指引到技术内控

通过技术监管技术已经成为新时代的发展趋势,虽然我们的智能投顾发展还有重重障碍,但就投资咨询业务的发展本身而言,目前有《证券法》《证券投资顾问业务暂行规定》《关于加强对利用"荐股软件"从事证券投资咨询业务监管的暂行规定》《关于规范金融机构资产管理业务的指导意见》等法律法规的指引。从技术角度而言,科技监管对智能投顾进行初步筛选,为投资者的权益提供基本的技术保障。[②] 在内控制度上,一方面,运营商应建立信息安全保护"防火墙",对利用信息全过程融入区块链技术;另一方面,涉及报备披露对运营商的商业秘密权带来的风险,报备源代码可以在一定程度上遏制算法技术的滥用。[③] 同时,对代码、算法从人员管理、算法质量、应急措施三方面进行持续性维护和监管。

---

① 参见杨东:《监管科技:金融科技的监管挑战与维度建构》,载《中国社会科学》2018 年第 5 期。

② 参见蒋辉宇:《论智能投顾技术性风险的制度防范》,载《暨南学报(哲学社会科学版)》2019 年第 9 期。

③ 参见孙建丽:《算法自动化决策风险的法律规制研究》,载《法治研究》2019 年第 4 期。

(三)后期从评估到退出机制

建立智能投顾评估机制。对智能投顾的市场退出进行监管,是智能投顾监管体系中的最后一个环节,也是重要的一个环节。构建评价指标体系,细化智能投顾的评价指标,包括宏观审慎指标、微观行为指标、风险等级指标、服务质量指标等,从而构建退市制度的法律框架。通过退市机制可以促进智能投顾运营上规范经营,保护投资者利益、承担社会责任,促进市场资源的优化配置。

退出机制分为主动退出和被动退出。主动退出,是运营商自主的战略安排,但平台企业不同于一般市场主体退出竞争市场规制,由于运营平台涉及众多投资者的利益,涉及社会稳定因素,因此监管机构或行业协会要委托第三方对智能投顾业务经营情况进行审查评估,审查合格后经过批准方可退出并进行公示。被动退出,则是因为运营商存在违规经营或是重大风险,经监管机构采取强制手段而退出市场。对退出市场前的未完成业务,运营商有义务在监管机构的指导下进行妥善处理,可将业务转移到其他平台进行继续操作以减少投资者的损失,保障投资者的合法权益。

五、智能投顾风险规制的进路

(一)解决法律冲突,分类实施准入

要充分释放智能投顾的功能优势,首要任务就是使全权委托账户业务的主体合法化。打破分业管理的模式,实行一牌照、两资质的统一运行和监管模式,证监会适当放宽牌照颁发管理,让智能投顾平台能够通过特殊的技术考核方式,在进行资产管理的同时获得咨询职业资格,使咨询机构及其业务实现合法化。打破《证券法》第161条的限制。统一当前投资顾问业务和资产管理业务的牌照,能够解决智能投顾主体的合法性问题,同时减少智能投顾营运者需要获得不同牌照而带来的障碍,有利于监管部门对智能投顾主体进行有效的监管。[①]

2018年4月发布的《关于规范金融机构资产管理业务的指导意见》第23条第1款规定,"运用人工智能技术开展投资顾问业务应当取得投资顾问资质,非金融机构不得借助智能投资顾问超范围经营或者变相开展资产管理业务",似乎是想要区分投资建议型智能投顾和全权委托型智能投顾,以分别规范;但该条第2款规定,存在"金融机构运用人工智能技术开展资产管理业务……""不得借助人工智能业务夸大宣传资产管理产品或者误导投资者"的表述,存在进一步理解的空间。[②] 中国证券业协会颁布了

---

① 参见于文菊:《我国智能投顾的发展现状及其法律监管》,载《海南金融》2017年第6期。

② 参见钟维:《中国式智能投顾:规制路径与方案选择》,载《中国人民大学学报》2020年第3期。

《账户管理业务规则(征求意见稿)》,其中第 2 条规定,取得证券投资咨询业务资格的机构可以接受客户委托代其投资理财。①

(二)细化标准,构建多层次信息披露

信息数据本身不仅是市场资源要素,也是推动金融投资市场智能化发展的客体,投资者若想作出理性的投资,必须要有足够多的信息供给作为判断依据。智能投顾相比传统顾问在操作模式上更具技术性和隐秘性,投资者可能存在的不理性行为以及知识盲区的制约,会产生不同的投资效果。为了强化智能投顾信息披露义务,应该要求运营服务在信息算法研发是否有第三方参与、参与智能投顾开发管理或拥有算法所有权的第三方信息;第三方介入导致的利益冲突;收费标准、收费数额;对客户账户监督和管理人员参与度以及投资者信息的使用方式、使用范围等信息给予分层次披露,且信息披露应当真实、准确、完整、及时、简明,不得有虚假记载、误导性陈述或者重大遗漏。欧盟 2018 年 5 月正式实施的《通用数据保护条例》中提出了"解释权",赋予欧盟国家公民"审查某项特定服务中如何作出特定算法决策"的权利,投资者可以请求对智能投顾决策过程及结果的必要解释。在进行信息披露时,应当使用容易被一般投资者理解的方式,避免使用专业性术语,避免使用有歧义的语言误导投资者,并且在传达如免责声明、风险等关键性信息时应当采用特别的提醒方式。

(三)完善算法的自检和更新规则

智能投顾依靠理性的算法设计提出资产配置建议并进行交易,算法的科学性决定投资建议决策的适当性。算法具有极强的专业性、虚拟性、复杂性。算法提供者的诚信的信义义务是算法运行的第一道安全屏障,在技术层面,为了防止数据输入和输出的契合性,智能投顾运营商定期检查不同运营阶段中算法模型与数据分析处理中实际市场情况与所涵盖的上述项目的契合度,对不适当的技术问题进行修正,完善技术性表达。建议在监管设计中将智能投顾算法程序运行做定期检查与更新作为强制性义务。② 同时,借助区块链技术,通过其不可篡改特点查验获取信息的准确度,及时更新客户信息。

(四)公、私法协同添堵漏洞

在智能投顾风险规制中,综合运用公法与私法措施,公法旨在打击突破法律底线

---

① 《账户管理业务规则(征求意见稿)》第 2 条规定:"本规则所称账户管理业务,是指取得证券投资咨询业务资格并符合本规则条件的机构(以下简称持牌机构)接受客户委托,就证券、基金、期货及相关金融产品的投资或交易做出价值分析或投资判断,代理客户执行账户投资或交易管理。法律法规另有禁止性规定的,从其规定。"

② 参见马长山:《互联网 + 时代"软法之治"的问题与对策》,载《现代法学》2016 年第 5 期。

的违法行为,私法将平衡参与智能投顾平台民事主体各方的利益,充分利用现有法律制度来添堵漏洞。

1. 公法治理维度

行政处罚上,根据全国人大常委会《关于加强网络信息保护的决定》,保护"能够识别公民个人身份和涉及公民个人隐私的电子信息",对出售或者非法向他人提供公民个人电子信息的行为,依法给予警告、罚款、没收违法所得、吊销许可证或者取消备案、关闭网站、禁止有关责任人员从事网络服务业务等处罚。我国《证券法》第197条规定:"信息披露义务人未按照本法规定报送有关报告或者履行信息披露义务的,责令改正,给予警告,并……"如智能投顾的运营方未取得牌照,其从事投顾业务将面临停业、罚款等行政处罚。

刑事处罚上,我国《刑法》第225条规定:"违反国家规定,有下列非法经营行为之一,扰乱市场秩序,情节严重的,处五年以下有期徒刑或者拘役,并处或者单处违法所得一倍以上五倍以下罚金;情节特别严重的,处五年以上有期徒刑,并处违法所得一倍以上五倍以下罚金或者没收财产……(三)未经国家有关主管部门批准非法经营证券、期货、保险业务的,或者非法从事资金支付结算业务的……"如智能投顾的运营方未取得牌照,其从事投顾业务将可能面临罚金、徒刑等刑事责任。

2. 私法治理维度

在我国司法实践中,法律未赋予智能投顾民事法律关系主体的资格,产生纠纷后的行为后果和责任应由运营商承担。特别是将来全权委托型智能投顾有望在我国合法化、普遍化发展,需要防范智能投顾运营商自我交易、关联交易带来的利益冲突问题,当下可依据《民法典》第168条对智能投顾运营商确立一般法意义上的禁止自我交易原则、禁止关联交易原则。①《证券法》第6条规定了国务院证券监督管理机构的监管职责和职权等,为下位法完善智能投顾监管规制提供依据。②

《全国法院民商事审判工作会议纪要》第72条规定,卖方机构在推介高风险等级金融产品时应履行好适当性义务。智能投顾运营商应精准描绘客户画像,了解客户风险偏好,识别适格投资者,提出公允科学的投资建议方案,并向客户客观描述投资策略、金融产品的实质安全性问题。

《民法典》侵权责任编规定了侵害民事权益的私法责任,智能投顾业务中可能产生运营者服务行为造成用户财产损害、泄露用户个人信息或隐私等风险,此时产生的侵

① 参见欧阳丹丹:《智能投顾法律规制研究》,载《金融与经济》2021年第1期。

② 参见朱锦清:《证券法学》(第4版),北京大学出版社2019年版,第108页。

权法律关系属于一般侵权关系,应受《民法典》侵权责任编的调整。此外,第三方网络平台作为网络服务提供者,还适用相关的特别规定。《民法典》在第四编第六章对隐私权的概念和保护范围作出明确具体的规定,提到信息处理者在进行个人信息的收集、存储、使用、加工、传输等行为时,必须征得权利人同意,并明示处理信息的目的、方式和范围,不违反法律、行政法规的规定和双方的约定。

关于网络平台的责任。《民法典》第 1197 条规定,网络服务提供者知道或者应当知道网络用户利用其网络服务侵害他人民事权益,未采取必要措施的,与该网络用户承担连带责任。智能投顾运营者通过第三方网络平台提供服务的过程中侵害用户权益的,网络平台在明知的情况下可能承担连带责任。

《网络安全法》的核心在于保障网络安全、维护网络空间主权和国家安全、社会公共利益,保护公民、法人和其他组织的合法权益,促进经济社会信息化健康发展。[①] 其中,与智能投顾相关的规范主要体现在运营者的安全保障义务和个人信息保护方面。该法第 10 条规定,通过网络提供服务应当依照法律、行政法规的规定和国家标准的强制性要求;第 22 条规定了网络产品、服务提供者负有不得设置恶意程序的义务,对安全缺陷、漏洞等采取补救措施的义务,持续提供安全维护的义务,在规定或者当事人约定的期限内不得终止提供安全维护的义务,以及收集用户个人信息的相关义务。

六、结语

智能投顾有其应然优势,为中小投资者提供了智能化的投资手段,我们从功能异化风险入手,进一步探讨了智能投顾主体的适格性和业务的合法化的进路,梳理出我国监管体系有待优化的问题,无论是修改《证券法》,还是创新试点,我们应该对牌照和全权委托保持一个开放态度。尤其在今后立法监管中,要平衡双方的不对称地位,对于智能投顾营运者,要提出更高的信义义务要求,监管重点落在强制性信息披露、算法治理和投资者利益保护上。同时,作为投资者也有义务做一名适格的投资者。

---

① 参见《网络安全法》第 1 条。

论数字歧视的经济法规制

欧琳楚伦*

摘　要：数字经济时代，经营者依靠算法对数据信息分析生成自动化决策，但由于数字信息和技术的占有者与一般消费者在实践信息自主权上的能力差异，后者持续被数字歧视抹杀平等权利。数字歧视源于社会对数字的盲目崇拜与采信，算法决策与道德判断的脱离，数字鸿沟的扩大以及数据准确性的丧失。为保护消费者基本权利免于数字歧视，应摒弃对算法决策中立性的迷信，确立市场主体的数字反歧视评估义务，政府优先审查和评估数字歧视义务，建立专门数字监管机构以及消费者数字歧视申诉渠道。

关键词：数字歧视；人工智能；算法；经济法规制

一、数字歧视的特征与成因

数字经济已成为继农业经济、工业经济之后的第三经济社会发展形态，但数字歧视现象也随着数字经济的发展而越发显著。数字歧视，是指依据算法所作自动决策实施的直接或间接的歧视性行为。根据英国学者娜塔莉亚·克里亚多（Natalia Criado）与约瑟·萨奇（Jose Such）的表述，算法依靠机器学习之类的人工智能技术对用户的个人数据（包括收入、学历、性别、年龄、民族、宗教等）进行分析，进而生成自动化决策，当决策无法保证公平、道德、一视同仁，就会引发数字歧视。① 数字歧视的样例可表现为

---

* 中国政法大学民商经济法学院博士研究生。

① 参见［英］凯伦·杨、［英］马丁·洛奇编：《驯服算法：数字歧视与算法规制》，林少伟、唐林垚译，上海人民出版社2020年版，第89页。See Xavier Ferrer, Tom van Nuenen, Jose M. Such, Mark Coté, Natalia Criado, *Bias and Discrimination in AI: A Cross-Disciplinary Perspective*, IEEE Technology and Society Magazine, Vol. 40:2 (2021)。

部分群体就业机会的丧失,[①]弱势群体医疗、保险、信贷申请的边缘化等,表现出特征多样化、成因复杂化的性质,需要加以细致研究。

(一)数字歧视的特征

数字经济的数字因子正全面渗透到各领域,因此,对数字歧视特征的解读不能仅通过字面意思空洞地演绎和理解。以数字歧视的表现和影响程度为标准,通过归纳和梳理,笔者提炼出以下几点特征。

1. 无规律性

无规律,是指无法遵循同样的路径重复得出同样的结果。以算法歧视举例,算法歧视的构成需要特定的算法规则、数据、偏好,与特定的主体相互作用产生不同的主体歧视结果。如此一来,相对彼此独立的交易模式容易让精于计算的平台"钻了空子"。[②]加之互联网平台的智能算法及其运行规则均由平台控制,消费者无力取证、举证反驳。消费者即使取证、举证,也将耗费巨大的维权成本,只能无奈接受自己所遭受的价格歧视和差别对待。[③] 数字歧视的无规则、无规律造成社会经济秩序时刻处于风险状态。马克思主义认为,社会历史进程中的风险景观或风险状态是社会内部基本矛盾辩证运动过程中的一种特殊体现,是特定社会复杂社会关系筑模的具体影像。[④] 数字歧视风险的规律性难以把握和预测是监管一大障碍。

2. 隐蔽性

隐蔽性是数字歧视最为人所诟病的特征之一。传统歧视作为可被感知和发现的存在,多半在民族、宗教、肤色、性别的范畴内讨论;数字歧视通常隐蔽性非常高,不易被感知和发现。人们无法知晓预测模型和算法的判断方向时,每个人都有可能被数字自动标记为"风险"人群。被标记的人群在就业、保险、信贷方面易遭受不公平对待。而这一点也是数字支持者们鲜少承认的一点。进入工业 4.0 时代,随着大数据、大医药、大食品行业以及算法技术的发展,我们见证着有史以来最大规模的个人数据采集。《经济学人》曾提出,"数据就是新时代的石油"。然而大数据、算法并非绝对理性和中立。隐蔽的数据开采(如刷脸技术、个人生物信息的识别、隐蔽的差异化定价策略、微信后台隐蔽查看用户照片等)和数据使用引起诸多忧虑。数据的隐蔽"开采"和"监

---

① 例如,被大数据判定为有抑郁倾向的人,被公司主动排除在招聘名单外。

② 《反杀"大数据杀熟"面临认定难举证难等困境》,载人民网,http://finance.people.com.cn/n1/2021/0914/c1004-32226070.html。

③ 参见聂洪涛、韩欣悦:《互联网平台数据垄断法律规制的困境与出路》,载《长白学刊》2021 年第 4 期。

④ 参见宋宪萍、孙茂竹:《马克思主义视域下的风险理论研究》,载《当代经济研究》2018 年第 10 期。

视”为社会中的隐私倡导者提出更多挑战。究其隐蔽性的原因,一些学者认为,“算法黑箱”是导致其产生的源头,应以算法透明原则规制要求公开算法数据,然而另有学者反驳认为公开的意义并不大。[①] 因为,无论是以挖掘海量数据集中的潜在(“隐藏”)规律和关联为目的的数据挖掘算法,还是在决策程序中使用的、不为公众所知的算法(此类算法通常是受法律保护的商业机密),甚至是已经向公众披露的算法,除有足够解码能力的专业人士外,公不公开对普通人而言毫无意义。[②]

3. 跨地域性

数字歧视的跨地域性意味着数字歧视的产生和发展不受地域和空间的约束。数字歧视可突破地域管辖,意味着某个数字决策的效力可能跨越省份甚至国境侵害相关主体的利益。我国网民人数孕育巨大的数字经济潜力,同时意味着较高的数字歧视风险系数。一旦自动化决策和算法产生偏差,必定会加剧歧视和损害社会经济秩序系统的正常运行。

4. 集体性

数字歧视并不只针对某个个体,这是因为数字经济是基于预测算法、风险模型以及自动化决策为提高决策效率和保障社会整体经济安全而构建,并不针对个人。然而随着数字经济的发展越来越精细化,覆盖范围越来越广泛,被数字施加控制、操纵和标签化的人群数量也急剧增加,“数字歧视弱者”成为一个新的弱势群体。长此以往,信息的过度不对称导致技术劣势方被迫臣服于技术强势方的“算法权威”。[③]

(二)数字歧视的成因

由于对数字的盲目崇拜和采信、数字决策脱离道德判断、数字鸿沟、数字真实性和准确性存疑等,数字歧视成为一种普遍现象。

1. 对数字的盲目崇拜与采信

在数字经济驱动社会发展的浪潮中,在折服于数字的强大运算能力时,也会产生对数字的盲目崇拜与信任。有学者提出,“智慧经济是以大数据、人工智能和信息网络为基础、平台和工具的智慧经济”,[④]显然,“智能”对市场主体与政府决策意味着最强吸引力。虽然数字经济时代智能化技术提升了政府治理能力,为提升政府效率提供了

---

① 参见沈伟伟:《算法透明原则的迷思——算法规制理论的批判》,载《环球法律评论》2019年第6期。

② 参见[英]凯伦·杨、[英]马丁·洛奇编:《驯服算法:数字歧视与算法规制》,林少伟、唐林垚译,上海人民出版社2020年版,第27页。

③ 参见李丹:《算法歧视消费者:行为机制、损益界定与协同规制》,载《上海财经大学学报》2021年第2期。

④ 刁生富、冯莉茹:《重塑大数据与数字经济》,北京邮电大学出版社2020年版,第40页。

技术支撑，但标榜"智能""公平决策"的数字技术并不意味着实现了公平与公正，也不等同于在数据收集、统计、利用的全过程中可实现无差错。对数字的盲目崇拜与信任的原因在于，缺少对数字和数字技术的自我审视、自我警惕。受自动化决策的加持，自然人从业者经常降低自己的职业警惕，甚至彻底丧失批判性分析的能力，这将使决策支持系统成为疏忽产生的直接原因，并造成严重的后果。①

2. 数字决策脱离道德判断

美国学者弗吉尼亚·尤班克斯在其《自动不平等：高科技如何锁定、管制和惩罚穷人》一书中，将被数字歧视的社会现象称为"数字济贫院"，在"数字济贫院"中生存的人便是那些被高科技自动决策为"危险"的人群。作者提出，数字追踪和自动化决策为国家在作出不人道的决定时——谁能获得食物、谁会继续挨饿、谁可以得到住房、谁将仍旧无家可归、哪些家庭会被国家拆散时——提供了摆脱道德障碍的理由。② 实际上，通过自动决策将人分类送进"数字济贫院"是数字决策者的一种不平等的急功近利的行为。人的平等感的心理根源之一乃是人希望得到尊重的欲望。③ 推进法律朝平等方向发展的另一种力量乃是人不愿受他人统治的欲望。④ 数字歧视现象证明了随意统治他人的"算法权力"的滥用的确普遍存在。

诚如有宪法学者所说的，过度依赖算法决策系统和将人数据化违背了人是目的这一道德哲学伦理要求，削弱了人的主体性，算法歧视缺乏对人的多样性的包容，背离了人的尊严的价值内核、价值目的和价值意蕴。⑤ 当数字决策成为脱离道德障碍的"正当理由"时，道德滑坡的风险也随之增加。

3. 数字鸿沟

数字鸿沟是由以互联网为代表的新数字媒体接触和使用状况的差异所导致，逐渐表现在利用数字技术创造财富能力的差距上。⑥ 数字鸿沟在我国主要表现在不同年龄、职业、性别以及城乡之间数字技术的接入和使用的差异上。数字鸿沟背后实则体

---

① 参见［英］凯伦·杨、［英］马丁·洛奇编：《驯服算法：数字歧视与算法规制》，林少伟、唐林垚译，上海人民出版社2020年版，第255页。

② 参见［美］弗吉尼亚·尤班克斯：《自动不平等：高科技如何锁定、管制和惩罚穷人》，李明倩译，商务印书馆2021年版，第10页。

③ 参见［美］E. 博登海默：《法理学：法律哲学与法律方法》，邓正来译，中国政法大学出版社2017年版，第313页。

④ 参见［美］E. 博登海默：《法理学：法律哲学与法律方法》，邓正来译，中国政法大学出版社2017年版，第314页。

⑤ 参见洪丹娜，《算法歧视的宪法价值调适：基于人的尊严》，载《政治与法律》2020年第8期。

⑥ 参见刁生富、冯莉茹：《重塑大数据与数字经济》，北京邮电大学出版社2020年版，第204~205页。

现的是社会经济的公正问题,即某些群体在高超的数字技术、多样的数据采集、数字使用技能的加持下,成为“数字信息富有者”;反之,由于主客观原因和相应技能的缺失,一部分人成为“数字信息贫困者”。无法与“数字信息富有者”同享数字经济红利,甚至在被数字不公正地歧视时也没有相应的申诉渠道。长此以往,“数字信息贫困者”的社会地位、经济水平、受教育水平、就业机会等逐渐弱化。数字鸿沟体现了数字对人进行分流的形式,在一定程度上否定了部分人的社会福利、正当程序甚至人格尊严。

4. 数字真实性和准确性存疑

虽然采集到了丰富的数据信息,但数据在计算和决策过程中仍旧存在延迟和技术错误。例如,在中央人民银行的征信报告的报告说明中指明:“本报告由中国人民银行征信中心出具,依据截至报告时间个人征信系统记录的信息生成。除查询记录外,其他信息均由相关机构提供,征信中心不保证其真实性和准确性……”即便是央行也需依托第三方数据机构进行决策,且无法保证数据的准确性和真实性,可想而知,地方银行、商业银行中存在的数据乱象何其严重。此外,数字决策构建的模型和数据挖掘分析思维模式也是影响准确性的关键因素。有学者将数据挖掘流程以图2示例:

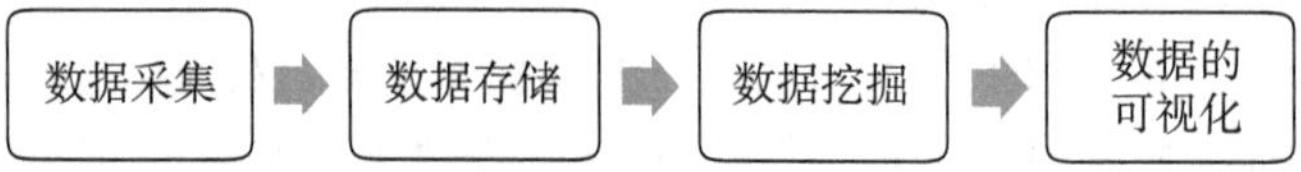

图2　数据挖掘流程

(资料来源:刁生富、冯莉茹:《重塑大数据与数字经济》,北京邮电大学出版社2020年版,第27页)

在数据挖掘流程中,学者指出,最困难的就是最后一步,即数据可视化。数据可视化就是指数据展示和解读数据之间的关系,清晰有效地传达并且沟通数据信息,是一种将人、机有效结合的智慧。数据可视化的过程中考验的是数据模型建立者的智慧,一方面需要剔除无关的信息,另一方面又要抽象地提炼和总结出对试图预测的结果最为关键的内容。数据挖掘一定程度上反映了人的关注与偏向性,数据的挖掘者很难将最终预测的结果控制在“准确”这一标准上。

总之,数字歧视的成因是多元的。造成的风险直接关系到国家利益和社会公共利益,因此,须冷静地看待数字经济风潮。2008年次贷危机造成的全球性企业和消费者利益受损、三鹿奶粉事件造成的国产奶粉至今无法再崛起的困局,不断提醒我们要始终重视和防范风险的扩大,并始终要将社会置于首位。对数字歧视隐藏的深层次制度性风险视而不见,只会让风险在某一天转变为危机。

二、数字歧视治理路径的选择

在法学研究中,“数字歧视”的实质内容已为“算法歧视”“消费者价格歧视”“行为歧视""个人隐私保护"等研究主题所涉及,相关成果不胜枚举。在一定程度上,相关研究主题的讨论深度和范围体现了国内学者对数字歧视现象的理解程度,并在其认知基础上提出了不同的针对数字歧视现象的治理路径。

(一)现有治理路径综述

算法歧视是多重问题的集合体,研究和论证的单一部门法视角会限制对问题的多面性发掘。由此,需格外重视各部门法现有成果之间的"关联"并积极提炼共识。现有的研究主题包括:对算法本质是否为"正当程序"或"商业秘密"的论证以及批判;①对算法歧视进行类型化区分;②批判算法歧视对"人的尊严"的侵犯;③结合《个人信息保护法》的出台,从个人信息权益④为请求权基础展开权益保护的探讨。此外,从算法歧视的产生过程提炼歧视发生的原因进而提出算法透明原则或批判透明原则⑤以及规制方法⑥的论证也不在少数。经济法学者多从平台或某领域的数字反垄断、差别待遇的路径论证。⑦ 上述成果提供了诸多有益思考。

总体来说,目前关于算法以及算法歧视问题的研究成果可分为权利保护模式与权力规制模式。权利保护模式体现为私法治理的研究路径,权力规制模式则强调政府规制的正当性。笔者认为,呈现上述两种模式,一方面,是研究者的个人研究领域驱使,即各部门法学科所具有的学科"前见"对研究方法与研究视角的影响;另一方面,源于算法歧视社会热点事件会引起对某个主题或领域的讨论增多,但学界对于"治理阶

① 参见陈景辉:《算法的法律性质:言论、商业秘密还是正当程序?》,载《比较法研究》2020年第2期;李晓辉:《算法商业秘密与算法正义》,载《比较法研究》2021年第3期。

② 参见曹博:《算法歧视的类型界分与规制范式重构》,载《现代法学》2021年第4期。

③ 参见洪丹娜:《算法歧视的宪法价值调适:基于人的尊严》,载《政治与法律》2020年第8期;王锡锌、彭錞:《个人信息保护法律体系的宪法基础》,载《清华法学》2021年第3期;等等。

④ 参见程啸:《论我国民法典中个人信息权益的性质》,载《政治与法律》2020年第8期;周汉华:《平行还是交叉 个人信息保护与隐私权的关系》,载《中外法学》2021年第5期;杨立新:《如何履行好个人信息保护检察职责》,载《检察日报》2021年9月27日,第3版;等等。

⑤ 参见沈伟伟:《算法透明原则的迷思——算法规制理论的批判》,载《环球法律评论》2019年第6期。

⑥ 参见刘友华:《算法偏见及其规制路径研究》,载《法学杂志》2019年第6期;崔聪聪、许智鑫:《机器学习算法的法律规制》,载《上海交通大学学报(哲学社会科学版)》2002年第2期;喻玲:《算法消费者价格歧视反垄断法属性的误读及辨明》,载《法学》2020年第9期;焦海涛:《数字市场中的行为歧视及其法律规制》,载《中国市场监管研究》2021年第3期;等等。

⑦ 参见焦海涛:《个人信息的反垄断法保护:从附属保护到独立保护》,载《法学》2021年第4期;张守文:《无人驾驶的制度环境及其优化》,载《人民论坛·学术前沿》2021年第4期;刘继峰:《我国互联网平台反垄断制度的立法模式选择》,载《价格理论与实践》2021年第1期。

梯”[①]的存在具有较普遍的共识。由于总体上我国私法研究在学术界的优势地位,加之公法学者在“治理阶梯”中的自我克制,呈现以私法治理路径为主的趋势。

(二)私法治理路径的弊端

第一,权利保护模式的弊端。将上述研究成果连成逻辑链条可以发现,目前算法歧视的规制在起始端通过私法这一微观视角对个人赋予更多信息选择权和删除权以加强个人对算法的主动对抗性,过程及终端在算法透明、算法解释、差别待遇的行为认定及归责等监管规则的督促下以达成对算法歧视的公私合作全程监管。这看似完美,但逻辑链条的起点建立在个人有与算法歧视相对抗、积极保护权益的主观能动性且有能够预判歧视风险的“完全理性”的人的基础上。然而,个人作为有限理性的存在,囿于个人信息权益维护意识刚刚觉醒、“搭便车”(甚至认为算法歧视是正常的麻木心态)、“公地悲剧”心理的存在、相关规则的细化程度不足等因素导致个人在面对算法歧视时仍旧面临“举证难”以及监管机关“认定难”的问题。因此,寄希望于个人权益保护对算法歧视的对抗能动性仍旧显得心有余而力不足。资本逻辑下的风险治理也需要从资本入手。[②] 因此,对数字歧视的治理不应忽略宏观视角。

第二,对数字歧视的认识弊端。如上文所述,“数字歧视”实则更能体现社会性。在一定程度上,现有研究似乎将“平台经济反垄断”“大数据杀熟”“算法合谋”“二选一”“差别待遇”当作研究的“宠儿”,不免让人有算法歧视仅限于在技术或某个行业中反复讨论的错觉。事实上,平台“二选一”、大数据“杀熟”等问题仅仅是数字歧视表现形式的一种。笔者认为,更多关于因数据平台错误的数据预测带来的就业歧视、信贷歧视、教育歧视、保险歧视等形成的“数字弱势群体”,[③]以及数字歧视引起的深刻影响社会整体经济秩序的问题也应纳入研究范围思考。

(三)经济法规制的必要性

上述弊端表明,数字歧视不再是一个可被忽略的事实,也难以单纯通过赋权私主体实现治理。对于个人,每个人在数字经济时代都被数字“符号化”,被数字评价和选择意味着我们每个人都有可能被卷入数字歧视的旋涡中。对于市场和政府,数字歧视也不再是一个简单的人为偏见植入技术中引发的技术偏见问题,并且数字已逐渐渗入到国家维持社会经济秩序正常运行的每一项决策当中。未来发展中,数字权利的拥有和行使依然会对市场主体商业版图扩张以及政府数字治理目标的达成形成强大吸引

---

① 私法自治优先于政府规制,民法、行政法、经济法的调整优先于刑法的调整。

② 参见宋宪萍、孙茂竹:《马克思主义视域下的风险理论研究》,载《当代经济研究》2018年第10期。

③ 参见张贝贝、周林、严龙茂:《湖北省弱势群体的“数字歧视”现象调查研究》,载《科技创业月刊》2015年第11期。

力，而数字歧视却不易（不会）被轻易消除。在经济法的宗旨中，经济秩序、公共利益、经济安全、健康发展是考量经济是否健康发展的标准。数字歧视对经济法宗旨的种种挑战表明，现有研究应适当从微观视角中跳脱出来，从更宏观审慎的视角对数字歧视及其可能产生的系统性风险①予以审视。

总之，数字歧视问题已经引起广泛关注，本文也并无梳理和归纳所有研究主题的宏志。笔者认为，数字歧视相关风险面前，规制的关键并不在于以超前的监管理念、数字规则的设计或个人权利的觉醒抵抗数字歧视的“霸凌”，而在于通过宏观审慎的视角严格赋予相关数字主体禁止性、限制性义务和严格责任的方式防控和化解数字歧视可能带来的系统性风险，实现公共利益的被动侵害到主动维护的转换，将数字歧视“驯服”并关进“制度的牢笼”中。

“经济法是为了维护社会公共利益而对生产、交换、分配和消费等经济行为进行调整的法律规范的总称。”②一方面，数字歧视现象发生于经济领域，且数字歧视现象的客观存在，满足了经济法规制的经济前提；另一方面，私法治理路径的弊端，满足了经济法规制的法律前提。经济法以规制为手段，以公共利益为准绳，能够同时为市场主体和政府配置权利、权力与义务，实现保护消费者、维护市场秩序的价值目标，而这正是数字歧视现象的治理目标。

三、数字歧视经济法规制的价值论

（一）消费者保护：消除歧视与机会均等

事实上，早在2007年就有经济法学者撰文提出，通过经济法分析路径解决歧视问题，③同时提出了政府与市场双向联动机制的路径。遗憾的是文中并未从消费者角度提出相应的路径。2018年，路透社就曝光了亚马逊在招聘时对包含“女性”在内的关键词进行降权处理；④美国联邦贸易委员会在2016年出具的《大数据，是包容的工具还是排除的工具？》中指出了大数据最终是否可能将一部分人群从消费者中排除的担忧，⑤

---

① 国际货币基金组织认为，系统性风险，是指金融系统中的部分或者全部机构遭遇经营危机时导致的整个金融服务市场的混乱，而这种混乱很可能对实体经济产生严重负面效应的风险。此处特指因数字歧视导致的整个市场经济秩序的混乱风险。

② 薛克鹏：《经济法基本范畴研究》，北京大学出版社2013年版，第37页。

③ 参见张明华：《反歧视的经济法路径分析》，载《政法论丛》2007年第3期。

④ 参见《大数据时代，身为打工人的你被歧视了么？》，载搜狐网2021年9月30日，https://www.sohu.com/a/457901119_120681458。

⑤ FTC Report: Big data: A Tool for Inclusion or Exclusion?, P21/50.

并汇总了大数据的7个风险:错误地剥夺了一部分人的机会;创造或加剧了现有差异;披露敏感信息;协助针对脆弱易受伤害的消费者进行欺诈定位;为排斥创造了正当理由;为低收入人群推送了价格更高的商品和服务;削弱消费者选择的有效性。①

在我国,消费者的权益需通过经济法予以保护,消费者权益需要保护,诚信经营者也要求保障市场的公平竞争,社会整体利益在于不断改进和完善市场表现,而经济法视域下的消费者权则能弥补民商法领域消费者权利的缺漏,更好地保障消费者以及诚信经营者的权益,表现出全新的法律特征。② 因此,保护数字歧视弱势群体、保障数字市场公平竞争应得到经济法的关注。作为自然人的消费者应当首先得到保护,这是现代社会"以人为本"理念的要求,因此消费者的保护应是经济法的第一要义。③

(二)市场秩序:公平竞争与企业社会责任

数字经济时代滥用数据、数字寡头垄断、合并妨害竞争对手的串通行为成为扭曲市场的源头。利用大数据集合竞争对手信息,或通过大数据诱导市场参与者遵循一定的定价策略,有意无意地创造竞争歧视等行为都应该受到反垄断法或竞争法的强行干预。

随着数字技术的广泛应用,数字决策的输出将更加普遍,目前大部分公司和组织已经建立了成熟的数字决策系统。这不同于传统的董事会决议等由自然人作出决策的机制,由机器或算法替代董事会作出决策逐渐成为可能。如何能做到考量周全,一旦算法百密一疏那么谁应为决策失误负责,是否为人工智能赋予法律主体资格等的讨论在民商事领域已经展开。④ 一旦机器决策成为现实问题,人工智能成为法律主体,经济法如何看待其发展并通过制度设计遏制其规避法律监管的议题应纳入讨论的范畴中。针对经济运行过程中存在的大量复杂性问题和不确定性问题,有效运用制度提供的防控手段,最大限度解决经济法领域存在的各类风险⑤问题正是经济法的重要功用和目标。

此外,企业社会责任法律化是数字经济时代经济法更应重视的问题。数字经济时

---

① FTC Report: Big data: A Tool for Inclusion or Exclusion?, P17/50 – 21/50.

② 参见钱玉文:《消费者权的经济法表达——兼论对〈民法典〉编纂的启示》,载《法商研究》2017年第1期。

③ 参见徐孟洲、谢增毅:《论消费者及消费者保护在经济法中的地位——"以人为本"理念与经济法主体和体系的新思考》,载《现代法学》2005年第4期。

④ 参见林少伟:《人工智能法律主体资格实现路径:以商事主体为视角》,载《中国政法大学学报》2021年第3期。

⑤ 张守文:《后危机时代经济法理论的拓掘》,载《重庆大学学报(社会科学版)》2011年第3期。

代需依靠协同治理实现共赢,除监管机关和民众监督外,企业自我治理也是重要途径。当前企业的社会责任更趋向口号式的自我营销,缺乏实质的责任规制,社会责任报告中披露的信息也往往缺乏实质性。企业更多地倾向强调其作出的积极贡献,而将报告作为一种塑造良好社会形象的宣传工具,很少能全面完整地披露其经营活动对社会和环境等带来的负面影响。① 通过经济法提升企业的社会责任感,将企业社会责任法律化是有效规制企业损害公共利益行为的方法之一。

四、数字歧视经济法规制的方法论

面对数字歧视,只会让社会公共利益的保护处于被动局面。故此,笔者认为,应通过对数字主体科以严格的义务和责任的方式规制数字主体行为,把对公共利益的保护变被动为主动,通过科学的制度设计预判、识别和化解数字歧视可能带来的社会经济秩序风险。

(一)为市场主体设置数字反歧视评估义务

我国《个人信息保护法》第4条规定,个人信息中不包括匿名化处理后的信息。"然而即便在身份匿名后,机器学习模型依然能够根据现有数据或独立于传统识别数据之外还对这些客户进行跟踪和隐性识别。"②算法技术发展、机器学习越发智能化,这使"匿名"的内容很容易被识别出来并通过算法将其分类,这些分类很可能导致有意或无意的数字歧视。因此,《个人信息保护法》的私法治理路径存在困境。这里,笔者建议,对市场主体赋予数字反歧视评估义务,即通过监管沙盒等方式预处理数据,事先量化考评可能的市场影响和歧视风险,从源头管控和提高数据信息质量,通过市场影响评估修正数据的相关性、完整性和准确性等指标体系。

(二)为消费者建立畅通的数字歧视申诉渠道

数字经济不应成为一部分"数字信息富有者"的行业游戏。尽管消费者是数字信息主体,但鉴于巨大的信息强弱对比差别,消费者在数字经济背景下的信息控制能力和申诉渠道显得极为微弱。消费者不具备数字信息处理及宏观性预测的知识和能力,要求消费者对风险进行评估和判断几乎是不可能的任务。因此,处于强势一方的"数字信息富有者"应承担更重的义务和责任,并且相关机构应当为消费者知情权、选择权、公平交易权的申诉提供畅通的渠道。

---

① 参见冯果:《企业社会责任信息披露制度法律化路径探析》,载《社会科学研究》2020年第1期。

② Maxwell, Winston, Jason Lohr & Peter Watts, *Legal Practitioners' Approach to Regulating AI Risks*, Algorithmic Regulation (2019).

五、结语

应对虚拟世界的法律调整可谓一场有史以来的法律大变革或法律革命。[①] 日本福岛核泄漏事故就是人类无视明显危险信号的典型事例;2008年次贷危机造成的全球性企业和消费者利益受损等困局不断提醒我们,忽略宏观性视角和社会本位视角,对数字歧视隐藏的深层次制度性风险视而不见只会让风险在某一天转变为危机。数字经济是法律必然需要面对的一个新兴领域,在现阶段,立法、执法、司法领域都尚未对数字经济的治理形成整体框架。本文仅从"数字歧视的特征—成因—规制的必要性—可能的规制方法"的讨论框架内提醒数字歧视风险的存在。数字经济必然会在人类生活中持续发挥愈加广泛的用途,而在这数字革命的实现过程中,"平等"应始终是指引人类社会走向自由的一盏明灯。

---

① 参见高全喜:《虚拟世界的法律化问题》,载《现代法学》2019年第1期。

智慧司法

数字正义:直接言辞原则下民事在线庭审实践运行与规则预设的检视与构建*

高　翔**　高继凯***

摘　要:民事在线庭审作为实现数字正义的方式,全国范围内推广并突破主要涉及互联网案件类型的范围,与直接言辞原则的冲突更加明显,表现为庭审亲历性的弱化和庭审质证的虚化。究其原因,在于传统正义观与数字时代脱节,民事在线庭审规则不完善。民事在线庭审应坚持诉讼效益优先原则、自愿选择优先原则、个案衡量例外原则,明确民事在线庭审的适用范围、场域、质证规则、异议机制制度,推动民事在线庭审制度规范发展。

关键词:数字正义;直接言辞原则;在线庭审

一、问题的提出

(一)机遇:在线庭审接近数字正义

党的十九届四中全会公报提出,"健全劳动、资本、土地、知识、技术、管理和数据等生产要素按贡献参与分配的机制",体现了当前时代发展须以数字经济为导向。数字经济在法律行业的下沉,加速法律环境的变化、纠纷解决机制的迭代,不断扩张法律正

---

* 2020年国家社科基金一般项目"民事诉讼程序繁简分流改革的跟踪研究"(项目编号:20BFX080)阶段性研究成果。

** 重庆市高级人民法院研究室主任,三级高级法官,法学博士,西南政法大学博士研究生导师。

*** 重庆市九龙坡区人民法院民三庭法官助理,法学硕士。

义的评价体系。数字正义[①]应运而生,通过互联网工具、区块链工具、大数据工具在纠纷解决、危机化解、社会治理中不断得到广泛运用,各级人民法院不断探索推动审判方式、诉讼制度与互联网技术深度融合的新路径、新领域、新模式,而数字正义正趋于达成人们内心的共识。

就在线庭审而言,在数字经济时代,其司法实践运用已经不再局限于互联网法院的运用。"在互联网技术支持下,司法活动和诉讼方式从时间线单一、场景封闭、参与方固定的传统模式,逐步转向时间线开放、场景灵活、多方参与交互的线上线下融合新模式。"[②]因新冠疫情的影响,当事人及法院受隔离限制、区域流动性限制、群体活动限制,法院线下诉讼活动难以开展,非接触式、跨地域式的在线庭审方式在最高人民法院要求下在全国范围内推广。"足不出户一站式"的在线庭审方式,通过时空重组避免聚集风险,有利于解决时间、空间隔离导致诉讼参与不能,便利了部分当事人参与诉讼,回应了数字正义理论中以科技运用来增强接近和实现正义的内涵。[③]

(二)挑战:在线庭审冲击直接言辞原则

疫情期间,在线庭审在全国范围内的推广卓有成效。根据2020年最高人民法院工作报告,疫情防控期间,全国网上开庭25万次,调解59万次。但是不可否认,设立在线庭审本质上所应用的最主要场域仍然是"带有互联网因素的"限权式的在线诉讼机制,而将在线庭审推向更广阔的普通民事诉讼领域中,将在线庭审模式作为一种普适的,仍然存在理论上的冲突和挑战,最突出的是对民事诉讼直接言辞原则[④]的挑战。[⑤]

---

① 数字正义,是数字经济、互联网时代全新发展的正义理论,是一个关于法律作用以及促使个人参与处理以及解决纠纷的理论,数字正义与以往法学理论关注和解决的问题并不相同。参见[美]伊森·凯什、[以色列]奥娜·拉比诺维奇·艾尼:《数字正义——当纠纷解决遇到互联网科技》,赵蕾、赵精武、曹建峰译,法律出版社2019年版。

② 中华人民共和国最高人民法院编:《中国法院的互联网司法》,人民法院出版社2019年版,第4页。

③ 所谓接近或实现数字正义,是指当事人可以运用科技通过在线补救和预防机制的广泛运用和处理纠纷的算法扩宽,提高法院审判质效,从而提高程序质量以克服效率和公平之间固有的"负相关"矛盾关系。

④ 直接言辞原则作为民事诉讼基本原则之一,一直在司法实践中适用,且也存在相关的法律条文予以体现,是与间接审理、书面审理相对的概念,其注重案件审理的亲历性,以发现真实为主要追求,是自由心证主义的支柱之一。

⑤ 如削弱了直接言辞原则的功能,多位学者有类似的观点。参见王福华:《电子诉讼制度构建的法律基础》,载《法学研究》2016年第6期;张兴美:《电子诉讼制度建设的观念基础与适用路径》,载《政法论坛》2019年第5期;高翔:《民事电子诉讼规则构建论》,载《比较法研究》2020年第3期;左卫民:《中国在线诉讼:实证研究与发展展望》,载《比较法研究》2020年第4期。

在数字正义的理念下在衡量可获得的诉讼效益与维护既有诉讼规则体系的基础上,如何推动在线庭审逐步发展为普通法院审理的一种必要方式尚无定论。因而在数字正义背景下,在线庭审的普适性应用问题与传统民事诉讼理论的协调问题,一直被实务界所关注,但又缺乏深入探究和考察。其困难在于,符合数字正义的在线庭审的普遍适用,是否使民事诉讼法直接言辞原则的理论意义削减或削弱,进而挑战整个民事诉讼构造体系,进而导致司法实践的不适,客观上产生选择适用在线庭审的问题。因此,本文以直接言辞原则作为审视在线庭审与传统民事诉讼理论冲突的着力点,对理论与实践的冲突进行实践化分析,探析其冲突的缘由,以此为切入点,重塑民事在线庭审的规则。

二、民事在线庭审与直接言辞原则冲突的具象化

理想诉讼模型下,在线庭审较之线下开庭审理,人们倾向性认为,民事在线庭审的审理程序简化、程序运行灵活、程序成本减少。审判的迅速性一直被人们奉为诉讼制度的理想,[①]适应数字正义的需求,但不可否认,在规则预设的视角下,在线审理被赋予了重要的价值功能,但规则理性构造的是程序功能的理想化图景,却在一定程度上忽略了现实因素的局限和作用。

以笔者所在 C 市 J 区人民法院为例,从 2020 年 2 月 17 日开始,到 5 月 30 日止,共审理案件 48 件,[②]随着在线庭审应用主体、应用场域的拓展,其本身对直接言辞原则的冲突也趋于具象化,这也为探索数字时代下在线庭审审理方式的功能和价值提供参考。

(一)庭审亲历性的弱化

开庭通过口头对席方式审理,符合以直接言辞原则获得公正裁判的程序机理。[③]传统的线下庭审模式能够让法官在具有剧场感和仪式化的法庭中通过观察当事人的言行举止,进而对案件的特定事实增加其内心的确认,更好地发现案件的真相。相反,他们可能因无法真切感受到法院的存在,而失去发泄心理不满或寻求倾诉及心理治疗的情境。[④] 在线庭审对亲历性的弱化体现在两方面:其一,法庭的威严性难以彰显,当

---

① 参见[日]谷口安平:《程序的正义与诉讼》,中国政法大学出版社 1996 年版,第 51 页。

② 截至 2020 年 5 月 30 日,笔者所在法院,在线开庭审理的案件共 17 件,调解的案件共 24 件,撤诉的案件共 7 件,其中 11 件属于二次开庭,还有 10 余件因各种原因未能进行在线庭审。

③ 参见李承运:《冲突与融合:民事二审审理方式实践运行与规则预设的检视和改造》,载《现代法学》2014 年第 5 期。

④ 参见王福华:《电子诉讼制度构建的法律基础》,载《法学研究》2016 年第 6 期。

事人庭审表现恣意,发现真实能力减弱;其二,法庭秩序、开庭节奏难以控制,拖延审判效率。

在C市J区人民法院,如劳动争议等类型案件的审理过程中,笔者发现,由于书面的证据相对较少,当事人的陈述和证人证言往往对案件的事实认定具有非常重要的影响。由于他们没有在线下的现场,其陈述和证人证言理应进行更加严格的审查。然而,在线庭审的模式下,当事人、法官的注意力往往难以高度集中在在线庭审的视频方式中,因为当事人表现出来的无约束性、随意性,导致法官可能不能较好控制庭审的节奏,其表达的意思也难以全面地为法官所了解,法官发现真相的能力受到限制,而开庭审理的规范性和法言法语的运用,使法官运用语言艺术、化解技巧、心理疏导等方式的空间缩减。

相较传统的开庭审理,虽然法官在线开庭前亦会对在线开庭审理的秩序进行重申,但这种秩序性仍较难得以维护。C市J区人民法院部分参与在线庭审的法官感到开庭效果并不理想,①个别在线开庭审理中,甚至存在"当事人在高速公路驾驶汽车""当事人在参与过程频繁使用手机""当事人穿着睡衣开庭"等违反在线庭审秩序的情况。当事人在参与在线庭审的过程中并未意识到这是和传统的"开庭审理"一样庄严肃穆的场所,将其视为与微信视频通话类似的在线交流软件,让在线庭审在空间上置身于虚拟世界,当事人对庭审的敬畏由于从线下到线上的场域变化而明显减少。

(二)庭审质证的虚化

目前的民事审理框架内,是以当事人陈述为主导,在确定待证事实的基础上展开以书证为中心的证据调查的基本庭审构造,进而引申的直接言辞原则。在我国民事诉讼法框架下,注重开庭质证,即在法官的主持下,由当事人双方对法庭上出示的各种证据材料及证人证言等进行对质核实的活动。② 在庭审结束之前,当事人都有权提出证据,质证制度体现了辩论主义与言辞主义的实质含义,③质证的过程贯穿直接言辞原则,影响法官自由心证的形成。在庭审中当事人需要对证据的"三性"进行质证,但在线庭审存在"非接触式""电子化"的特征,在目前的技术条件下可能导致质证规则的虚化。

---

① 在笔者走访的C市J区人民法院,实际参与在线庭审的32名受访者中,仅有9人认为在线庭审效果更好(占比仅为28.1%)。

② 参见常怡、刘艳军:《民事庭审中的质证问题研究》,载《汕头大学学报(人文科学版)》2000年第2期。

③ 参见常怡、刘艳军:《民事庭审中的质证问题研究》,载《汕头大学学报(人文科学版)》2000年第2期。

1. 证据真实性难以核实的问题

证据真实性问题,容易导致在线庭审向线下庭审转换,难以发挥在线庭审所具有的便捷性和空间跨度的优势。在C市J区人民法院的在线庭审中,排除调解、撤诉等形式,只有少量案件是第一次开庭审理。虽然《民事诉讼程序繁简分流改革试点实施办法》(以下简称实施方法)第22条规定,当事人以电子化方式提交的证据,只需要法院进行审核后,就可以不提供纸质原件,但根据对方当事人的申请或者案件审理需要,当事人应当提供原件。这与《民事诉讼法》第70条和最高人民法院《关于民事诉讼证据的若干规定》第11条相契合。这就造成一个问题:在线庭审过程中,一方当事人可以要求对方当事人提供原件,而该对方当事人必须提供,否则就可能承担传统庭审中举证不能的法律后果,进而导致转入线下庭审,在线庭审的实现诉讼效益提升的功能就受到限制。在实践中,承办案件的法官都会在在线庭审之前对证据相关情况进行核实,只有在真实性核实问题不再成为当事人之间争议的焦点时,才会基于双方当事人的同意召开在线庭审,这从某种程度上也限制在线庭审的适用。

2. 无法确保证人与当事人分割的问题

最高人民法院《关于民事诉讼证据的若干规定》第72条第2款[①]规定,证人不能旁听庭审,以避免影响证人证言的客观性。弗兰克尔(Frankel)法官曾辩证地指出,诉讼者的策略使我们明白,在验证不诚实的证人、查获谎言,从而揭示真实上是具有功效的,但与其他有力的武器一样,在相当的程度上,这些策略对英雄和恶棍都可能是致命的。[②] 而在线庭审无法确保这一点,当事人陈述时无法杜绝证人同步知道甚至在场的可能性,存在证人旁听案件的可能,以致很可能需要提供专门的跨域互联网法庭或到线下参与庭审。

三、冲突的原因:观念与规则的滞后

公正理论至关重要,制度选择是公正的核心要素,通过提高人的自由和福利来实现正义。一方面,在线庭审这种新形式在普通法院的运用,对裁判者认知力提出了更高要求;另一方面,裁判者的心证能力仍然停留在法定证明水平。于是,随着对裁判起决定性作用的案件事实问题的不确定性的陡然增加和对传统民事直接言辞原则的削弱,必然出现由上述适用在线庭审认知力矛盾加剧而反向导致的庭审制度与直接言辞

① 最高人民法院《关于民事诉讼证据的若干规定》第72条第2款规定:“证人作证前不得旁听法庭审理,作证时不得以宣读事先准备的书面材料的方式陈述证言。”

② 参见汤维建:《两大法系民事诉讼制度比较研究——以美、德为中心》,载陈光中、江伟主编:《诉讼法论丛》第1卷,法律出版社1998年版,第394~448页。

原则之间冲突。究其原因,既有观念层面的因素,也有制度层面的因素。

(一)传统正义观与数字时代脱节

从观念上来讲,传统意义上的正义观,是以发现客观真实为导向的。如果不对正义观进行更新,那么极大可能存在人们对在线庭审等数字化纠纷解决工具的不适。而数字正义理论与传统正义理论有很多不同,这种传统正义观与数字时代脱节而产生的冲突,主要源于以下两个方面。

1. 数字正义理论是互联网社会下的正义理论

数字正义超越了正式和非正式之间的界限,允许以数字技术在民事诉讼中的运用提升效率,法院和当事人可以共同促进"接近"正义的实现。但在传统的民事诉讼庭审规则和庭审目标的设定中,仍然是以发现客观正义为核心的,在这种设定下,法官更乐于严格适用直接言辞原则。相反,在线庭审中,法官和当事人脱离了法庭的场景,对于双方的举证、质证、辩论就会极大地限制直接言辞的运用,影响诉讼参与者的亲历性,从而对真实性存疑,直接反映为观念上的不适和抵触。

2. 数字正义是一种"实践着"的正义理论

在数字经济时代,正义的内涵得到继承与更新。正如罗马历史早期,西塞罗曾经将正义描述为:"使每个人获得其应得的东西的人类精神取向。"①数字正义仍然继承了传统正义观的内核,当事人所能实现的正义并非唯一的、确定的、客观的,其可以是当事人主观认为的正义,只要正义的实现最终有利于当事人,也有利于法院的审理。实际上,数字正义强调的是"接近正义",法院的司法活动形式却是一个动态的过程。最初,人们更愿意选择一种没有身份和空间间隔、能够自由表达意见和情绪的司法活动方式,即"司法的广场化",②而在线庭审通过数字技术打破这种时空的阻隔,这也是对直接言辞原则另一种意义上的强化。

(二)民事在线庭审的规则有待进一步完善

由于在线庭审规则预设得不够完善,导致规则与实践在理念上呈现宏观与微观、整体与局部、应然与实然的隔阂与冲突,从而造成了在线庭审并非如预期能达到诉讼效益原则要求。

数字正义理念下,赋予当事人、法院更多实现正义的方式,相应的规则也应随时更新。对此,最高人民法院对在线庭审设立了一些规则,包括最高人民法院《关于互联网

---

① [美]E. 博登海默:《法理学:法律哲学与法律方法》,邓正来译,中国政法大学出版社2010年版,第277页。

② 舒国滢:《从司法的广场化到司法的剧场化——一个符号学的视角》,载《政法论坛》1999年第3期。

法院审理案件若干问题的规定》、《实施办法》、最高人民法院《关于新冠肺炎疫情防控期间加强和规范在线诉讼工作的通知》等。上述规则尽管明确了要综合考虑技术条件、案件情况和当事人意愿等因素,确定是否采取在线庭审方式,也明确了案件存在双方当事人不同意在线庭审、不具备在线庭审技术条件、需现场查明身份、核对原件、查验实物等情形的,不适用在线庭审,但在制定规则时并未对在线庭审与线下庭审之间的关系加以明确,也未对适用在线庭审的类型和程序等加以明确。① 因此,如果照搬传统民事诉讼规则运用于在线庭审,对直接言辞原则的理解仍处于狭义的理解,那么在线庭审的运用始终是受限的。

四、探索民事在线庭审与数字正义理念融合的基本原则

民事诉讼的目的就是公正且迅速地解决纠纷,法院和当事人基于何种理念作出相应的诉讼行为,取决于当事人的诉讼目的。这些理念包括当事人的意思尊重、程序的公益性、公正—真实发现、公正—程序保障、迅速。② 公正与迅速是矛盾的两方,在线庭审和直接言辞原则也在这方面得到充分体现。所以在追求数字正义的时候,就应该采纳当事人的意思尊重和迅速理念。而数字正义的理念不是虚无的,而是在对正义内涵的理解的拓展下,通过对民事诉讼既有原则运用的侧重及修正,从而达到理念融合的目的。

(一)诉讼效益优先原则

对于当事人来说,纠纷不仅是经济负担,也是一种心理负担。实现诉讼上的经济性就成为当下民事诉讼改革的乃至当事人的愿望,是在线庭审的主要价值取向。从这个角度看,在线庭审最大的价值在于让当事人享受司法服务的时间更短、出庭更便捷,这也契合当下营商环境建设的要求。但是在线庭审在全国推广之际,更不宜忽视可能产生的对直接言辞原则的削弱,电子化对庭审秩序的重整应当审慎进行。在数字时代背景下,功能暂时弱化但并未损害程序的根本,除非超过一定的限度,都应给予一定程度宽容,这也是当事人追求数字正义时所优先考虑的价值选择,在未损害直接言辞原则的基本功能的情况下,进行在线庭审应当以诉讼效益优先为准。

(二)自愿选择优先原则

当事人是否愿意在诉讼中采取在线方式,原则上均为当事人的程序自由,当事人

---

① 在目前的技术条件下,法官普遍认为,案情比较简单的、对事实的认定不存在较大的争议以及小额诉讼类的案件更适合在线庭审。

② 参见[日]伊藤真:《民事诉讼法》(第4版补订版),曹云吉译,北京大学出版社2019年版,第22页。

的程序选择权便成为在线庭审的正当性基础。[①] 在线庭审作为国家治理现代化的组成部分,可以在特定主体、特定程序、特定案件中推动在线庭审的强制适用,这也是让司法享受数字时代资源的有力举措,各国都在进行。但这不意味着法院可以干预当事人对在线庭审的程序选择,必须要尊重当事人的意思自治,在双方当事人表达愿意适用在线庭审的意愿时,法院在一般情况下都应当予以准许;在一方当事人表达适用在线庭审的意愿时,除非另一方当事人基于诉讼能力、证据、证人的客观不能不同意,法院一般应当予以准许,准许分别适用不同庭审方式进行审理。

(三)个案衡量例外原则

民事诉讼程序的公益性概念的产生是因重视程序运行整体的缘故。即便在公益性的名义下,也不能过于无视当事人利益,应当谋求两者的调和,这是在线庭审进行的保障。在线庭审的公益性的实现在于建立在线庭审适用的个案衡量原则。事实上,并不是所有案件的所有程序都适合在线庭审。对于特征明显的案件或程序,即便当事人选择适用或强制适用,法院也可能排除在线庭审的适用。基于推动在线庭审发展的司法政策考量,以及协力推进诉讼进程的诉讼理念,应当赋予法官裁量权。当然,法官在进行利弊权衡后,依职权确定不采用在线庭审,应当进行释明。

五、完善民事在线庭审与直接言辞原则衔接的制度

虽然直接言辞原则受到了在线庭审一定冲击,但电子化的表达形式也具有传统庭审所不具有的优势,实际上又扩展了直接言辞原则的内涵。只要诉讼参与人能够得到传统庭审所提供的最低程序保障,这种保障不仅包括程序层面还要包括技术层面,即当事人具备条件通过在线庭审实现诉讼效益取得,就可以让数据交流、电子交互成为口头主义的新形式。其不仅能作为当下庭审的重要形式,还应该视其为未来庭审的并行形式,除非证据需核实或证人等需出庭,抑或是违背公益性,否则不得转为线下庭审。然而,民事诉讼与数字技术的结合既具有进步性,也具有局限性,在线庭审的适用相较于线下庭审应当具有必要的范围、场域、质证规则、异议机制等。

(一)民事在线庭审的适用范围

在线庭审的适用范围分为自愿选择与强制适用两种类型,其逻辑在于当事人的授权和国家的授权。前者是当事人自愿追求诉讼的效益,后者是从国家层面推动特定类型、特定主体的诉讼效益;后者尚需进一步研究,诸如金融借贷类纠纷或银行、国家机关、律师、互联网企业等主体都可以纳入这个范畴,但在在线庭审尚不完善的情况下,

---

① 参见高翔:《民事电子诉讼规则构建论》,载《比较法研究》2020年第3期。

前者的适用范围更重要,后者就不再赘述。

在当事人自愿选择情况下,法官普遍认为,案件比较简单的、对事实认定不存在较大争议以及小额诉讼类的案件更适合采用在线庭审,①实际这回应了在线庭审的适用应当是有限度的。因而,从类型上,应当允许以下类型案件适用在线庭审:(1)证据多为电子证据的案件应当采用,相应质证规则已比较完善;(2)事实较清楚、争议不大的案件应当采用,此类案件采证相对较简单,质证程序不复杂。至于影响较大的案件,主要包括:(1)疑难复杂、证据较多的案件;(2)有证人、鉴定人、准备出庭提出意见的有专门知识的人出庭的案件,以及需要翻译人员的案件;(3)当事人人数众多的案件,此类影响较大的案件倘若双方当事人同意,且不会有损诉讼效益,则可由法官决定是否适用。

从程序上看,一审程序是直接言辞原则要求最高的阶段,在其他程序中因直接言辞原则要求较低,则可以更好地适用在线庭审。其中,法律审环节非常适用在线庭审。在法律审环节中证据交换和质证较少或无,因此不会过多削弱直接言辞原则,不会影响事实认定,特别在书面审理中,能够提供更高的程序保障。

(二)民事在线庭审的场域

应明确庭审在场已不局限于传统法庭,而延展至网络空间。在线庭审影响庭审的仪式感。在诉讼过程中,得体的衣着、庄严的法庭陈设、良好的庭审秩序等,既是司法权威的象征,也是相关诉讼主体在相互尊重中形成审判认同的保证,当事人都应当予以遵守。虽然在空间上不能共享法院所在场所的威严感和仪式感,但通过在在线庭审开庭时构建虚拟法庭的形式,②能够在一定程度上缓解在线庭审带来的仪式感降低的冲击。对于确有空间上交流障碍的当事人,可以通过使用附近法院跨域互联网法庭服务,便于当事人参与到诉讼中来,又不因其欠缺网络诉讼能力而影响其诉讼权利的行使,更加保障当事人实体权利的实现。

(三)民事在线庭审的质证规则

在线庭审中,质证规则中最突出的问题是证据的真实性核实和证人出庭作证的问题。其中,对于证据的真实性来说,也可分为电子证据质证和非电子证据的质证。电子证据质证得益于技术的进步,电子证据可以通过存证验证平台核实其真实性,在无存证验证平台可供使用情况下,其基本准则在于确立原件等同原则。电子证据的真实性审查主要从电子证据的可靠性、完整性两方面进行,这在最高人民法院《关于民事诉

---

① 参见王菁:《上海法院1万多场在线庭审渐成常态,给法官、当事人带来什么体验?》,载微信公众号"上海法治报"2020年4月28日,https://mp.weixin.qq.com/s/xhgzEoxBTGkl5hyMUKVQ5Q。

② 法官在任何背景下开庭,该技术都可以把法官所处的背景替换成法庭的背景,法官点击屏幕上的按钮即可敲响法槌。

讼证据的若干规定》第93条、第94条判定规则中得以体现。难点在于非电子化书证、物证等原件被在线庭审呈现后,在真实性方面,实质上构成传来证据,其证明的效力可能会降低,甚至不具有证明的效力,而不能等同证据原件,一旦对方当事人提出异议,则在线庭审程序难免转入线下,从而影响诉讼效益的实现。对于此,应明确对真实性核实仅仅是证据资格三要素其中之一,真实性的判定在一定程度上会对法官的自由心证产生影响,但并非一定需要线下核对,原件在线电子化呈现的证明效力显然高于一般传来证据,其是对原件一定程度可视化表达,而非单纯的复制,对其真实性核实就应当有异于线下庭审。在通常情况下,在当事人提出对真实性异议时,应继续进行庭审调查程序,根据全案的审理情况形成内心确认,对此进行评析,倘若涉及鉴定事项,则直接转为线下庭审程序对该证据进行质证调查;倘若并无鉴定事项提出,则须根据其他证据综合判定,对其判定实际上要区分证据形式真实性与实质真实性,[①]实质内容比原件形式更重要,在实质真实性具有高度盖然性的情况下,则不必转入线下庭审。对于证人出庭作证来说,其参与庭审的环境应当是可控的,参与在线庭审应当受到限制。在通常情况下,证人应当到受理案件法院参与线下庭审,确有不便的,也可以依托跨域诉讼服务在附近法院参与在线庭审。

(四)民事在线庭审的异议机制

鉴于选择在线庭审时可能会使其他当事人遭受到一定的程序利益损耗,应当允许其他当事人对法院是否适用在线庭审的决定提起异议,这是保障当事人的听审请求权。对于法官依职权适用的情形,当事人提出异议的,法官应当释明其原因。对于当事人申请进行在线庭审的情况,法官不同意进行在线庭审的,除非客观不能或不适宜,否则应准允其进行异议。对于当事人一方申请在线庭审的情况,另一方若能说明在线诉讼能力不足或欠缺进行电子庭审的终端设备、网络条件时,一般应准允其异议。

六、结语

在数字经济时代,人们的正义观正在经历深刻变化,数字正义应运而生,在线庭审从涉互联网类型案件向所有类型进行铺开,其追求的数字正义理念与民事直接言辞原则产生冲突,诉讼参与人都需要一段时间的适应,才能逐步理解诉讼效益对于当事人的权利的保障的重大价值。但也应该看到在线庭审的运用也存在一定的短板,在制度规定、技术建设、观念转变上还有很长的路要走,其作为庭审的一种重要形式,适应时代的发展,必将给我国的司法带来新的气象,逐步实现数字正义。

---

① 参见王梓:《比较法视野下的文书证据真实性认定规则》,载《南京大学法律评论》2019年第1期。

远程审判中司法公信力保障机制研究*

周　萦**　唐茂林***

摘　要:远程审判广泛适用已成为大势所趋,但目前实务界相关的法律尚未形成体系化,继而导致具体程序设计没有系统的法律规制,证据的提交、证人出庭没有严格的制度保障,技术水平有限等诸多不足之处有待完善,缺乏仪式感等使程序正当性受到公众质疑。本文意在对于解决目前我国远程审判适用中存在的问题,以期其更加符合我国民事诉讼基本原则,有效保障司法公开,促进司法民主,提高司法效率,同时趋利避害,保证司法公信力,最大限度地发挥远程审判的优势提出些许建议。

关键词:远程审判;司法公信力;智慧法院;人工智能;区块链

恩格斯曾指出,所有社会变革和政治变革的根本原因,不应该寻找于人们对永恒真理和正义的认知日益加深,而应该寻找于生产方式和交换方式的改变,以及相关的时代经济学领域,而非哲学领域。① 当今时代互联网技术飞速发展,社会生产方式发生了翻天覆地的变化,司法领域也不例外,"互联网+"被运用在审判方式的变革中的主要表现形式就是远程审判。

一、远程审判的概述及其法理溯源

(一)远程审判概述

远程审判方式又称网络庭审或在线庭审,就是利用现在网络技术,传递语音、文

---

* 2021年海南省普通高等学校研究生创新科研课题"自贸港国际民商事诉讼区块链存证研究"(课题编号:Qhys2021-66)成果。

** 海南大学法学院博士研究生。

*** 海南大学法学院诉讼法学教授。

① 马克思、恩格斯:《马克思恩格斯选集》(第3卷),人民出版社1995年版,第424页。

字、图像等信息,使那些跨地区的当事人参与到法官的主持下的非同一物理意义的法庭审理,在线完成庭审活动,以解决纠纷的一种审理方式。

1. 远程审判概念和特点

与传统的审理方式相比,远程审理方式具有以下几个方面的特点:

第一,技术依赖性。在传统庭审方式中,需要当事人到庭,法官通过面对面言辞审理的方式对案件进行审理,虽然随着高科技的发展传统庭审的方式也越来越多地使用高科技手段,例如,庭审笔录的智能化、审判过程的全程录音录像等,但总体来说,对于高科技的技术依赖不强。远程审判方式无论是依托互联网方式还是自建平台,案件的审理必须借助现代高科技手段。因此,可以说远程审判方式具有技术依赖性。

第二,跨越时空性。传统的庭审方式必须要所有的当事人在同一时间到达同一地点,参加案件的审理。远程审判方式当事人在不同的时区、不同的地点,案件都可以审理。例如,在国内的案件中,原告在黑龙江,被告在新疆,第三人或证人在海南,可以通过远程审判方式进行审理。除国内案件外,对于涉外案件也可以通过远程审判方式进行审理。例如,在一起民事诉讼案件中,原告在中国,被告在美国,第三人在法国,这样的案件也可以通过远程审判方式进行审理。

第三,简便性。传统的庭审方式必须要所有的当事人在同一时间到达同一地点,庭审才能进行,这样的审判方式有利于在一种比较严肃的场合对案件进行言辞审理,然而给当事人和诉讼参与人带来了较高的诉讼成本和极大的不便。远程审判方式的简便性主要表现在开庭地点的约定简单方便,除法官必须要到达指定的法庭外,其他诉讼参与人都可以在不同地点。此外,简便性还表现在起诉、答辩、陈述、证据交换、举证质证、宣判等诉讼活动都可以在网上进行,无须提交纸质版的各种材料。

2. 远程审判与"智慧法院"、互联网法院的关系

"智慧法院"的概念最早于2015年7月由最高人民法院首次提出,[①]是指借助人工智能使诉讼全程、司法服务、司法管理高度信息化的司法改革。与远程审判的区别在于,远程审判只针对个案审理过程实现线上化,而"智慧法院"的应用既包括对审理过程电子信息的记录,又包括除审判阶段外程序各阶段信息电子化,同时对案件信息进行电子化存储,跨案件进行大数据统计分析,为以后同类案件的裁判提供参考。[②] 此外,"智慧法院"还为个案审理提供法条指引、文书公开、量刑辅助、智能检索、电子卷

---

① 一般认为,"智慧法院"首次出现在2015年7月由最高人民法院主持的全国高级法院院长座谈会。

② 参见周翔:《智慧法院的生成机制与未来发展趋势》,载《西安交通大学学报(社会科学版)》2021年第3期。

宗、文书生成等服务。换言之,远程审判是“智慧法院”的组成阶段。

互联网法院则是对接互联网产业,以“网上案件网上办”为主要职能的专门法院,[①]类似铁路法院或者海事法院,负责特定纠纷的解决。它审理的案件可以说全部都以远程审判的形式进行,互联网法院即“全流程在线”的远程审判系统,可以直接进行在线立案、电子送达、在线调解、在线庭审、电子存证和智能审判。但远程审判的受案范围不仅限于互联网法院的受诉案件,非网上纠纷亦可适用。因此,互联网法院是“智慧法院”中的专门法院,[②]互联网法院的建立是远程审判探索渐入高潮的标志。[③]

(二)远程审判的法理溯源

远程审判之所以会成为司法改革的方向和趋势,主要是基于其与民事诉讼的基本原则、基本制度和特点的精神相契合,主要包括民事诉讼中的直接原则、言辞原则、当事人直接参与原则。

1. 直接原则

直接原则是针对法官而言的,直接原则即直接审理主义,是指庭审阶段有法官和当事人参与,二者间没有第三方主体介入,法官亲自听取当事人辩论及自行调查证据,以获取的诉讼资料和证据资料作为裁判的基础。受托、受命法官和准备型独任法官即为直接审理主义的例外。[④] 其与间接审理主义相比,具有利于发现真实、促使心证形成等优点。[⑤] 远程审判并没有改变两方主体直接沟通的基本构造,因此符合直接原则的要求。

2. 言辞原则

言辞原则,又称言辞审理原则,相对于书面审理原则而言,是指案件审理过程中,当事人以及法院的诉讼行为特别是质证、辩论、证据调查等,都要求以言辞的形式进行。[⑥] 日本学者三月章据此认为,言辞原则包含两个方面的含义:一是不经言辞辩论不得判决;二是只有通过言辞辩论得以陈述和显示的内容,才属于审判的资料。但对此并未限制其必须在同一物理空间中进行。换言之,只要当事人、证人等诉讼参与主体

---

① 参见邓恒:《如何理解智慧法院与互联网法院》,载《人民法院报》2017 年 7 月 25 日,第 2 版。

② 参见陈琨:《正确认识互联网法院的三个维度》,载《人民法院报》2018 年 5 月 22 日,第 2 版。

③ 参见段厚省:《远程审判的双重张力》,载《东方法学》2019 年第 4 期。

④ 参见刘学在:《论民事诉讼中的直接言词原则》,载《中南民族大学学报(人文社会科学版)》2011 年第 6 期。

⑤ 参见陈卫东主编:《建设公正高效权威的社会主义司法制度研究》(第 3 卷),中国人民大学出版社 2013 年版,第 86 页。

⑥ 参见杨荣馨主编:《民事诉讼原理》,法律出版社 2003 年版,第 116 页。

通过视频交流的方式能够进行口头辩论,法官通过视频能够正常判断当事人口头表达中的表情、动作等,[①]远程审判就没有侵犯言辞原则。

3. 当事人直接参与原则

当事人直接参与原则顾名思义是对当事人的要求。诉讼活动要求诉讼参与人必须要亲自参与到诉讼中来,这样才能保障裁判的正当性。远程审判方式只是借助现代高科技的手段将法庭审判的亲历性进行了延伸,恰恰是为了更好地保障每一位诉讼参与人都同样参与到诉讼中来,从根本上符合诉讼的基本原则,这也是其广泛适用的原因之一。因此,它不但不违背诉讼中当事人直接参与原则,而且很好地贯彻了该原则。

二、我国远程审判对司法公信力的影响分析

远程审判可以很好地解决当事人及诉讼参加人无法到庭使审判不能及时有效进行的问题,同时降低了司法成本,提高了司法效率,提高了公民参与度,更好地发挥了公众的监督作用。任何事物都具有两面性,远程审判的广泛适用对于我国司法公信力的提升的积极影响不可忽略,但其同时带来的消极影响也应当引起足够的重视。

(一)远程审判对于司法公信力的积极影响

1. 远程审判有利于实现司法公开

在法学学理中,影响司法公信力的因素主要有司法机关本身的权威性、参与司法主体的自律性、司法权运行过程的合法合理性以及相关司法信息的公开透明性等。由此可见,信息公开是相当重要的影响因素。

远程审判要求庭审全程线上进行,这就意味着除不公开开庭审理的案件外,公众可以在核实身份的情况下参与线上听审,突破传统法庭物理空间的限制,使更多身处各地的公众有机会参与到案件审理过程中,真正做到审判公开透明。新冠疫情暴发,使线下司法活动受到阻碍,许多涉疫情影响较大的案件在线上及时开庭审理,公众及时知晓并引以为戒,促进了全国司法工作和疫情抗击工作的有序进行。

2. 远程审判有利于体现司法民主

司法民主要求审判应充分体现人民的意志和利益,并受到人民的监督。

在现代法治社会中,国家通过立法赋予公民各种权利,公民通过参与诉讼以实现法律赋予的合法权利,是司法民主价值的重要体现。如果诉讼当事人不便参与诉讼,例如,行动受限的伤残病患或监狱服刑人员,就会导致司法的民主性得不到充分保障,司法公信力自然也会受到质疑。远程审判的适用从某种意义上说,可以让这些特殊的

---

① 参见林洋:《互联网异步审理方式的法理思辨及规则建构》,载《甘肃政法学院学报》2020年第4期。

当事人亲自参与到诉讼中来,进而实现法律所赋予其的合法权益,从而使司法的民主价值得以体现。

司法民主也要依靠公众的监督实现。远程审判以司法公开为手段,让更多的普通案外公众有机会参与到庭审的同时发挥他们的监督作用,让舆论体现司法的民主性。此外,监督又能反作用于法律,使法律的制定更加符合公民的意志和利益,司法民主的两方面之间本身也是相辅相成的。因此说远程审判有利于实现司法民主。

3. 远程审判有利于提高司法效率

远程审判对于当事人的直接益处自是不必说的,仅就证人而言,在2012年前证人的出庭率很低,全国民事一审案件的证人出庭率不足10%,二审甚至不足5%。但证人又是具有不可替代性的,没有正当理由不出庭,①证言内容就不能作为定案依据,法官还要搜集其他证据,这无疑是一种司法浪费。证人不出庭主要有以下两方面顾虑。第一,证人出庭的经济利益得不到保障。即使最高人民法院《关于民事诉讼证据的若干规定》第75条对证人作证费用作出了补偿规定,②但其出庭作证为之付出的时间成本也不可忽略不计。第二,证人出庭的人身安全得不到切实保障。英国丹宁勋爵曾言:"任何法律制度都没有合理的理由强迫证人作证,而一旦发现证人作证受到侵害,又拒绝提供援助。"③虽然法律对证人人身安全保障有相关规定,但实践起来并不容易。《民事诉讼法》第76条同时规定了符合法定条件可以不出庭的情节,经人民法院许可,可以通过视听技术或视听资料的方式作证。远程作证可以说有效缓解了证人出庭率低的压力,从而有效降低了司法成本,提高了司法效率。

(二)远程审判对司法公信力的负面影响

目前,我国的远程审判的发展仍处于探索阶段,还存在诸多问题。比如,法律规范方面的不足。这意味着法官在处理案件的过程中,不能真正做到有法可依,造成同案不同判。此外,远程审判中证据的提交也是不小的难题。实物证据自是不必说,即使电子数据证据可以直接线上提交,证据的真实合法性确认也是一种考验。新技术的使用本身就是对法官的一种挑战;同时,平台本身的系统开发与维护也是不可忽视的问

---

① 可以不出庭共有4种情形:一是因为健康原因;二是因路途遥远,交通不便不能出庭的;三是因自然灾害等不可抗力不能出庭的;四是有正当理由不能出庭的。参见《民事诉讼法》第73条之规定。

② 最高人民法院《关于民事诉讼证据的若干规定》第75条规定,证人出庭作证后,可以向人民法院申请支付证人出庭作证费用。证人有困难需要预先支取出庭作证费用的,人民法院可以根据证人的申请在出庭作证前支付。

③ 参见[英]丹宁勋爵:《法律的正当程序》,李克强、杨百揆、刘庸安译,法律出版社1999年版,第25页。

题。此外,由于传统庭审模式存在几千年,在公众心里早已成了约定俗成的概念,许多人更愿意选择线下庭审,认为远程审判缺乏庭审仪式感,甚至对于其程序正当性表示怀疑。

1. 相关立法滞后

法律本身具有滞后性,配合新制度从诞生到广泛应用是一个相当漫长的过程,远程审判也不例外。

在远程审判推行过程中,各地法院缺乏一个统一的标准。以程序的选择为例,最高人民法院《关于适用〈中华人民共和国民事诉讼法〉的解释》第259条规定,当事人双方可就开庭方式向人民法院提出申请,由人民法院决定是否准许。经双方当事人同意,可以采用视听传输技术等方式开庭。但在实践中如果一方当事人同意适用远程审判,一方却执意进行传统庭审,该如何处理?① 此外,什么案件可以选择适用远程审判,只有简易程序还是所有案件都可以?借助哪个平台,是商业平台还是法院自建平台?就当事人进行远程审判的场所而言,可以自由选定在家或办公室,还是必须就近去一家法院的审判庭才能参与审理活动……②

虽然近几年各地试点法院远程民事审判试行的成绩斐然,但目前尚无专门立法,很多细枝末节的程序设计问题未得到合理规制,更未形成一套完备成熟的法律体系,这使法官只能小心翼翼地摸索尝试。

2. 证据审核问题

无论是采取何种审理模式,证据的真实性都是裁判基础和关键。远程审判涉及的案件免不了要借助电子数据证据,QQ和微信聊天记录、付款记录、网购记录等电子数据证据成为主要证据类型,但同时实物证据、言辞证据仍然是不可忽略的重要裁判依据。

实物证据的真实性是首先要解决的问题。在传统庭审中,原告到法院立案时只提

---

① 上海市高级人民法院、上海市司法局、上海市律师协会联合发布《关于进一步推广网上诉讼服务的通知》中规定:"对双方当事人及诉讼代理人明确表示不同意或者一方当事人及诉讼代理人、辩护人表示不同意且有正当理由、双方当事人均不具备参与在线庭审的技术条件和能力以及需要现场查明身份、核对原件、查验实物等情形的案件和案情重大复杂以及法律规定不公开审理的案件,均不得适用网上庭审。"

② 例如,《浙江法院网上诉讼指南(试行)》第40条规定:"经当事人同意,人民法院可以组织当事人和其他诉讼参与人使用网上诉讼平台,分别在不同地点进行网上庭审。必要时,人民法院可以视案情组织当事人和其他诉讼参与人使用网上诉讼平台,分别在不同地点错时进行网上庭审。"《青海省高级人民法院远程视频审理案件指导性操作规程(试行)》第6条第1款第1项规定:"民事、行政案件,当事人在省内的,在省内法院的数字法庭之间进行;当事人一方或双方在省外的,由省高级人民法院协调相关省(市、自治区)高级法院安排,必要时可以报请最高人民法院协调。"

交证据复印件,到庭审时在现场向法官提供所有证据原件,以便法官查验。而在远程审判中,证据原件只能通过视频传输,隔着屏幕接受法官审核,这无疑增加了法官排除虚假证据难度,使证据的真实性受到很大的冲击。①

证人证言的真实性也遇到同样问题。有学者反对远程审判的重要理由就是利用电子化技术手段实施民事诉讼行为,改变了直接言辞原则的实现方式,是对直接言辞原则的减轻适用。② 在传统现场审判中,法官可以面对面直接询问,观察诉讼参与人的神情动作并反复推敲,根据“自由心证”达到内心确信进行裁判。远程审判虽然提高了证人出庭率,却也增加了证人提供假证词的风险,③甚至在证人身份的核对上就存在风险。在远程审判中,仅靠证人出示身份证及口述身份信息无法确定其真实身份,④比如,在实践中可能出现双胞胎或者单纯长得很相似的人冒充顶替,通过视频无疑增大了法官对证人身份识别的难度。尽管我国的人脸识别技术处于世界前列的水平,但别有用心者通过类似 PS 技术直接将人脸、声音进行技术处理,不需要找长相类似的人冒充也能轻易地混淆视听。如此大大打击了言辞证据的真实性。

电子数据真实性的验证难度远高于普通物证、书证。由于电子数据本身要依靠服务器、互联网进行存储、传输,造成了其脆弱性,一方面,其内容易被篡改,并且还不会留下痕迹,而法官作为非专业人士对此难以轻易鉴别;⑤另一方面,即使没有人为原因,其本身在传输过程中容易受到电磁信号的干扰或者来自网络病毒的攻击,造成信息的丢失、损毁、异变。最高人民法院《关于互联网法院审理案件若干问题的规定》第 11 条⑥明确规定,能够证明其真实性的电子数据证据可作为定案依据。在互联网法院建立前,线下庭审将电子数据证据作为裁判关键的本来就少之又少,主要原因就是对电子数据的真实性难以作出全面准确鉴别,而这个问题同样会被延续到远程审判中。

---

① 参见宋朝武:《电子司法的实践运用与制度碰撞》,载《中国政法大学学报》2011 年第 6 期。

② 参见[德]汉斯-约阿希姆·穆泽拉克:《德国民事诉讼法基础教程》,周翠译,中国政法大学出版社 2005 年版,第 68 页。

③ 参见孙连京:《证人证言证明力规则建构若干问题探析》,载《社会科学论坛(学术研究卷)》2009 年第 2 期。

④ 参见郑毅:《电子证据证明力的确认与保障》,载《人民论坛》2013 年第 11 期。

⑤ 参见石冠彬、陈全真:《论区块链存证电子数据的优势及司法审查路径》,载《西南民族大学学报(人文社会科学版)》2021 年第 1 期。

⑥ 2018 年 9 月 3 日由最高人民法院审判委员会第 1747 次会议通过,自 2018 年 9 月 7 日起施行。最高人民法院《关于互联网法院审理案件若干问题的规定》第 11 条第 2 款明确规定,当事人提交的电子数据,通过电子签名、可信时间戳、哈希值校验、区块链等证据收集、固定和防篡改的技术手段或者通过电子取证存证平台认证,能够证明其真实性的,互联网法院应当确认。

3. 技术支撑落后

我国远程审判第一案可以追溯到2006年4月福建的跨省离婚案件,当时我们司法系统自己的平台还没开始筹建,受案的高桥法庭直接使用腾讯QQ社交软件进行审理。包括后来2007年浙江青田的涉侨房屋纠纷,以及苏州的涉外离婚案中使用的MSN,都属于借助第三方平台进行在线审理。可以看出,我国远程审判的发展开始依托于其他社交平台如QQ、微信、MSN等。毕竟是司法活动,依托第三方社交平台难免给人不正规之感,所以法院加紧建立自己的专网,到2008年4月,最高人民法院刑事审判四庭提审羁押在福建看守所的犯罪嫌疑人时首次利用了法院专网中的远程视频系统。①

平台建成只是个开始,重点在于后续对程序运作和维护。与互联网相关的都对技术要求很高,必须要专业人员的参与,远程审判作为司法程序,一方面,是在庭审过程中,必须保持网络连接持续高速畅通,不能出现卡顿或延时等状况,不能给诉讼本身增加麻烦;另一方面,就是注重司法公开的同时更要注重对个人信息安全的保障,如果远程审理所使用的平台软件安全防护不能保障,一旦被人恶意攻击或私窃,个人信息和司法管理信息的丢失后果都会非常严重。② 除来自软件技术层面的困难外,硬件设施成本高昂同样给法院系统带来了压力。以北京市海淀区人民法院为例,专门为远程审判安装高清终端、液晶电视、摄像机、扩音收音设备和信号传输等设备,成本高达70万元,更夸张的是广东地区的电子签章系统就花了190万元。东西部发展差距悬殊,因此我国远程审判的试点城市都在东部较发达地区,这也使更需要适用远程审判的西部远离城市的边远地区和路途陡峭的山区,没有能力覆盖到远程审判系统,这仍是现在面临的难题之一。

4. 庭审仪式感弱

所谓庭审仪式感,既包括法庭相对封闭的物理空间、庄严肃穆的三方对抗设置和象征权利和正义的国徽悬挂等客观环境布置,也包括参与审判人员甚至旁听人员的着装、言语、行为方面的要求带给人的心理暗示。没有文化仪式,就没有现代诉讼程序,文化仪式是现代诉讼程序之母。我国的相关立法和司法解释就法庭审理的仪式性进行了相关的规定,③远程审判的形式脱离了法庭的物理空间环境,使庭审像网络直播一

---

① 参见段厚省:《远程审判的程序正当性考察——以交往行为理论为视角》,载《政法论丛》2020年第2期。

② 参见常怡、王健:《论电子证据的独立地位》,载《法学论坛》2004年第1期。

③ 例如,《组织法》、最高人民法院制定和颁布的《关于法庭的名称、审判活动区布置和国徽悬挂问题的通知》、最高人民法院办公厅《关于规范使用法槌的通知》、《人民法院法庭规则》等法律和司法解释都就法庭审理的仪式性作了详细规定。

样变得日常化。一方面,对于直接参与诉讼的人来说,可能会使其缺乏紧迫感和严肃对待庭审的态度,在庭审进行过程中出现诉讼之外的行为,如随意走动、喝水,或者通过恶意调大电视音量、制造噪声来故意影响审理的顺利进行,由于现场没有法警,因此很难规制当事人的行为。另一方面,对于其他旁听人员来说,失去了传统庭审的仪式感,法律对人的震慑作用也会相对减弱。虽然远程审判可以让更多人在线上旁听庭审过程,引导人民群众正确行使权利、自觉履行义务,但如果缺少法庭的威严,教育警示作用也难以达到理想效果。这都使司法权威性受到损害。

三、构建我国远程审判中司法公信力保障机制的建议

从目前存在的问题看来,远程审判要保障司法公信力主要从以下几方面入手。

(一)通过完善立法确保司法明确性

远程审判归根结底也只是庭审的一种形式,摆脱不了民事诉讼原则规则的一般规定,需要特别增加的无非是与传统庭审不同的部分。

1. 吸收国内已出台的相关法律法规

首先可以融合远程审判本身试点法院的成功经验。此外,互联网法院无疑是走在远程审判实践前列的,2018 年 9 月 6 日最高人民法院出台了《关于互联网法院审理案件若干问题的规定》,其内容包括互联网法院的受案范围、起诉受理、身份验证、证据提交等,涵盖了庭审的各阶段,对于远程审判立法有十分重要的参考价值。另外,在 2020 年,最高人民法院专门为此出台了《关于新冠肺炎疫情防控期间加强和规范在线诉讼工作的通知》,包括网上立案、调解、证据交换、庭审、宣判、送达等远程审判活动具体操作流程和常见问题,基本包含目前远程审判可能出现的问题,对其如何应对也作出了相关指导建议,其也可以当作立法的重要参考。

2. 域外相关立法实践

在德国,规定法院可以依申请或者依职权许可适用远程庭审。① 美国和日本对于远程审判方式的适用的态度则比较谨慎,主要适用于诉讼文书的提交、电子送达、卷宗的查阅、裁判文书的查询等辅助性司法领域。② 亚洲最早开展远程审判的国家是韩国,早在2010 年韩国就颁布了民事诉讼中利用电子文书的相关法规,规范了远程审判在专利权案件中的具体适用;2010 年大法院颁布了民事诉讼中利用电子文书的相关法规实行时间相关规定,明确扩大了远程审判的适用范围,从专利案件到全部民事案件,包括

---

① 参见周翠:《德国司法的电子应用方式改革》,载《环球法律评论》2016 年第 1 期。

② 参见小林学、郝振江:《日本民事审判的 IT 化和 AI 化》,载《国家检察官学院学报》2019 年第 3 期。

最后执行、非讼化案件及执行计划均有具体适用规则,现在韩国超过70%的案件都是线上处理,①相关法规相对完备、系统。

(二)建立证据审核制度保障司法公正性

1. 区块链保证电子数据证据的真实性

技术的问题就让技术解决。近年来,区块链技术的快速发展为证据法学发展提供了新的思路。广义上的区块链技术,是指利用时间戳技术将数据区块按时间顺序相连组成链式数据结构,已经生成的区块在区块链中不得修改,正是由此来保证数据的真实性。

法院可以依托于第三方的技术支持,为此,北京互联网专门出台了《北京互联网法院电子证据平台接入标准》和《北京互联网法院天平链接入与管理规范》。"天平链"对第三方平台从机构资质,专业技术能力,平台的安全性,以及电子数据的生成、收集、存储、传输过程的安全性、合法性等方面提出了明确要求。北京互联网法院、工业信息安全发展研究中心、北京信任度科技等在工信部区块链重点实验室下组建司法工作组,经评估合格方可接入"天平链"。这样既节省了司法资源,又提高了电子数据证据的采信度。但对于上链的电子数据,也必须经过当事人的庭上质证才会被法官认可。②

2. 线上线下相结合帮助的举证质证

首先是证人身份的验证。2017年广州市越秀区人民法院利用"数字越法远程视频平台"审理的一起案件,证人的身份先由当地公安机关进行核对,再由远程审判平台"刷脸"登陆验证,才能参与诉讼。参看域外,加拿大算是较早发展远程审判的国家之一,他们率先在各地法院建立远程审判庭,再对全国进行联网,证人到就近法院参与远程审判,当地法院协助进行身份确认,建立起"法院核比+人脸识别"模式。相较公安协助而言,法院更加符合其职权范围,免除了公安额外介入的麻烦和不必要浪费。同样,物证原件的核查也可适用此模式。

其次是对方当事人对人证物证的辨认问题。法院对于真实性的核对可以委托其他法院代为进行,然而对方当事人就没那么方便了。同样是越秀区的这起案件,法院借助视听传输,视频流畅清晰、音频稳定,让证人对两名涉案人员进行了辨认,之后也对证人进行了询问,整个过程形成了清晰的录音录像资料存档,以便后期存疑时再次查验。不难看出,要想解决证据真实性问题,归根结底还是在于设备质量和技术精准

---

① 参见杨建文:《韩国民事电子诉讼制度的发展》,载《人民法院报》2013年5月3日,第8版。

② 参见崔梦雪:《区块链电子存证的证据法价值分析——以杭州信息网络传播权纠纷案为例》,载《无线互联科技》2019年第10期。

度的提高。一方面，发展 AR 技术，用机器代替肉眼能有效减小局限性和误差；另一方面，增加音视频的清晰真实度。美国已经可以实现让诉讼参与人头部佩戴上特制影像设备，就可以模拟庭审现场，清晰地分辨其他人的动作声音和面部表情，与真人在现场几乎无差异。目前，这项技术国内可以加紧研发，先投入试点法院成功后再结合各地实际情况考虑推广，这将是我国远程审判发展的一个飞跃性进展。

（三）加强平台建设提高司法效率性

1. 弥补硬件设备不足暂时之举

在司法实践中，虽然相关音视频设备在逐步应用到各地包括一些偏远地区法院，虽目前达不到完全覆盖，但现在智能手机已经足够普及，因此通过第三方社交软件处理案件的形式不能被彻底废除。法院可以通过与微信、QQ 等合作，借助他们的音视频传输、电子签章等技术，推动远程审判广泛适用的同时而不忽视司法严谨性。

2. 规范软件技术人员准用机制

法院系统应当聘请具有专门知识的专职人员。目前，我国的"智慧法院"系统已经形成以各省高级人民法院委托第三方进行开发和维护，全省各中级人民法院、基层人民法院统一通过法院内网服务器使用系统的模式为主导。考虑司法工作的涉密性，远程审判平台可以查阅从立案到审判的各个阶段的案卷资料、当事人的信息、庭审实况等，如果让司法系统以外的第三方来维护，随意进入系统查看信息，势必会增加信息泄露的风险。因此，建议更加严格限制对从事相关工作的人员的资格要求，最好是限制在具有正式编制的公务人员，聘用制人员也应当同书记员、法警等司法专职人员一样签订严格的保密协议，以保障信息安全。

（四）增强程序设置保护司法权威性

从本质上看，司法的权威并非依赖法庭布景以及审判仪式这些表面因素，而在于褪去威严与神圣装饰的司法制度的设计是否以个人权利的保护为本位。①

远程审判活动虽然不像传统法庭审理方式那样，在一个相对独立封闭的环境中进行一种具有仪式感的诉讼活动，但它是一种延伸的司法活动，是一种由司法剧场化到司法广场化的发展过程，只要其审判结果不偏离保护个人权利的本质，同样能彰显司法权威性。通过出台相应的法律法规赋予远程审判同等地位，规范其程序设计，如荷兰、葡萄牙、加拿大等一些发达国家已经在全国范围内都配备了视频传输系统，包括法院、拘禁场所以及大型羁押中心等。他们的远程审判采用的是当事人去到就近法院参与诉讼，这样一来，法庭物理空间上的仪式感得到保留，且实现了远程审判便民的根本

① 参见［日］小岛武司等：《司法制度的历史与未来》，汪祖兴译，法律出版社 2000 年版，第 20 页。

目的,使其形式上的程序正当性不再遭受公众质疑,同时保证了司法的权威性。

四、结语

目前,远程审判的适用已十分普遍,并发挥了不可代替的作用,在高科技相对发达的现代社会,远程审判方式的应用是司法现代化的必经之路。远程审判广泛适用的初衷源于对司法公信力的提高,同时遭到的质疑也源于其对司法公信力的影响,在追求效率的同时不能以牺牲公信力为代价,这要求我们不断完善远程审判制度的法律保障,加强配套设施建设和技术发展。除从司法系统内部提升外,未来也要致力对外的广泛宣传,使公众熟知并且改变其传统固化思想对新形式的偏见,才能推动“智慧法院”的现代化进程,更好、更快地建设中国特色社会主义法治体系,带领中国特色法治建设迈上新高度。

刑事专题

反思与构建：网络空间中国际刑事管辖权规则[*]

王玫黎[**]　杨逸琼[***]

摘　要：当前，网络犯罪已经成为各国关注的焦点。以联合国为框架的网络犯罪全球公约正在积极推进，管辖权条款势必会成为公约谈判的重点。《网络犯罪公约》《塔林手册2.0》《联合国打击网络犯罪合作公约（草案）》作为较具影响力的范本，其中的管辖权条款值得研究。网络空间中国际刑事管辖权存在理念分歧、平台限制以及实施困境，致使条款出现不同程度的局限性。在联合国第A/75/L.87/Rev.1号决议开启网络犯罪全球公约谈判的契机下，应当在联合国框架下，采取"政府主导下多元参与"模式，在传统管辖权基础上进行创新，加强国家执法合作。此外，中国国内相关做法也顺应了联合国框架下的构建方案，为我国参与网络空间国际刑事管辖权规则的制定提供了良好的自身条件。

关键词：网络犯罪；刑事管辖权；网络主权；联合国公约；规则重构

---

* 2022年重庆市教委科技项目重点项目"人工智能武器风险评估和防范规则研究课题"（项目编号：KJZD-K202200301）、2022年重庆市教委规划课题"人工智能武器的战略考量与应用规则研究"（课题编号：22SKGH014）、西南政法大学2021年校级学生科研项目"网络空间中刑事管辖权规则研究"（项目编号：2021XZXS－186）、重庆市研究生科研创新项目"打击网络犯罪背景下国际执法程序规则研究"（项目编号：CYS22303）研究成果。

** 西南政法大学国际法学院教授、博士研究生导师，海外利益保护研究中心执行主任。

*** 西南政法大学海外利益保护研究中心助理研究员。

目前,网络犯罪(cybercrime)①已经成为全球公害,各个国家深受跨境网络犯罪的困扰。近年来,我国遭受来自境外的网络攻击持续增加,②电信网络诈骗已经成为发展最快的刑事犯罪。③ 由于尚不存在网络空间全球适用规则,刑事管辖权作为惩治网络犯罪的起点,更多依靠国内法院发挥职能。网络空间的时空性加剧了具有不同法律差异的地域与人、物跨国流动之间的矛盾,即"主权"与"流动性"之间的矛盾。④ 这为跨境网络犯罪分子提供了逃避法律责任的天然屏障。以联合国为核心的国际社会一直致力推进网络犯罪全球公约的制定,第 A/75/L. 87/Rev. 1 号决议推进了网络空间国际规则的制定。⑤ 习近平总书记指出,我们要积极参与国际规则制定,做全球治理变革进程的参与者、推动者、引领者。⑥ 在此契机下,网络空间的国际刑事管辖权规则面临"重新洗牌"的可能。⑦ 我国应当在完善国内法的同时,将国内法与国际法进行衔接,为全球网络空间治理贡献中国智慧。

---

① 网络犯罪通常被描述为以计算机或网络为工具、目标或地点的犯罪活动,其常见形式主要包括破坏计算机数据或系统的机密性、完整性与可用性的行为。此外,以谋取个人或经济利益,或是造成个人或经济损害为目的并与计算机有关的行为,包括与身份有关的犯罪行为(如在线窃取个人身份信息),及与计算机存储内容有关的犯罪行为(如窃取商业秘密)等亦属于广义上的"网络犯罪"。See UNODC, Comprehensive Study on Cybercrime, Accessed Sept. 20, 2021, http://www. unodc. org/documents/organized-crime/cybercrime/CYBERCRIME_STUDY_210213. pdf.

② 因攻击成本低、攻击效果明显等特点,DDoS 攻击仍然是互联网用户面临的较常见、影响较大的网络安全威胁之一。累计监测发现用于发起 DDoS 攻击的活跃 C & C 控制服务器 2379 台,其中位于境外的占比 95.5%,主要来自美国、荷兰、德国等。参见国家计算机网络应急技术处理协调中心:《2020 年上半年我国互联网网络安全监测数据分析报告》,第 7 页。

③ 根据相关数据,2021 年 1~5 月,全国共破获电信网络诈骗案件 11.4 万起,打掉犯罪团伙 1.4 万余个,抓获犯罪嫌疑人 15.4 万名,成功劝阻 771 万名群众免于受骗,为群众挽回经济损失 991 亿元。参见《通报全国公安机关打击治理电信网络诈骗犯罪举措成效》,载公安部官网,https://www. mps. gov. cn/n2253534/n2253535/c7935582/content. html。

④ See Friedrich K. Juenger, *Choice of Law and Multistate Justice*, Translational Classic in International Law 69, p. 45(2005).

⑤ 该决议决定在 2022 年 1 月正式开启制定关于打击犯罪目的适用信息和通信技术行为的全球公约。See UN, Item 112 Countering the Use of Information and Communications Technologies for Criminal Purposes(A/75/L. 87/Rev. 1), Accessed Sept. 20, 2021, https://documents-dds-ny. un. org/doc/UNDOC/LTD/N21/129/54/pdf/N2112954. pdf? OpenElement.

⑥ 参见习近平:《加强党对全面依法治国的领导》,载《求是》2019 年第 4 期。

⑦ 参见王玫黎:《亟待制定惩治网络犯罪的国际公约》,载《检察日报》2021 年 10 月 26 日,第 3 版。

一、现存国际网络空间典型范本中的国际刑事管辖权规则评析

伴随网络犯罪、网络恐怖主义的日渐猖獗,国际社会对推动网络犯罪国际规则的制定达成共识。以美欧为首的发达国家坚持将欧洲的区域性条约《网络犯罪公约》(Convention on Cybercrime,又称《布达佩斯公约》)①推广至全球。以中、俄为首的新兴国家则坚持在联合国框架下制定新的全球公约,且俄罗斯于 2017 年向联合国提交了《联合国打击网络犯罪合作公约(草案)》。② 另外,作为专家研究成果的《网络行动国际法塔林手册 2.0》③也一度被认为是网络空间国际规则的范本,它们都涉及国际刑事管辖权条款,对于国际刑事管辖权条款的重塑有重要的意义。

(一)区域性条约:《网络犯罪公约》

1. 单一性:管辖权行使方式和顺序的规定过于简单

该公约规定,网络犯罪的刑事管辖权包括属地管辖权、船舶管辖权、航空器管辖权和属人管辖权 4 种情形,没有对保护性管辖、普遍性管辖进行规定。④ 缔约方可以对除属地管辖之外的管辖方式进行保留,并规定了缔约方之间发生管辖权冲突可以进行协商。可以看出,公约对网络犯罪的管辖方式规定得十分有限。船舶管辖与航空器管辖可以看作船舶或者航空器登记国的"属地管辖",缔约方行使域外管辖权的方式只有通过属人管辖。⑤ 尤其是普遍管辖的缺席不利于各国在网络空间开展国际合作,对于管

---

① 《网络犯罪公约》(Convention on Cybercrime)是由欧委会下设的欧洲犯罪问题委员会(European Committee on Crime Problems,CDPC)负责起草,并于2001 年通过。该公约在2004 年正式生效,截至2021 年已经有67 个缔约方,其中包括55 个欧委会会员,以及美国、日本、韩国、加拿大等12 个非欧委会成员。See COE,Chart of Signatures and Ratifications of Treaty 185, Accessed July. 20, 2021, http://www. coe. int/en/web/conventions/full-list/-/conventions/treaty/185/signatures.

② 《联合国打击网络犯罪合作公约(草案)》于 2017 年由俄罗斯向联合国第三委员会提交,旨在打击跨国网络犯罪、加强国际合作,其内容包括一般规定、刑事定罪和执法、预防和打击网络空间犯罪及其他非法行为的措施、国际合作、执行机制、最后条款,共6 章。See UN,Draft United Nations Convention on Cooperation in Combating Cybercrime (A/C. 3/72/12), Accessed July. 20, 2021, https://documents-dds-ny. un. org/doc/UNDOC/GEN/N17/329/59/pdf /N1732959. pdf? OpenElement.

③ 《塔林手册 2.0》于 2017 年 2 月,由北约智库"网络合作防御卓越中心"在《塔林手册 1.0》的基础上发起完成,其旨在通过学者集体的研究,改变网络空间"法律真空"的状态,推动网络空间的国际法发展,维护西方国家在网络空间国际规则制定中的主导权。

④ 参见《网络犯罪公约》第 22 条。

⑤ 参见胡健生、黄志雄:《打击网络犯罪国际法机制的困境与前景——以欧洲委员会〈网络犯罪公约〉为视角》,载《国际法研究》2016 年第 6 期。

辖权冲突要如何进行协商以及协商不出如何处理等问题公约也没有明确规定。

2. 攻击性:域外执行管辖权的行使方式侵犯他国主权

该公约第32条规定的境外取证涉及国家的域外执行管辖权。该条b项规定:“缔约方可不经另一方的授权允许,从获得法律授权、有权披露数据的个人那里,在征得自愿、合法的同意后获取位于另一缔约方境内的数据。”①对此,不少国家对该公约采取观望甚至反对态度。② 无须国家同意,仅被授权的个人同意即可获取境外数据,对他国主权造成了极大的冲击。尽管官方进行了一系列说明,也并没有缓解各国对该条的怀疑态度。该公约欠缺对私主体的明确规定,导致规则实施有着极大的不确定性,甚至不排除出现通过贿赂、收买、威胁等形式获得个人同意的情况。

(二)专家成果:《塔林手册2.0》

1. 冲突性:不同种类管辖权之间交叉、重叠

手册将管辖权分为属地管辖和域外管辖,充分肯定了属地管辖的优先性,在属地管辖中增加了依据效果原则主张的属地管辖,创新性地将网络活动的管辖权扩展到网络数据。这种分类方式使属地管辖中的主观管辖与客观管辖之间容易产生交叉。③ 主观管辖权本身是为了解决一个案件并非完全局限于一国境内的情况,看似是属地原则的延伸适用,但其实质上属于域外管辖的范围。同时,基于效果原则的属人管辖权和基于保护原则的域外管辖之间也存在交叉,但两者的区别在于,基于效果原则的管辖

---

① 制定者认为,条款中“获得法律授权的个人”是一个需要结合背景具体分析的概念。See Explanatory Report to the Convention on Cybercrime, p. 294;欧洲委员会先后发布了《指导说明》(T-CY Guidances Notes)和《〈布达佩斯公约〉第二附加议定书(草案)》(Draft Second Additional Protocol to the Convention on Cybercrime)针对第32条(b)项的跨境获取数据的问题,指出包含两种情形:一是个人或互联网服务提供商将他们存储在他国服务器上的数据自愿披露给执法部门;二是有犯罪嫌疑的贩毒者同意将其电子邮箱中相关犯罪的证据提供给警方,还强调公约对其他情形既未授权也未阻止。参见 Cybercrime Convention Committee(T-CY), T-CY Guidance Note #3 Transborder Access to Data, p. 11;《第二议定书(草案)》中规定了用户信息的直接披露,允许一国司法机关直接向他国辖域内的服务提供者发出指令。See T-CY, Preparation of a 2nd Additional Protocol to the Budapest Convention on Cybercrime, Accessed Sept. 20, 2021, https://rm.coe.int/provisional-text-of-provisions-2nd-protocol/168098c93c.

② Jonathan Clough, *World of Difference: The Budapest Convention on Cybercrime and &The Challenges of Harmonisation*, Monash University Law Review 40, p. 719(2014).

③ 例如,甲国对乙国进行网络攻击,导致乙国公共服务系统大范围瘫痪,由于网络攻击在乙国完成,乙国可以主张客观管辖权,同时由于该行为对乙国产生了实质性影响,乙国可以根据效果原则主张主观管辖权。专家组为说明两种管辖权之间的交叉,以此举例。参见[美]迈克尔·施密特总主编:《网络行动国际法塔林手册2.0版》,黄志雄等译,社会科学文献出版社2017年版,第96~97页。

要求必须在该国境内产生实质影响,对基于保护原则的管辖则不要求必须产生实质影响,只要具备损害该国国家利益这一要件即可。[①] 这在一定程度上提高了管辖权归属的判断难度。

2. 模糊性:原则性标准存在较大"自由裁量"空间

手册在设计管辖权机制时引入了实际联系、效果、合理性、微弱联系等判断原则。手册引入效果原则对境内具有实质影响的网络活动进行判断,但并没有对效果的范围作出界定,仅通过合理礼让进行补充解释。对于一国境内的网络基础设施与行动之间存在的微弱联系的解释也并不明朗。[②] 如今,域外管辖适用宽松原则已成为各国普遍接受的国际习惯,只要国家的管辖权具有合理性即可。[③] 尽管手册通过引入以上原则来防止国家肆意拓展管辖权范围,但这些传统原则并不能为确定管辖权归属提供准确的参考,也存在实践中可操作性不强的问题。许多国家更是无视合理性原则的限制,创造新的连结点来扩大域外管辖的范围。可见,原则性标准在指导实践时所发挥的作用是有限的。

3. 缺陷性:网络犯罪、网络恐怖主义规则遗憾"留白"

手册在诉诸武力权(jus ad bellum)和战时法规(jus in bello)的基础上,增加了"低烈度"网络活动的规则,但对于网络犯罪、网络恐怖主义等网络空间矛盾日益突出的问题,手册却非常遗憾地出现留白。网络犯罪、网络恐怖主义并不存在习惯法,手册一直以来关注具有习惯法地位的实然法,聚焦对这些规则应当如何适用于网络空间加以澄清和发展。[④] 这意味着,手册所规定的刑事管辖权规则面临适用范围缩小的可能,并不能有效治理网络犯罪与网络恐怖主义。

(三)全球性条约:《联合国打击网络犯罪合作公约(草案)》

1. 保守性:管辖权类型的规定没有改进

该草案在序言中提到"每个国家依照其国内法行使管辖权",明确了属地管辖的优

---

① 参见甘勇:《〈塔林手册2.0版〉网络活动国际管辖权规则评析》,载《武大国际法评论》2019年第4期。

② 有专家提出,若数据经过一些国家而由此产生的"微弱联系"会给网络基础设施国家带来隐含的威胁,则不属于"微弱联系"。参见[美]迈克尔·施密特总主编:《网络行动国际法塔林手册2.0版》,黄志雄等译,社会科学文献出版社2017年版,第95页。

③ Curtis A. Bradley, *Universal Jurisdiction and U. S Law*, Universal of Chicago Legal Forum 9(2001), p. 323.

④ 参见黄志雄:《网络空间国际规则制定的新趋向——基于〈塔林手册2.0版〉的考察》,载《厦门大学学报(哲学社会科学版)》2018年第1期。

先性,甚至把船舶和航空器作为"拟制领土"纳入属地管辖的范围中,还规定了属人管辖和保护性管辖。对于管辖权冲突的情况,认为应当"相互协商,以期协调"。该草案确保了国内对网络犯罪案件的管辖,体现了对国家"网络主权"的尊重,但这一定程度上弱化了公约对于缔约方的约束。普遍管辖的缺席不利于各国就网络犯罪、网络恐怖主义等问题展开国际合作。

2. 落后性:管辖权相关条款创新性不强

该草案与《联合国反腐败公约》《联合国打击跨国有组织犯罪公约》管辖权的相关规定有明显的相似性,三者采用的是同一种表达范式,对于管辖权的类型、顺序、引渡以及冲突解决的规定几乎保持一致。该草案在域外执行管辖权的相关问题,如执法合作、信息限制使用等,也与联合国框架下公约保持较高的统一。这表明该公约的程序条款是符合国际条约的管理,但这些程序条款是否符合网络犯罪的治理实践,是值得商榷的。①

二、网络空间中国际刑事管辖权规则存在的内在隐患

(一)理念分歧:"信息自由"与"网络主权"的对立

管辖权是国家主权的天然延伸与反映。发达国家凭借技术支持,在网络空间推行"信息自由"的主张,认为网络空间不存在主权,不属于一国的领土范围。② 这一学说为反对主权国家的管理提供了借口,认为以地理边界为基础的传统法律在网络空间的可行性与正当性被削弱,需要创立自己的法律和机构。③ 其衍生出的管辖权理论也不再局限于传统的管辖权规则,而是将其归结于现实世界的一个点,不再属于国家的管辖范围。进入特定网域的人统一适用网络空间的规则,遵守进入网站的服务条款即可。④ 然而,这种试图通过进行"网络自治"的理论并不符合实际情况。于是,发达国家转而试图承认国家对网络空间的主权,但其通过"全球公域"的巧妙定义,不仅限制了其他

① 参见李彦:《网络犯罪国际法律机制建构的困境与路径设计》,载《云南民族大学学报(哲学社会科学版)》2019 年第 6 期。

② See John Perry Barlow, *A Declaration of the Independence of Cyberspace*, 1998.

③ See Johnson David, *Post David Law and Borders: The Rise of Law in Cyberspace*, Stanford Law Review 48, p. 1369(2006).

④ See Johnson David, *Post David Law and Borders: The Rise of Law in Cyberspace*, Stanford Law Review 48, p. 1367(2006).

主权国家的管辖,[①]更是借助自身技术和架构支持增加了政治和战略上优势。[②] 该理论将网络空间置于与海洋、国际空域、外层空间同等的法律地位,主权国家可以对其采取管辖。但是,这种管辖并不是完全的,而是与主权国家对网络空间的控制程度相适应,并且需要通过国际条约以及国际协助来实现。[③] 尽管该理论在一定程度上承认了国家对网络空间的管辖,但在该理论的指导下依然会面临落空的现实境地。

与此相对应的,网络安全成为新兴国家首要的关切点。以中国、俄罗斯为代表的网络新兴国家积极主张国家主权原则在网络空间的适用,并推动联合国于2013年通过第A/68/98号决议认可国家主权在网络空间的适用,[④]在2015年第A/70/174号决议中再次重申了这一立场。[⑤] 尽管"网络主权"原则在联合国的规则框架下得以确立,但其目前发挥的作用十分有限,"网络主权"原则更多的是表明立场,缺乏规则上指导力,尤其体现在管辖权规则。发达国家与新兴国家就主权原则如何适用于网络空间仍然存在较大争议,这直接导致双方在网络犯罪的国际立法上选择了不同的进路,发达国家推广的《网络犯罪公约》让渡主权以推进协作的有效性,而新兴国家则是在"网络主权"的基础上推进打击网络犯罪的合作。可以说,对网络空间的主权问题的立场将直接决定管辖权规则的走向。

(二)利益博弈:国家立场与规则话语权的倾向

目前,非中性是网络空间国际刑事管辖权规则存在较显著的特征。《网络犯罪公约》最初是为了提高欧洲国家内部打击网络犯罪的有效性所制定的,体现着高度的统一性与协作性,而以此作为代价的就是需要缔约方让渡一定的主权,这也导致其管辖权规则有着明显的偏好性,但这并不符合广大发展中国家的利益。公约的制定、修改

---

① See Abraham M. Denmark & James Mulvenon, *Contested Commons: The Future of American Power in a Multipolar World*, Center for a New America Security, p. 10(2010).

② 参见黄志雄主编:《网络主权论——法理、政策与实践》,社会科学文献出版社2017年版,第83页。

③ See Menthe DC, *Jurisdiction in Cyberspace: A Theory of International Spaces*, Mich. telecomm. & Tech. l. Rev, p. 79(1998).

④ 文件规定,国家主权和源自主权的国际规范和原则适用于国家进行的信息通信技术活动,以及国家在其领土内对通信技术基础设施的管辖权。See UN, Item 94 of the Provisional Agenda: Group of Governmental Experts on Developments in the Field of Information and Telecommunications in the Context of International Security(A/68/98), Accessed Sept. 20, 2021, http://www.mofa.go.jp/files/000016407.pdf.

⑤ See UN, Item 93 of the Provisional Agenda: Group of Governmental Experts on Developments in the Field of Information and Telecommunications in the Context of International Security(A/70/174), Accessed Sept. 20, 2021, http://www.un.org/ga/search/view_doc.asp? symbol=A/70/174&referer=/english/&lang=C.

等程序设置也使欲通过修订域外执行管辖权规则也行不通。[①] 以发达国家为主导,而不代表大多数国家,规则的制定权、解释权也归于美欧。[②] 发达国家此举更是为了牢牢把握网络空间规则的制度话语权。无论欧盟如何主张《网络犯罪公约》的优越性,网络犯罪问题的全球性就使欧盟在这一问题上不能独善其身。[③]

相比之下,《塔林手册2.0》虽然邀请了小部分发展中国家的专家参与制定,[④]但制定手册的大部分西方学者不仅具有复杂的军方或政府背景,同时与本国的国家政策保持密切的互动。从手册的专家解释中可以看出,其带有明显的扩大解释的倾向,很难否认其不是因为国家利益的偏好而呈现非中立性的规则特征。[⑤] 即便发达国家在帮助发展中国家缩小"数字鸿沟"方面作出承诺,也只是为了争取发展中国家支持其网络空间政策主张而已。[⑥] 按照《联合国国际法院规约》第38条"各国权威最高之公法学家学说"的规定,发达国家将现有国际法管辖权解释原则引入其中,已经着手为网络空间的习惯国际法的形成做准备。

代表广大发展中国家的《联合国打击网络犯罪合作公约(草案)》与《网络犯罪公约》在立场上是针锋相对的,其管辖权规则也是建立在"网络主权"的基础之上,并且采用俄罗斯的"信息犯罪"的范式表达,因而体现出显著保守性。这与当前管辖权扩张的发展态势相反,在提交联合国之后,也受到发达国家的强烈反对。可见,具有天然偏好性的规则不仅代表着各自的国家立场与利益,更成为双方在该领域争夺话语权、展开规则博弈的重要体现。为了避免规则在国家博弈中被迫"流产",重建公正、合理的网络空间国际刑事管辖权规则的呼声愈加高涨。

(三)实践差距:确定管辖权归属与行使主体的难度

地理标准是确定管辖权的重要参考。由于网络空间本身的虚拟性、隐秘性的特点,使网络空间中地理判断的标准出现一定的模糊性。即使判定了网络行动源自某个

---

① See Jonathan Clough, *A World of Difference: The Budapest Convention on Cybercrime and The Challenges of Harmonisation*, Monash University Law Review 40, p. 719(2014).

② 参见王肃之:《网络犯罪国际立法的模式之争与中国方案》,载《南大法学》2021年第5期。

③ 参见黄志雄:《2011年"伦敦进程"与网络安全国际立法的未来走向》,载《法学评论》2013年第4期。

④ 国际专家组19名成员中有3名分别来自中国、白俄罗斯和泰国的非西方专家,其中武汉大学学者黄志雄代表中国参与手册的制定。

⑤ 参见黄志雄:《国际法视角下的"网络战"及中国的对策——以诉诸武力权为中心》,载《现代法学》2015年第5期。

⑥ 参见黄志雄:《2011年"伦敦进程"与网络安全国际立法的未来走向》,载《法学评论》2013年第4期。

国家的计算机,也不意味着该国或者有关计算机的拥有者,是该行动的幕后黑手。[1] 攻击者为隐蔽身份会选择其他国家发起攻击,利用位于其他国家的服务器发动目标攻击。[2] 现有技术在支撑国际刑事管辖权问题上表现出力不从心。尽管许多国家从战略层面主张“网络主权”,但由于缺乏技术支持导致“网络主权”的主张与战略被架空。美欧力推《网络犯罪公约》成为全球性网络犯罪国际规则,表面上倡导让渡主权以实现打击网络犯罪协作的主张,实质上却是凭借自身的技术优势企图获得网络犯罪国际治理领域的主导权。[3] 而对于信息技术发展落后的国家而言,技术水平的限制导致其失去对网络活动管辖权的竞争能力,以大国为导向的规则也不能适应自身技术发展。

目前,网络犯罪主要依靠国内法院来管辖。由于国内法具有强制性,使管辖权冲突成为司法实务中普遍存在的问题,网络活动可能面临受不同国家法律管控的局面。[4] 网络空间的开放性、超地域性、去中心化等特点对主权国家的封闭性、地域性和单一性等特点造成了冲击。在实践中,不乏出现国家之间争夺或推诿管辖权的情况,即管辖权的积极与消极冲突。在这一过程中,要么可能产生国家间的摩擦,甚至上升为外交问题,要么可能出现法律“真空”,进而导致犯罪分子逃脱法律责任。

国际法院与国际刑事法院在治理跨国犯罪方面也存在较明显的局限性。从联合国国际法院的诉讼管辖角度来看,《联合国国际法院规约》对管辖方式进行了规定,国际法院受到协议管辖的限制,即若一国已经声明不接受国际法院管辖,国际法院将不得管辖该案件。[5] 国际刑事法院也受到《国际刑事法院罗马规约》(Rome Statute of the International Criminal Court)的限制,序言强调了国际刑事法院的管辖应是补充性的,并明确规定了补充管辖的具体内容,即国内法院在处理跨国案件时具有优先性,而国际刑事法院只能处于惩罚国际犯罪的补充地位。[6] 然而,近年来,国际刑事法院积极发挥司法能动主义也使部分国家对此较谨慎。

---

① See Allan C S, *Attribution Issues in Cyberspace*, Chicago-Kent Journal of International and Comparative Law 13, p. 78 – 81(2013).

② See Christian Payne and Lorraine Finlay, *Addressing Obstacles to Cyber-attribution: A Model Based on State Response to Cyber-Attack*, George Washington International Law Review 49, p. 538 – 539(2017).

③ 参见王肃之:《打击网络犯罪国际规则的博弈与中国方案》,载《法学论坛》2021 年第 1 期。

④ See Viktor Mayer-Schonberger, *The Shape of Governance: Analyzing the World of Internet Regulation*, Virginia Journal of International Law Association 3, p. 605(2003).

⑤ 参见《联合国国际法院规约》第 36 条。

⑥ 参见《国际刑事法院罗马规约》第 17 条。

三、联合国框架下国际刑事管辖权规则的重构方案

(一)重构之平台:以联合国为框架

全球性公约的制定展现联合国的天然优势,能够尽可能保证所参与国家的广泛性,缓解网络空间规则"碎片化"效应,保证规则的公平性。网络犯罪相关问题一直以来都是联合国重点关注的议题。联合国在文件中肯定了国家对网络空间拥有主权,为网络空间刑事管辖权规则的构建奠定了良好的基础。其下属机构联合国毒品和犯罪问题办公室(The United Nations Office on Drugs and Crimes,UNODC)明确提出主张建立打击网络犯罪国际法的立场。① 在此框架下,网络犯罪问题在联合国预防犯罪和刑事司法委员会(UN Commission on Crime Prevention and Criminal Justice,CCPCJ)得到频繁的讨论与研究,第11届、第12届、第13届CCPCJ均就制定网络犯罪国际公约进行了深入讨论。在第四次、第五次专家组会议上刑事管辖权规则作为网络犯罪领域的实质性问题得到讨论,多个国家表示现有管辖权规则不能很好满足打击网络犯罪的需要。继2019年第A/RES/74/247号决议,2021年第A/75/L.87/Rev.1号决议确定了打击网络犯罪全球公约的谈判,管辖权规则将成为重点谈判内容。

联合国在制定全球性公约方面已经积累了一些实践经验,尤其是对于新空间的规则构建。例如,海洋和外层空间的法律框架构建都是依赖于联合国,其发展路径值得借鉴。② 为防止网络空间刑事管辖权规则的重建陷入僵局,可以参考以往新兴空间在发展路径上的优良经验。外层空间选择了由"原则"向"具体规则"过渡的路线,《外空条约》被誉为外层空间的"宪法",规定了国际法主体从事航天活动所应遵守的基本原

---

① 参见UNDOC:《关于将预防犯罪和刑事司法纳入更广泛的联合国议程以应对社会和经济挑战并促进国内和国际法治及公众参与的多哈宣言》,载https://www.unodc.org/documents/congress/Declaration/V1504150_Chinese.pdf,最后访问日期:2021年10月20日。

② 联合国通过对传统规则的梳理,编纂出《领海与毗连区公约》《公海公约》《捕鱼与养护公海生物资源公约》《大陆架公约》及其一系列决议,和《海洋法公约》一起构成了现行的国际海洋法条约体系。联合国首先制定出了具有外层空间的"宪法"地位的《外空条约》,并以此为框架先后制定出了《营救条约》《空间物体造成损害的国际责任公约》《登记公约》《月球协定》,共同形成了外层空间的基本法律体系。

则,后续的细化条约都是在这些基本原则之上建立起来的。[①] 因此,网络空间刑事管辖权规则可以借鉴该经验,通过确定网络空间刑事犯罪的基本原则为管辖权规则的制定提供方向。

(二)重构之角色:政府主导下的多元参与

主权国家对网络空间治理中的引领作用。无论是发达国家首倡的"负责任国家行为规范"[②](norms of responsible state behavior),还是发展中国家基于主权的考虑,[③]都认为国家应当肩负起对网络空间治理的责任。实际上,对于目前存在立法空白领域的治理,主权国家发挥至关重要的作用。譬如,国家间的合作对于网络空间中普遍管辖的实施起到重要作用,发达国家借此漏洞肆意扩张管辖权范围,甚至出现了将普遍管辖确立为网络空间刑事管辖权的基本原则的主张。可见,国家之间并不容易建立信任,也不利于开展有效的合作。[④] 如此,新的国际规则要赋予发展中国家对网络空间刑事管辖权的话语权,防止规则因适用低效而陷入"全球治理赤字"的窘境。

---

① 1967 年《外空条约》规定了国际法主体从事航天活动所应遵守的 10 项基本原则,包括共同利益原则、自由探索和利用原则、不得据为己有原则、限制军事化原则、援救航天员的原则、国家责任原则、对空间物体的管辖权和控制权原则、外空物体登记原则、保护空间环境原则、国际合作原则。基于援救航天员的原则,制定出《营救协定》(1968 年),规定了对空间物体及航天员的援救法律制度;基于国家责任原则,制定出《责任公约》(1972 年),细化了外空活动承担责任的主体、归责原则、赔偿范围及求偿途径等;基于外空物体登记原则,制定出《登记公约》(1976 年),规定了发射国对射入外层空间物体登记的具体规则。

② 2011 年 2 月发布的《德国网络安全战略》,率先倡导拟订广泛、无争议、具有政治约束力的网络空间国家行为规范。See UN, Developments in the Field of Information and Telecommunications in the Context of International Security: Report of the Secretary-General(A/66/152), Accessed June. 20, 2021, http://undocs.org/A/66/152. 同年 5 月,美国出台了《网络空间国际战略》,提出美国将会打造和维持一个通过负责任行为规范来指导国家行为、维持伙伴关系并支持网络空间国际法治的环境。See The White House, *International Strategy for Cyberspace: Prosperity, Security, and Openness in a Networked World*, 2011, p. 9.

③ 中国、美国、俄罗斯、乌兹别克斯坦、吉尔吉斯斯坦、塔吉克斯坦、哈萨克斯坦于 2015 年 1 月向联合国大会共同提交了新版"信息安全国际行为准则",大会第 7 项提出,与互联网有关的公共政策问题的决策权是各国的主权,对于与互联网有关的国际公共政策问题,各国拥有权利并负有责任。See UN, Letter dated 9 January 2015 from the Permanent Representatives of China, Kazakhstan, Kyrgyzstan, the Russian Federation, Tajikistan and Uzbekistan to the United Nations addressed to the Secretary-General(A/69/723), Accessed Oct. 20, 2021, http://www.un.org/en/ga/search/view_doc.asp?symbol=A/69/723.

④ 参见赵洋:《破解"全球治理赤字"何以可能?——兼论中国对全球治理理念的创新》,载《社会科学》2021 年第 5 期。

吸纳“多利益相关方”模式的科学性。[①] 发达国家所倡导的“多利益相关方”模式是必须允许非政府利益相关方在参与讨论时与政府享有同等资格。[②] 尽管该模式在一定程度上弥补了网络治理的技术缺陷,但将非政府利益相关方与主权国家置于同等地位,无形中将自身的技术优势转化为战略优势,导致网络技术发展较落后的国家失去网络治理的话语权。以微软为首的广大互联网企业积极参与网络空间的治理,并且获得广泛的关注与支持。[③]近年来,中国知名的互联网企业也参与其中。[④] 通过达成学术成果或者行业规范,有利于形成网络空间的“软法”,为形成网络空间的国际习惯埋下伏笔。以联合国为首的国际组织也倡导“多利益相关方”的积极参与,提到“征求各利益攸关方对该公约草案制订工作的意见”。可见,非国家行为体的网络行动使依靠国际法提供相关和有约束力的法律规则的可能性显著增加。[⑤] 但无论其如何推动网络空间治理的规则,最终都必须得到主权国家的认可。[⑥]

(三)重构之规范:创新管辖依据,加强执法合作

1.在属地管辖的基础上,适当扩大管辖权

与其他管辖方式相比,属地管辖原则作为网络空间管辖权基础具有天然优势。保护管辖具有“双重犯罪原则”的构成要件,犯罪分子很可能会因此被免于承担责任,进一步加剧管辖权的消极冲突,而普遍管辖原则可能为国家扩张刑事管辖权提供了实践的借口。属地管辖原则没有对犯罪地进行过多限制,网络空间的特性决定了其领土属性的连接点不可能具有唯一性,这为国家扩张属地管辖留下空间。在国际法实践中,

---

① 黄志雄曾多次提到,“多利益相关方”模式具有一定的合理性。尽管这种所谓的“公私伙伴关系”在一定程度上是西方国家推动的结果,它的确具有某种必然性和合理性。目前,由相关国际组织、互联网行业、非政府组织等倡导的非约束性“软法”规则正在发挥不可忽视的作用。参见黄志雄:《网络空间负责任国家行为规范:源起、影响和应对》,载《当代法学》2019年第1期。

② The White House, *International Strategy for Cyberspace*, 2011, p. 22.

③ 以微软为例,2015年提出的《从构建到实施:推动网络安全规范的进步》中就有对主权国家行为的规范;在2018年制定的《网络安全技术协议》(Cybersecurity Tech Accord)获得全球60多家网络公司的加盟;2018年,还发起了《即时数字和平》(Digital Peace Now)运动。另外,还主张起草《日内瓦数字公约》以及建立网络运营的国际机制,对网络空间具有较大的影响力。

④ 腾讯公司在第5届联合国网络犯罪政府专家组会议上,被联合国正式确认为“联合国网络犯罪政府专家组观察员”;360公司受邀在第六届联合国网络犯罪政府专家组会议上分享网络犯罪的企业实践。

⑤ See Schmitt M N, *Watts S. Beyond state-centrism: International Law and Non-state Actors in Cyberspace*, Journal of Conflict and Security Law 21, p. 599(2016).

⑥ See Rosalyn Higgins, *Problems and Process: International Law and How We Use It*, Clarendon Press, 1995, p. 39.

属地管辖权的扩张已经具有一定的实践基础,国际法院在"荷花号案"中的观点成为此后主权国家扩张属地管辖的重要依据。① 为了解决国际刑事管辖权冲突,方案之一就是建立优先管辖的原则。② 但是这并不能完全解决管辖权冲突,尤其是面对"犯罪行为人"与"犯罪行为"在网络犯罪中出现分离情况。故而,可以引入"实害联系原则"解决属地管辖内部竞合的情况,促使属地管辖规则的运行更加公平与合理,从而保障真正受到损害的国家维护自身的主权安全。

领土的固定性与网络空间的开放性之间产生了某种紧张关系,导致执行属地管辖存在较大的难度。③ 相较而言,属人管辖在网络空间扩大适用的可能性增加,可以通过技术手段确定网络活动相关行为人的国籍。④ 可以借鉴船旗国制度,赋予网络设施"国籍"身份,⑤这无疑加固了对网络设施的保护。

网络空间不存在习惯法,使网络空间的普遍管辖一直处于真空状态,《网络犯罪公约》也对此采取回避态度,但在网络恐怖主义犯罪问题上,比起一国单打独斗,普遍管辖无疑是一条捷径。有些反恐公约就明确了对于"实害型"恐怖犯罪的普遍管辖,网络恐怖主义活动通常是出现在"实害"发生以前。故,公约应当在此方面有所创新与进取,将普遍管辖纳入管辖方式,以弥补网络空间中普遍管辖原则的空缺。

考虑一些国家为扩张管辖权范围主张将普遍管辖作为网络空间刑事管辖权的基本原则,应当将其作为兜底条款予以限制。同时,对适用普遍管辖的罪名进行具体规定,不仅要包含侵犯人类底线的罪名,还要反映网络犯罪治理的难点,避免出现个案适用不强的现象。

2. 在尊重他国主权基础上,加强国家间合作

设立"同意"制度表达对国家主权的尊重。全球规则势必会对一国的主权有所干扰,如果不以健全的同意为钥匙,是无法建立国家之间执法合作的信任的。目前,以同

---

① 法院认为,只要有一个犯罪因素发生在其领土,就能够被认为是发生在本国领土上的,即当犯罪结果发生在土耳其船上的时候,不能只因为戴蒙上校是在法国船上,就认为国际法禁止土耳其对戴蒙上校进行惩治。

② See Shannon L. Hopkins, *Cybercrime Convention: A Positive Beginning to a Long Road Ahead*, Journal of High Technology Law 2, p. 103(2003).

③ See Stephen J. Kobrin, *Territoriality and the Governance of Cyberspace*, Journal of International Business Studies 4, p. 687(2001).

④ See Bernhard Grossfeld, *Global Accounting: Where Internet Meet Geography*, American Journal of Comparative Law 48, p. 261(2000).

⑤ 参见李彦:《网络空间国际法发展路径问题探析——以海洋、空气空间和外空国际法的发展路径为切入点》,载《理论月刊》2016 年第 9 期。

意为前提行使域外执行管辖权是国际社会普遍接受的做法,欧盟在域外取证环节也从过去的"统一规则"向"承认原则"转变。

在握紧源头的同时,可以在执法合作领域尝试简化程序。在实践中,跨境执法合作涉及国家多个部门,"倒U形"的沟通机制导致程序冗长、繁杂,直接影响执法合作的效率。对此,公约可以在送达文书、调查取证、安排证人作证等执法领域适当简化程序,提高执法合作的效率与质量。

网络是数据的载体,跨境数据的管辖机制也是执法合作中的重要部分,《网络犯罪公约》最受争议的也是此部分。虽然《网络安全法》规定了对数据的保护,但缺乏对域外数据的关注,《数据安全法》才进一步作出规定。① 故而,公约要考虑当前需求,明确"计算机数据"的范围,对跨境数据进行分类处理,一般数据告知数据国官方部门,关键数据应当经过数据国官方部门的同意,在授权私主体允许境外获取数据权利的问题上持审慎态度。

四、中国相关做法与联合国重构方案的对接

(一)中国参与网络空间国际治理的既有立场

坚持国家主权原则在网络空间的适用。习近平总书记强调,主权和领土完整不容侵犯,各国应该尊重彼此核心利益和重大关切。② 中国不仅在多个场合表达了对网络主权原则的立场,并通过制定国内法将其上升到法律层面。同时,在以中国、俄罗斯为首的广大发展中国家共同努力下,网络主权原则也得到联合国的认可。尽管对于该原则如何适用于网络空间还处在探索阶段,但不能否认的是,我国与联合国就网络空间治理在理念上已经达成统一战线,这对于后续我国参与联合国框架下网络空间国际刑事管辖权规则的重构提供了理论上的可能性。

坚持以联合国为核心的国际体制。在网络空间国际规则的制定方面,中国一贯坚持发挥联合国的主渠道作用,乐见在联合国框架下各国就相关问题的探讨取得积极成果。③ 作为网络犯罪专家组的首倡成员,中国坚持派团参加了历次专家组会议,提供翔实的资料以供联合国相关组织撰写研究报告,并为专家组提供资金支持。在联合国预

---

① 参见张晓君:《数据主权规则建设的模式与借鉴——兼论中国数据主权的规则构建》,载《现代法学》2020年第6期。

② 参见习近平:《弘扬和平共处五项原则建设合作共赢美好世界——在和平共处五项原则发表60周年纪念大会上的讲话》,载《人民日报》2014年6月29日,第1版。

③ 参见黄惠康:《在网络问题布达佩斯国际会议上的发言》,载中国国际法学会主办:《中国国际法年刊(2012)》,法律出版社2013年版,第718页。

防犯罪和刑事司法委员会会议上,中国通过第 26/4 号决议推动专家组转向讨论网络犯罪实质问题。[①] 可见,我国在维护联合国为框架下网络空间国际规则与合作方面已经积累了相当丰富的实践经验。在第 A/75/L. 87/Rev. 1 号决议成立的全面国际公约特设委员会中,中国专家也被列入主席团之中。这意味着,中国将深度参与网络空间刑事管辖权规则的制定。

(二) 中国网络空间治理相关主张的对接

1. 国家关键信息基础设施的重点保护

习近平总书记强调,没有网络安全就没有国家安全。[②] 国家关键信息基础设施的保护是确保网络安全的应有之义。自爱沙尼亚遭遇网络攻击以来,国家关键信息基础设施建设因受到网络攻击而导致瘫痪的情况屡见不鲜。实际上,能够不依附于别国技术,控制本国的网络基础设施和网络空间是网络主权的重要内涵。[③] 在管辖权不断扩张的今天,国家关键信息基础设施遇到前所未有的挑战,这也是联合国框架下进行网络空间刑事管辖权重构方案确立属地管辖优先的重要考量因素。

近年来,我国加强对关键信息基础设施的重视,在国内外网络空间治理中强调该点。在《信息安全国际行为准则》《网络空间国际合作战略》等文件中,[④]专门提到关键信息基础设施,但其更多停留在原则性宣言,而缺乏具体的保护措施。但国内关键信息基础设施的立法得到了细化和完善。《网络安全法》确立了保护关键信息基础设施建设免受攻击、侵入、干扰和破坏的原则,[⑤]并在第三章第二节对关键信息基础设施的运行安全作了细致规定,包括重点保护、网络运营者的义务、国家安全审查、保密义务以及数据境内储存等。另外《关键信息基础设施安全保护条例》《关键信息基础设施确

① 参见叶伟:《联合国网络犯罪政府专家组及中国贡献》,载《中国信息安全》2018 年第 6 期。

② 《习近平在中央网络安全和信息化领导小组第一次会议上的讲话》,《人民日报》2014 年 2 月 28 日,第 1 版。

③ 参见高奇琦、陈建林:《中美网络主权观念的认知差异及竞合关系》,载《国际论坛》2016 年第 5 期。

④ 《信息安全国际行为准则》专门提到对关键信息基础设施的保护,其主要属于原则性宣言。UN, Letter Dated 9 January 2015 from the Permanent Representatives of China, Kazakhstan, Kyrgyzstan, the Russian Federation, Tajikistan and Uzbekistan to the United Nations addressed to the Secretary-General(A/69/723), p. 5.《网络空间国际合作战略》则是在原则的基础上,就关键信息基础设施建设提出了行动目标。其中第四章"八、加强全球信息基础设施建设和保护"规定,共同推动全球信息基础设施建设……推动与周边及其他国家信息基础设施互联互通和"一带一路"建设……加强国际合作,提升保护关键信息基础设施的意识……加强关键信息基础设施及其重要数据的安全防护。推动各国就关键信息基础设施保护达成共识,制定关键信息基础设施保护的合作措施,加强关键信息基础设施保护的立法、经验和技术交流……

⑤ 参见《网络安全法》第 5 条。

定指南(试行)》《贯彻落实网络安全等级保护制度和关键信息基础设施安全保护制度的指导意见》等一系列文件的出台,强化了对关键信息基础设施的管理与保护,尤其是确立了对关键信息基础设施的判断标准,为日后我国争夺网络空间刑事管辖权提供了国内法上的依据。早在《塔林手册2.0》中,就将国家关键信息基础设施作为判断属地管辖的重要依据,但其缺乏具体的判断标准。我国《网络安全法》第31条采用了"行业+后果"的方式,《关键信息基础设施确定指南》进一步完善为"关键业务+信息系统+两者之间的依赖程度以及可能造成的损失"。①

2. 网络犯罪案件中属地管辖的扩张适用

我国刑法在1997年就形成了以地域管辖为基础,属人管辖、保护管辖、普遍管辖为补充的刑事管辖体系,旨在实现对国家利益和公民利益全覆盖式的保护。随着我国参与全球化的进程不断加深,我国刑事管辖权在中外管辖权冲突中呈现较明显的"软弱性",主要源于我国刑事管辖权在规则和理念上的双重滞后性。从制度上来看,我国的刑事管辖权条款主要是原则性条款,缺乏具体的程序性规则与之配套,导致个案适用的能力欠缺。从理念上来看,我国刑事管辖权较保守,更多地维护抽象意义上的司法主权。党的十九届四中全会通过的《中共中央关于坚持和完善中国特色社会主义制度、推进国家治理体系和治理能力现代化若干重大问题的决定》中提到,要加快推进我国法域外适用的法律体系建设。② 这意味着,我国在管辖权问题上将发生重大立场转变,突破过去传统的属地管辖,参考更加积极的管辖权理论,尝试建立更广泛的域外管辖联系。从这一角度来看,联合国框架下的重构方案与"加快我国法域外适用"保持着同频共振。

我国网络空间治理的经验也表现出对刑事管辖权的扩张适用。我国为了确保对网络犯罪的精准打击,在出台的最高人民法院、最高人民检察院、公安部《关于办理网络犯罪案件适用刑事诉讼程序若干问题的意见》(已失效)中对网络犯罪案件的"犯罪发生地"进行了扩张解释,列举了多达8个连结点,包括用于实施犯罪行为的网站服务器所在地,网络接入地,网站建立者、管理者所在地,被侵害的计算机信息系统或其管理者所在地,犯罪嫌疑人、被害人使用的计算机信息系统所在地,被害人被侵害时所在

① 该指南规定,关键信息基础设施的确定,通常包括3个步骤:一是确定关键业务;二是确定支撑关键业务的信息系统或工业控制系统;三是根据关键业务对信息系统或工业控制系统的依赖程度,以及信息系统发生网络安全事件后可能造成的损失认定关键信息基础设施。

② 参见《中国共产党第十九届中央委员会第四次全体会议公报》,载新华网,http://www.xinhuanet.com/politics/2019-10/31/c_1125178024.htm。

地,以及被害人财产遭受损失地,并用“等”为日后作扩大解释留下空间。[①] 这一规定实际上是对网络犯罪案件的“属地管辖”进行了扩张解释,增加属地管辖可供选择的连结点,与联合国框架下网络空间国际刑事管辖权规则的重构方案有极大的相似性。早在2019年联合国网络犯罪政府专家组第五次会议上,我国就出席并介绍了国内如何以较宽泛的方式界定网络犯罪案件中“犯罪发生地”的范围,为联合国进行网络空间国际刑事管辖权规则的重构提供借鉴的思路。[②]

(三)国际刑事执法合作的多元化

尽管联合国第A/75/L.87/Rev.1号决议将网络犯罪全球公约的制定提上日程,然而,从过去的经验来看,主权国家对网络空间规则存在龃龉,加之多哈会谈之后全球性多边合作陷入困顿,注定了全球性公约的谈判进程不会一帆风顺。不少学者表示,短期内达成全球性多边协定的可能性不大。[③] 中国在坚持以联合国为主渠道进行网络空间刑事管辖权重构方案的同时,积极拓宽国家间刑事执行管辖权的交流与合作渠道,使各国之间就打击网络犯罪达成有效协作。

目前,中国与许多国家就网络犯罪建立起相关交流与合作机制。一方面,与包括美国、欧洲、俄罗斯以及东盟国家等在内的国家建立了交流机制,其中以网络犯罪联合对话、网络工作小组、政府间磋商以及多双边论坛为主要形式。此外,我国还积极通过区域组织就网络犯罪达成共识与合作。实际上,以区域平台为起点扩大网络空间规则制定的话语权,是目前较便捷的途径。2004年中国与东盟签订《中国与东盟非传统安全领域合作谅解备忘录》,2013年中日韩签署了《关于加强网络安全领域合作的谅解备忘录》,2015年中国和俄罗斯签订了《中华人民共和国政府和俄罗斯联邦政府关于在保障国际信息安全领域合作协定》,其中都强调了在网络安全领域开展执法合作交流。

---

① 参见最高人民法院、最高人民检察院、公安部《关于办理网络犯罪案件适用刑事诉讼程序若干问题的意见》(已失效)第2条。

② 参见王渊洁:《联合国网络犯罪政府专家组第五次会议综述》,载中国国际法学会主办:《中国国际法年刊(2019)》,法律出版社2020年版,第351页。

③ 黄志雄认为,现阶段发展中国家和发达国家两大阵营在“打击网络犯罪全球性国际法机制的‘道路选择’”问题上立场相异,因此取得的进展有限。参见胡健生、黄志雄:《打击网络犯罪国际法机制的困境与前景——以欧洲委员会〈网络犯罪公约〉为视角》,载《国际法研究》2016年第6期。王贵国认为,由于网络空间秩序的构建涉及主权国家的一些根本性利益,短期内达成全球性多边协定的可能性甚低。参见王贵国:《网络空间国际规则的治理和适用》,载《中国法律评论》2021年第2期;由于老牌网络国家和新兴国家两大阵营激烈对抗的现实,建构新的全球性国际法律机制的进程难以一蹴而就。参见李彦:《网络犯罪国际法律机制建构的困境与路径设计》,载《云南民族大学学报(哲学社会科学版)》2019年第6期。

中国作为发展中国家的重要一员,与广大发展中国家在联合国框架下网络空间的规则制定上基本保持统一立场。亚洲—非洲法律协商组织在2015年设立的不限额“网络空间国际法”工作组是目前广大发展中国家就网络犯罪发表立场与观点的主要阵地。中国积极参与其中,并借助该平台表达对网络空间国际刑事管辖权规则的立场与主张,不仅为日后参与联合国框架下网络空间刑事管辖权规则的重构积累经验,更是为了提高以我国为首的发展中国家在网络空间国际规则的制定过程中的话语权,促使联合国制定出更加公允的规则与机制。

五、结语

《网络犯罪公约》《塔林手册2.0》《联合国打击网络犯罪合作公约(草案)》由于主体的有限性,导致其刑事管辖权规则都存在不同程度的缺憾。理念分歧、平台限制以及实施困境都影响着刑事管辖权规则的制定。随着联合国第A/75/L.87/Rev.1号决议的通过,惩治网络犯罪国际公约的制定即将起航,能够预见到的是,这一进程必然是机遇与挑战并存,其中刑事管辖权必然会引发大规模的讨论与争议。这一进程中,国际刑事管辖权的重构应当把握平台、制定主体以及规则本身,认识到属地管辖的重要性,同时积极创新管辖依据以适当扩大管辖权,在尊重他国主权的基础上加强各国在打击网络犯罪方面的执法合作。与此同时,中国国内在关键信息基础设施的维护、网络犯罪案件的扩大解释以及国际刑事执法合作方面的做法也顺应了联合国框架下的重构方案,这为我国参与网络空间中国际刑事管辖权规则重建提供了良好的自身条件,促使我国积极引领、参与网络空间国际规则的制定。

论刑事诉讼中个人信息权的确立
——以“卡朋特案”为中心的研究*

颜　飞** 　刘文琦***

摘　要：伴随信息化侦查和大数据侦查的深入发展，在侦查实践中个人信息的收集与使用逐渐增多。然而，我国刑事侦查中收集使用个人信息的行为却始终因打击犯罪被视为法律规制的例外，这导致公民私人生活被过度侵入。2018 年“卡朋特诉美国案”（以下简称“卡朋特案”）是隐私权保护的标杆性判例之一，其通过承认公共领域手机位置信息的隐私性质，限缩第三人理论的适用范围并导入多因素测试，对隐私权保护框架进行数字化调适。但“卡朋特案”过度保守的态度及有限的范围反而加剧恶化了隐私权保护的处境。梳理“卡朋特案”的难题、回应及未来困境，可以发现数字时代以秘密性为内核的隐私权保护模式会陷入自相矛盾的境地。赋予隐私权更广泛的内涵，将个人信息权导入我国刑事程序中方为最佳的个人信息权益保护路径。

关键词：第四修正案；个人信息权；隐私权；“卡朋特案”；手机定位信息

一、问题的提出

大数据时代的到来使数据渗透到各个领域，“大数据 +”模式已经成为新的社会发展形态。随着大数据技术的深入发展，“数据警务”“智慧公安”等收集使用公民个人信息的侦查方式不断拓展，在打击犯罪方面显示出巨大作用，已经成为侦办案件的必要

---

* 西南政法大学校级科研项目“行政执法与刑事司法程序衔接机制研究”阶段性成果；西南政法大学 2022 年度学生科研创新项目“刑事正当程序的数字化研究”（项目编号：2022XZXS – 072）阶段性成果；西南政法大学法学院 2023 年度学生科研创新项目“论侦查中运用人脸识别技术的程序规制研究”（项目编号：FXY2023041）阶段性成果。

** 西南政法大学法学院副教授、硕士研究生导师，法学博士。

*** 西南政法大学诉讼法学硕士研究生、刑事法前沿理论与疑难案件研究中心助理研究员。

手段。在传统犯罪日渐异化、新型犯罪层出迭见的背景下,侦查活动对大数据在结合深度和广度上有更迫切和现实的需求。[①] 但与此同时,数据记录社会生活的范围不断扩大,与行踪轨迹、社会交往、财务流转等活动相关的个人信息都处于信息化管理之中;在大数据技术的分析下,可以实现对个人从"摇篮"到"坟墓"的碎片化信息的整合,形成完整的"人格剖面图"。[②] 信息技术对公民隐私、个人信息的干预程度远远超出传统侦查措施,激化了犯罪侦查与隐私、个人信息保护之间的矛盾。

为保证执法活动不受外界的干预和影响,以打击犯罪为目的的收集使用公民个人信息的侦查行为历来是域外国家个人信息保护法适用的例外。[③] 但随着信息技术的发展,不少国家的侦查机关在打击犯罪的过程中大规模收集公民信息,挖掘公民隐私,引发国民的普遍担忧,隐私保护问题已经成为世界各法治国家关注的焦点之一。因此,为避免"无隐私的公众",[④]保障公民基本权利免受国家权力的干涉,在刑事侦查领域,以美国为代表的英美法系国家对收集公民隐私信息的侦查行为构建起了以第四修正案确立的关于搜查的规则以及与隐私权相关的判例法为中心的规制框架。

隐私权保护框架或许不是一个正确的参照物。随着技术的不断进步,美国隐私权保护框架正面临越来越多的挑战,隐私权保护模式也在解决大数据等新兴技术带来的问题时暴露出明显的短板与不足,这尤其体现在"卡朋特案"中。[⑤] "卡朋特案"被誉为数字时代最重要的隐私权案件,[⑥]它鲜明地展现了传统隐私权保护模式在数字时代的失灵与不足。虽然联邦最高法院在"卡朋特案"的裁判中对隐私权保护框架进行了反思,延续了其数字时代的生命,但有限的适用范围和过于保守的态度并未为隐私权保护框架面临的挑战画下句号,反而使其陷入更加艰难的境地。[⑦] 本文以"卡朋特案"为中心,通过

---

① 参见陈刚:《解释与规制:程序法定主义下的大数据侦查》,载《法学杂志》2020年第12期。

② 参见张新宝:《从隐私到个人信息:利益再衡量的理论与制度安排》,载《中国法学》2015年第3期。

③ 参见周汉华:《中华人民共和国个人信息保护法(专家建议稿)及立法研究报告》,法律出版社2006年版,第57页。

④ [英]约翰·帕克:《全民监控:大数据时代的安全与隐私困境》,关立深译,金城出版社2015年版,第1页。

⑤ See Elizabeth E. Joh, *Policing by Numbers: Big Data and the Fourth Amendment*, Washington Law Review, Vol. 89:1, p. 35 – 37(2014).

⑥ See Paul Ohm, *The Many Revolutions of Carpenter*, Harvard Journal of Law & Technology, Vol. 32:2, p. 357 – 358(2019).

⑦ 如反对者认为,"卡朋特案"的适用范围较窄,没有根本否定第三人理论的适用,夸大了技术的独特性,会引发更多的诉讼。See Harvey Gee, *Almost Gone: The Vanishing Fourth Amendment's Allowance of Stingray Surveillance in a Post-Carpenter Age*, Southern California Review of Law and Social Justice, Vol. 28:3, p. 409 – 442(2019).

梳理隐私权保护框架面临的难题、相应调适及未来困境,省思隐私权保护模式在数字时代的存续空间,进而探索我国刑事程序中个人信息权益保护的进路。

二、"卡朋特案"的诘问:隐私权保护框架何以保护手机位置信息

美国联邦宪法第四修正案旨在确保私人生活不受专断权力的干预以及为过于深入的警方监控设置障碍。"卡兹诉美国案"(以下简称"卡兹案")完成了第四修正案保护重心从财产权到隐私权的变迁,[①]此后逐渐确立起以"隐私的合理期待"标准为原则,以公共暴露理论、第三人理论为例外的严密的隐私权保护框架。[②] 但随着信息技术的飞速发展,尤其是大数据技术在刑事侦查领域的广泛适用,隐私权保护框架面临越来越多的挑战与质疑。特别是在"卡朋特案"中,[③]传统隐私权理论在处理执法机关调取卡朋特手机位置信息(cell-site location data, CSLI)的行为是否构成对其隐私权的侵犯这一问题时面临重重困境,稍有偏颇即会造成隐私利益与执法利益的失衡。

(一)公私领域二元划分下公开的手机位置信息焉能具有隐私性

"卡朋特案"的争议焦点在于,执法机关向通信服务运营商调取卡朋特的手机位置信息行为是否对卡朋特隐私权造成侵犯,从而构成第四修正案下的搜查行为,其中关键的问题是,卡朋特对手机位置信息是否享有隐私权。以秘密性隐私权为内核,美国隐私权法制的基础在于公私领域的二元划分,[④]以住宅为中心,隐私权的保护向外呈递减趋势延伸,对处于公开场合的私人信息或行为,个人均难以主张隐私权。公共领域无隐私构成公共暴露理论、第三人理论等传统隐私权理论的逻辑前提,"美国诉诺茨

---

① See Katz v. United States, 389 U. S. 347(1967).

② 参见向燕:《美国最高法院"隐私的合理期待"标准之介评》,载《中国刑事法杂志》2008 年第 5 期。

③ 2011 年卡朋特组织多起抢劫案件,在侦查犯罪的过程中,执法机关在获得卡朋特的手机号码后,依据《存储通信法》获得了两份法院调查令,强制 MetroPCS 和 Sprint 公司分别提供卡朋特 152 天和 7 天的历史性手机位置信息(以下简称手机位置信息)。根据第一份调查令,执法机关从 MetroPCS 公司获得了卡朋特 127 天的手机位置信息;根据第二份调查令,执法机关从 Sprint 公司获得了卡朋特 2 天的手机位置信息,总共获得 12,898 个地点,平均每天 101 个数据点。卡朋特辩称,根据第四修正案,执法机关调取手机位置信息的行为侵犯其隐私权构成搜查,因此必须要基于相当理由取得搜查令后才能进行。

④ See Patricia Sanchez Abril, *Recasting Privacy Torts in a Spaceless World*, Harvard Journal of Law & Technology, Vol. 21:1, p. 1 - 6(2007); Heidi Reamer Anderson, *The Mythical Right to Obscurity: A Pragmatic Defense of No Privacy in Public*, I/S: A Journal of Law and Policy for the Information Society, Vol. 7:3, p. 543 - 553(2012).

案"(以下简称"诺茨案")[①]与"美国诉卡罗案"(以下简称"卡罗案")[②]清晰地阐释了公私领域二元划分对隐私权保护的重要意义。在"诺茨案"中,联邦最高法院认为,执法机关在化学品容器内安装的无线信号发射器收集的被告车辆行驶在公共道路上的活动及位置信息是个人自愿对外公布的信息,不享有隐私权;在"卡罗案"中,联邦最高法院裁定公共暴露理论的适用必须是在公共领域,当被监控的财产转移进入公民的住宅后,执法机关利用无线信息发射器收集位置信息的行为侵犯了公民的隐私权。同样,第三人理论强调信息在披露给第三方后丧失隐私权,其逻辑前提便是公共领域无隐私,[③]披露给第三方的信息即进入公共领域的信息,不再具有私密性。

"卡朋特案"中执法机关从通信服务运营商处取得的手机位置信息属于个人自愿揭露于外的信息,是公开场合的位置信息,不具有私密性,按照传统隐私权理论不应享有隐私权,执法机关获取手机位置信息的行为不构成搜查。但在大数据时代,数字技术使信息实现由量变到质变的转化,在分析比对下长达127天的手机位置信息足以提供个人全面性的位置记录,像"美国诉琼斯案"(以下简称"琼斯案")的GPS追踪监控一样,不仅能揭露特定的行程活动,更能提供一个窥探个人私生活的窗口,对个人形成近乎完美的监控。正如哈利斯(David A. Harris)教授所言,通过数据收集累积的规模性判断所干预的个人隐私权不可同日而语。[④] 生成于公共领域却能揭露无限个人隐私的手机位置信息正对公私界限二元划分的做法提出挑战,具有隐私揭示属性的手机位置信息焉能因不具有私密性从而被排除隐私权保障?事实上,联邦最高法院早已注意到数字技术对公私界限划分的挑战,在"琼斯案"中索托马约尔(Sotomayor)大法官在协同意见书中已经指出GPS位置信息可以转化为更具敏感性的记录,能揭示包括家庭、政治、宗教以及性相关的资讯。[⑤] 在"莱利案"中,联邦最高法院承认手机内含有的数据会因量变产生质变,智能手机容纳的资料聚合能显示出比单独资料更丰富的信息,对隐私的干预甚大。[⑥]

(二)第三人理论下自愿共享的手机位置信息缘何成为隐私

手机发挥其广泛且日益丰富的各种功能要通过持续地与手机基站连接来实现,只

---

① See United States v. Knotts, 460 U.S. 281(1983).

② See United States v. Karo, 468 U.S. 715(1984).

③ 关于第三人理论与公私领域二元划分的论述,参见倪蕴帷:《隐私权在美国法中的理论演进与概念重构——基于情境脉络完整性理论的分析及其对中国法的启示》,载《政治与法律》2019年第10期。

④ David A. Harris, *Riley v. California and the Beginning of the End for the Third-Party Search Doctrine*, University of Pennsylvania Journal of Constitutional Law, Vol. 18:3, p. 895-922(2016).

⑤ See United States v. Jones, 132 S. Ct. 955(2012)(Sotomayor J., concurring).

⑥ See Riley v. California, 134 S. Ct. 2489-2490(2014).

要手机处于开机状态,每7秒就会自动连接到信号最强的手机基站,每次连接到基站时,都会生成一个带有时间戳的记录,形成手机位置信息。出于寻找网络热点、收取漫游费用等商业目的,运营商会自动收集和存储手机位置信息,并将其在数据库中保存5年。因此,手机位置信息在表面上是由第三方运营商收集和存储的商业记录,是个人自愿共享给第三方的信息,依据第三人理论,个人对手机位置信息不享有隐私权。但面对新兴技术,第三人理论的适用会造成隐私权保护的落空。手机位置信息能记录个人过往活动的全部,是详细的、百科全书式的、无穷尽的信息合集,是窥探个人私生活的窗口,若因手机自动连接手机基站揭露位置信息给运营商而适用第三人理论,将导致国家对个人私生活的全面监视,违反第四修正案的意旨。

个人与第三方共享信息后难以主张隐私权是数字时代美国隐私权法制的核心缺点。[①] 第三人理论指涉个人对自愿披露给第三方的信息不享有隐私权,执法机关获取此信息不构成违反第四修正案的搜查行为,[②]其理论前提在于个人自愿向第三方披露信息。"卡朋特案"对第三人理论的理论基础——自愿性判断提出挑战。首先,手机位置信息的产生不需要机主除给手机充电以外的任何积极行为。事实上,手机上的任何活动都会生成手机位置信息,例如,拨打或接通电话、发送或接受短信和电子邮件等,甚至在查看新闻、天气或更新社交媒体时也会自动生成手机位置信息。其次,手机及其提供的服务是日常生活中无处不在的一部分,参与社会生活获得社会服务都离不开手机,携带手机是参与现代社会不可或缺的一部分,因此除非个人拒绝融入社会,否则难以避免留下手机位置信息的痕迹。在这种情况下,个人是没有能力选择是否交付信息的,同意交付第三方是唯一的选择,因此手机位置信息是否是机主自愿提供给第三方运营商的事实难以判断。[③]

---

① 参见温祖德:《调取历史性行动电话基地台位置资讯之令状原则——自美国 Carpenter 案之观察》,载《月旦法学杂志》第297期(2020年)。

② See Richard A. Epstein, *Privacy and the Third Hand: Lessons from the Common Law of Reasonable Expectations*, Berkeley Technology Law Journal, Vol. 24:3, p. 1199 - 1200(2009); Katherine J. Strandburg, *Home, Home on the Web and Other Fourth Amendment Implications of Technosocial Change*, Maryland Law Review, Vol. 70:3, p. 614 - 638(2011).

③ 从表面上看,个人享有是否共享信息、保有隐私的选择权,在"卡朋特案"中,机主可以选择不使用智能手机,但是这样的选择结果却限缩了个人的社会生活空间,就如同埃里克·A. 波斯纳笔下的"洞穴之人"一样,看似是自由的,实际上是脱离社群的,并因此失去了进行更多有意义活动的机会。从这个意义上讲,个人在面临这样的选择时就已经丧失了一定程度的自治权。参见[美]埃里克·A. 波斯纳:《法律与社会规范》,沈明译,中国政法大学出版社2004年版,第308页。

(三)忽视下游信息处理环节的制度设计何能保护手机位置信息

执法机关取得犯罪嫌疑人相关资料后,就资料的处理可以略分为收集、分析以及使用3个阶段。传统隐私权保障的射程范围仅及于信息的收集,往往忽略后续的分析、使用环节。① "卡兹案"使隐私的合理期待测试成为判断政府收集获取相关证据或资料的行为是否构成搜查的标准,若政府收集相关资料的行为侵犯了公民隐私权,则构成第四修正案下的搜查。在评价政府获取信息的行为是否构成搜查这一问题时,联邦最高法院一直聚焦政府收集相关证据或资料这一行为本身。② 如"卡兹案"中法院审查的是在公用电话亭安装窃听器这一执法行为是否侵犯公民隐私权;在"雅各布森案"③中,联邦最高法院明确指出第四修正案合理性要求是对政府行为的规范,并将争点聚焦在执法人员取走粉末的行为是否构成搜查上,至于使用粉末进行化学测试的行为则因揭示内容有限而不予关注。④

但这种聚焦信息收集阶段、忽视下游信息处理环节的隐私权保护方式在数字时代受到巨大挑战,忽视信息分析、使用环节的制度设计难以保护手机位置信息。在科技快速发展的信息社会中分析和挖掘数据已然是一种趋势,隐私权保障当然也要从信息收集阶段延伸到信息分析、使用阶段。⑤ 尤其是在"卡朋特案"中,手机位置信息是手机与基站台自动连接时产生的记录,包含了所连接基站台的编号和方向角资料,即可以显示出某个时间段某个手机所处的大致位置。网络信息技术的飞速发展使政府运用数据挖掘和数据分析技术的能力得到大幅提升,⑥大数据技术会从被调取来的海量手

---

① See Orin S. Kerr, *The Mosaic Theory of the Fourth Amendment*, Michigan Law Review, Vol. 111:3, p. 311 - 332(2012).

② See Denae Kassotis, *The Fourth Amendment and Technological Exceptionalism After Carpenter: A Case Study on Hash-Value Matching*, Fordham Intellectual Property, Media & Entertainment Law Journal, Vol. 29:4, p. 1243 - 1270(2019).

③ See United States v. Jacobsen, 466 U. S. 109(1984).

④ 若执法机关的行为在资料收集阶段归属于隐私权所保障,那么前阶段的令状保障实际上会削弱后续资料使用上违宪的疑虑。

⑤ See Jack M. Balkin, *The Constitution in the National Surveillance State*, Minnesota Law Review, Vol. 93:1, p. 1 - 3(2008); Russell D. Covey, *Pervasive Surveillance and the Future of the Fourth Amendment*, Mississippi Law Journal, Vol. 80:4, p. 1289 - 1290(2011).

⑥ See Christopher Slobogin, *Government Data Mining and the Fourth Amendment*, University of Chicago Law Review, Vol. 75:1, p. 317 - 318(2008).

机位置信息中发现隐私信息,提供一个窥探个人私生活的窗口。[①] 因此,针对手机位置信息,隐私权保护的关键不在于信息收集阶段,而在于信息使用等下游处理环节。随着政府、商业机构在数据库建设中对公民信息的大规模收集和存储,隐私权保护的方法也应当相应升级,正如克尔(kerr)教授警示的那样:"监控的未来是信息使用限制规则的未来,该规则将严格管制政府如何使用所收集以及所拥有的信息。"[②]

三、"卡朋特案"的应答:第四修正案隐私权保护框架的调整与重塑

传统隐私权保护框架在面对手机位置信息时显露出无力与疲软,为防止第四修正案目的落空,美国联邦最高法院重新探寻隐私权理论,指出手机位置信息是横跨于两条不同隐私权保护路径的特例。[③] 一是以"诺茨案"和"琼斯案"为代表的位置追踪案件;二是以"美国诉米勒案"(以下简称"米勒案")[④]和"史密斯诉马里兰州案"(以下简称"史密斯案")[⑤]为代表的处理从第三方调取信息的案件,基于此手机位置信息的隐私属性得以确定。"卡朋特案"反思了传统隐私权保护框架,提出分析信息性质的多因素测试,使隐私权保护框架在数字时代重获生命力。

(一)正视汇集量与敏感性的正比关系,肯认公共领域存在隐私

基于手机位置信息是一种行踪信息,美国联邦最高法院通过对"诺茨案""琼斯案"的重新探寻,正视了信息汇集量与敏感性的正比关系,认为手机位置信息构成对个人全方位的监控,侵犯了公民隐私权。"诺茨案"中,联邦最高法院认为使用提升视觉效果的监控技术即无线信号发射器收集被告车辆的行踪信息不构成搜查,因为汽车在公共道路上的行踪信息是个人自愿传递给任何人的,具有开放性,个人对此不享有隐私权。但是,法院仍然慎重区分了利用无线信号发射器进行的追踪与全面性监视的差异,强调收集取得单次性车辆行动信息与持续 24 小时拉网式的监控追踪将适用不同的宪法原则。[⑥] 在"琼斯案"中不同的宪法原则即得到适用,执法机关通过在嫌疑人车辆上安装 GPS,实现对该车长达 28 天的公共道路上的行踪监控,获得了 2000 多页的行

---

① See Kevin Miller, *Total Surveillance*, *Big Data*, *and Predictive Crime Technology*: *Privacy's Perfect Storm*, Journal of Technology Law & Policy, Vol. 19:1, p. 105 – 135(2014).

② Orin S. Kerr, *Use Restrictions and the Future of Surveillance Law*, Accessed May. 24, 2019, https://www.brookings.edu/research/use-restrictions-and-the-future-of-surveillance-law.

③ See Carpenter v. United States, 138 S. Ct. 2214(2018).

④ See United States v. Miller, 425 U. S. 435(1976).

⑤ See Smith v. Maryland, 442 U. S. 735(1979).

⑥ See United States v. Knotts, 460 U. S. 284(1983).

车轨迹数据。于是索托马约尔(Sotomayor)大法官在协同意见书中指出GPS监控设备不同于传统物理性的跟踪设备,GPS能精确、全面记录个人公共空间的位置信息,在信息获取的密集度和持续度上达到前所未有的程度,汇集的个人位置信息能反映出他的家庭、政治、职业、宗教和性关系等敏感信息,实际上构成对公民隐私权的侵犯。①

"诺茨案"和"琼斯案"对信息汇集量与敏感性的论断为"卡朋特案"奠定基础,联邦最高法院在"卡朋特案"的裁判过程中始终聚焦在手机位置信息的汇集量与敏感性两个方面,裁定127天的手机位置信息能全面记录手机持有者的行踪,比GPS监控信息更具敏感性,能深刻揭露出公民隐私。首先,智能手机是大数据应用于公民生活的缩影,已经成为人们日常生活中广泛使用且不可或缺的一部分,手机位置信息能详尽、全面地提供某人在过去某个时间的全部行踪轨迹。相比在车辆上安装GPS,手机位置信息相当于机主的脚踝监视器,无论机主是穿过公共道路还是进入私人住宅、医院、宗教场所等可以揭露隐私的地方,手机位置信息均会记录。其次,5年的数据保留期使手机位置信息具有追溯性,解决了收集嫌疑人过去行踪的困难,给警方获得此前未知信息的机会。相比"琼斯案"在确定犯罪嫌疑人后安装GPS监控设备,手机位置信息则是针对任何一个人的监控,数据保留期可以使警方获得任何一个人过往5年的行踪信息。最后,联邦最高法院聚焦海量手机位置信息的质变,扩大隐私权保护范围,承认公共领域存在隐私。手机位置信息不仅能揭示个人的具体行踪,在数字技术下,海量的手机位置信息还能由量变引起质变,以其规模累积可以为窥探个人私生活提供机会,综合信息的质与量能精确监控个人完整的生活图像,并凸显出其生活细节,揭示其家庭、职业、宗教以及性关系等隐私信息,使政府对社会形成全面的监控。

(二)限缩适用第三人理论,结合信息性质研判共享自愿属性

基于手机位置信息由第三方生成和存储的属性,联邦最高法院深入分析了手机位置信息是否适用第三人理论从而被排除隐私权。首先,法院重新探寻了第三人理论,认为第三人理论的适用不仅要有构成自愿揭露的行为,还要考虑所揭露资料的性质;个人在知情的情况下与他人分享信息的行为会使这部分信息的隐私利益减弱,但并不意味着这部分信息不受隐私权的保护。② 第三人理论关切的不仅是客观的揭露行为,更注重揭露的信息本身。"米勒案""史密斯案"中提到的有限类型的个人信息与运营商自由收集的详尽的编年史式的手机位置信息之间实际上存在天壤之别。联邦最高法院从手机位置信息的敏感性出发,区分了揭示信息有限的作为交流交往工具的银行

① See United States v. Jones, 565 U. S. 415(Sotomayor J., concurring).

② See Carpenter v. United States, 138 S. Ct. 2219(2018).

记录、电话号码与手机位置信息的不同。彻底而全面、广泛而连续的手机位置信息揭示的是长时间持续不间断的信息，比起银行记录、电话号码反映的是某个时间点的信息，手机位置信息能反映个人在5年内的持续的每时每刻的行踪，能全面透露出个人的隐私信息。

其次，联邦最高法院进一步指出手机位置信息的收集不满足自愿性标准。手机位置信息虽是由通信服务运营商控制的，但机主并非自愿分享给第三方运营商。原因有二：其一，手机及其提供的服务是日常生活中无处不在的一部分，具有全面性及日常生活的持续性，是参与现代社会不可或缺的一部分，携带手机不意味着机主自愿承担与运营商共享位置数据的风险；其二，手机位置信息的产生不需要机主除给手机充电之外任何积极的行为，机主并没有明确的认可行为。事实上，手机上的任何活动都会生成手机位置信息，除将手机关机外，没有办法避免留下位置数据的踪迹。因此，难以推定手机持有者自愿承担交出完整的行踪轨迹记录的风险。鉴于此，法院裁定虽然手机位置信息是由第三方收集、存储的私人位置信息，具有极强的公共色彩，但由于手机位置信息的敏感性质，由第三方持有的事实不能克服第四修正案隐私权保护，第三人理论不适用于手机位置信息。

（三）导入分析信息性质的多因素测试，重视信息下游处理环节

"卡朋特案"作为继"卡兹案"以来最重要的第四修正案隐私权案件，不仅体现在联邦最高法院将手机位置信息纳入隐私权范围，而且表现在通过引入多因素测试，修正了传统隐私权保护框架以延续隐私权在数字时代的适用性。① 联邦最高法院在"卡朋特案"中通过突出手机位置信息的独特性，区分信息的类型以避免传统隐私权保护框架的适用，标志着仅对执法人员获取信息行为予以评价的做法的转变。②

在论述手机位置信息的独特性质与不受第三人理论约束的过程中，联邦最高法院聚焦信息的汇集量与信息的敏感性，兼顾手机位置信息的收集与分析使用阶段，总结了"深刻的揭示性""深度、广度和全面性""收集的不可避免和自动性"3个特征，③为

---

① See Matthew Tokson, *The Next Wave of Fourth Amendment Challenges after Carpenter*, Washburn Law Journal, Vol. 59:1, p. 1 - 6(2020).

② See Denae Kassotis, *The Fourth Amendment and Technological Exceptionalism After Carpenter: A Case Study on Hash-Value Matching*, Fordham Intellectual Property, Media & Entertainment Law Journal, Vol. 29:4, p. 1243 - 1270(2019).

③ "深刻的揭示性"聚焦信息的分析使用阶段，关注所收集的信息背后的隐私价值；"深度、广度和全面性""收集的不可避免和自动性"聚焦信息的收集阶段，关注收集对象的范围和收集的方式手段。Carpenter v. United States, 138 S. Ct. 2223(2018).

解决未来大数据信息与第三人理论的关系提供参考。法院从“三性”角度探讨了第三人理论的适用范围和界限，当执法机关收集的信息符合这3个特征时，就与传统信息产生区分。在此种情况下，所收集的信息将不再适用传统隐私权保护框架，执法机关的无令状获取即构成第四修正案下的搜查。这标志着数字时代联邦最高法院对传统隐私权保护框架的调适与重塑，用多因素测试以弥补“隐私的合理期待”测试之不足。

“卡朋特案”中，法院提出的多因素分析测试为保护包括电子邮件、智能家居装置在内的其他敏感数字信息，以及其他未来科技的案件指明了方向，[①]延续了第四修正案在数字时代的生命，让众多新技术产生的由第三方控制的信息可能被纳入隐私权范围。[②] 以实时位置信息为例，马萨诸塞州法院在“Commonwealth of Massachusetts v. Almonor案”中，[③]遵循“卡朋特案”的多因素测试思路，以“深刻的揭示性”“深度、广度和全面性”“收集的不可避免和自动性”的特征为指导，深入论证了实时位置信息收集对象的无差别性、记录手机行踪的全面性以及对个人生活私密细节的揭露性，从而将实时位置信息纳入隐私权中予以保障。同样，马萨诸塞州法院在自动车牌识别案件中，仍遵循了“卡朋特案”的多因素测试，裁定执法机关运用自动车牌识别器获取嫌疑人155天位置信息的行为侵犯其隐私权，构成第四修正案下的搜查。[④]

四、“卡朋特案”的未竟：第四修正案隐私权保护框架将面临的危境

“卡朋特案”看似是美国隐私权保护框架适应数字时代的一次调整，实则却将隐私权推向深渊。5∶4的意见比从侧面凸显出“卡朋特案”的缺陷，狭隘的裁判范围、尚未推翻的第三人理论、不断扩大隐私权的做法使隐私权保护框架在数字时代面临重重困境。

（一）多因素测试开启诉讼闸门，隐私权保护陷入滞后

“卡朋特案”过于谨慎的态度制约了案件的适用边界，案件裁判范围不涉及实时手机位置信息、其他附带透露位置信息的商业记录，不影响第三人理论在其他信息的适用，不质疑像监视摄像头一类传统监控技术和工具，也不适用于处理包括外交事务及

---

① 参见朱嘉珺：《数字时代刑事侦查与隐私权保护的界限——以美国卡平特案大讨论为切入口》，载《环球法律评论》2020年第3期。

② See Daniel de Zayas, *Carpenter v. United States and the Emerging Expectation of Privacy in Data Comprehensiveness Applied to Browsing History*, American University Law Review, Vol. 68:6, p. 2209 – 2210 (2019).

③ See Commonwealth v. Almonor, 482 Mass(2019).

④ See Commonwealth v. McCarthy SJC – 12750(Mass. Apr. 16, 2020).

国家安全事务在内的信息收集技术。[①] 换言之,联邦最高法院并未推翻第三人理论,没有回答哪些类型数据不适用于第三人理论,法院仅仅是在个案中限缩其适用范围,因此分析信息性质的多因素测试将成为解决问题的唯一途径。多因素测试要逐案分析所收集的信息是否具有“深刻的揭示性”“深度、广度和全面性”“收集的不可避免和自动性”3 个特征,随着新技术的持续发展,联邦最高法院和下级法院要不断通过诉讼回应如何使隐私权保护不同类型的数据。

“卡朋特案”仍留下许多亟待完善之处。如“卡朋特案”涉及分别调取 7 天以及 127 天手机位置信息的两份法院命令,联邦最高法院在裁判中认为 7 天的手机位置信息足以勾勒出个人私生活,侵犯公民隐私权,需要经过法院令状审批才能实施,但是法院并未回答 6 天以下的手机位置信息是否可以适用“卡朋特案”的裁判、在没有令状的情况下执法人员可以获得多少数据以及为什么 7 天的手机位置信息足以勾勒出个人私生活等问题。联邦最高法院通过突出手机定位技术的独特性以区分手机位置信息与电话号码、银行记录的不同来规避第三人理论的适用,但是法院并没有阐释为什么手机位置信息必然比能揭露个人私生活、习惯以及个人关系的电话号码、银行记录具备更大的隐私利益,获得更多第四修正案的保护。[②]

虽然“卡朋特案”的裁决保护了手机位置信息,是朝着正确方向迈出的一步,但是依据信息类型予以保护的做法永远是被动且落后于技术发展的,[③]就像阿利托(Alito)法官在异议意见中断言的,“法院的推理肯定会导致大量诉讼”。[④] 数字时代最大的难题是所有信息都有可能成为敏感信息,数据挖掘、分析技术下电话号码、银行记录、浏览历史等信息均可能揭示个人私生活,“卡朋特案”含混不清的多因素测试将打开第四修正案诉讼的闸门。可以预见的是,为避免隐私权的架空,法院会不断通过诉讼在最大限度上将构成隐私或可以揭露隐私的信息纳入隐私的合理期待的范围,最终使隐私成为包罗万象的“大口袋”。

(二)第三人理论延续生命,数字时代隐私已死

“卡朋特案”有限的裁判范围使第三人理论仍可以完整地适用于所有其他类型的第三方记录,这为第三人理论在数字时代的适用续上了新的生命力。[⑤] 第三人理论的

---

① See Carpenter v. United States, 138 S. Ct. 2220(2018).

② See Carpenter v. United States, 138 S. Ct. 2232(2018)(Kennedy, J., dissenting).

③ See Zoe Lofgren, *Do Modern Americans have Fourth Amendment Protection*, Santa Clara Law Review, Vol. 54:4, p. 901 - 916(2014).

④ Carpenter v. United States, 138 S. Ct. 2247(2018)(Alito J., dissenting).

⑤ See Carpenter v. United States, 138 S. Ct. 2272(2018)(Gorsuch J., dissenting).

适用范围将影响信息受到隐私权保护的界限,在数字时代,第三人理论足以掏空第四修正案隐私权的保障。在以物理空间为场景的前数据时代,由于当时社会相对封闭、共享程度低,社会监控能力较差,个人揭露于第三方的信息范围狭窄,第三人理论对公民隐私干预较小。如公民到银行办理业务,只是向银行披露了储蓄账户记录、贷款记录等有限的信息;公民拨打电话,只是向电话公司披露了电话号码。

但在数字时代,社会与民主秩序的福祉及存续都高度依赖信息的共享,个人生产、生活、人际交往等活动产生的信息都被第三方记录,信息体量远远超出了前数字时代。如使用手机拨打电话时,通信服务运营商会记录通话对象、通话时间、通话地点等信息;银行会记录客户的缴款账户、账单地址、缴款方式、个人征信以及其他金融信息。"卡朋特案"的裁判没有彻底解决第三人理论的根本弊端,反而延续其数字时代的生命力,以"将认知风险存在等同于自愿承担风险"和"将信息揭露于特定人等同于曝光于全世界"两种假设为前提的第三人理论会导致公民隐私权保障的进一步恶化。①

第三人理论是隐私权保护框架不适用于数字时代的"罪魁祸首"。② 从适用于卧底侦查案件的风险承担理论发展而来的第三人理论以自愿性为基础,直指个人的自我选择,然而,所谓的选择以及自愿性是与事实相悖的,实际上个人为维系社会正常生活并无现实上的选择去决定是否交付信息于第三方。数字社会是一个充斥各种记录的社会,为维系社会的正常运转以及提供社会服务,这些记录往往由第三方存储持有;为参与社会活动、建立社会关系,在数字社会,个人不得不选择与第三方全面合作,交予信息于第三方,个人的选择权已经沦为幻影。③ 在数字时代,共享社会,个人没有能力也没有必要承担信息揭露的风险,风险的承担也不能全然剥夺个人的权利保障,④第三人理论对隐私利益的严重干预已经动摇其正当性的根基。在数字时代应当重新审视将信息揭露给第三人即不享有隐私权的僵化见解,否则数字社会中隐私将成为虚幻。⑤

---

① See Sherry F. Colb, *What Is a Search-Two Conceptual Flaws in Fourth Amendment Doctrine and Some Hints of a Remedy*, Stanford Law Review, Vol. 55:1, p. 119 - 179(2002).

② See Daniel J. Solove, *Fourth Amendment Codification and Professor Kerr's Misguided Call for Judicial Deference*, Fordham Law Review, Vol. 74:2, p. 747 - 753(2005).

③ See Daniel J. Solove, *Digital Dossiers and the Dissipation of Fourth Amendment Privacy*, Southern California Law Review, Vol. 75:5, p. 1083 - 1089(2002).

④ See Richard A. Epstein, *Privacy and the Third Hand: Lessons from the Common Law of Reasonable Expectations*, Berkeley Technology Law Journal, Vol. 24:3, p. 1199 - 1204(2009).

⑤ See United States v. Jones, 132 S. Ct 957(Alito J., concurring).

（三）保护范围持续扩张，秘密性隐私无所遁形

多因素测试使法院不断通过个案将公有领域的信息纳入隐私权中予以保障，引入内涵更广泛的隐私已经成为迫在眉睫的问题。① 美国隐私权保护框架将隐私界定为秘密性，在“奥姆斯泰德案”中，布兰代斯大法官提出，隐私是“不受干扰的权利”奠定了美国隐私权趋向秘密性的基础。② 将第三人理论理解为当个人自愿揭露信息给他人时，就必须承担信息接收者传递该信息给其他人的风险，从而丧失隐私权的论断正是秘密性隐私权的结果。

然而，这种以公开私密二分原则为基础的隐私权内涵将在数字时代受到巨大冲击。一方面，以 GPS 定位、手机基站定位、自动车牌识别以及面部识别为代表的信息技术增强了警方对私人领域的渗入能力，新兴技术对私人信息的大范围收集使海量信息因暴露于公众或第三方而不具有秘密性，从而不被隐私权所保护；另一方面，多因素测试打开诉讼闸门。在以数据共享和数据分析为标签的数字时代，执法机关通过对公开的海量碎片化信息进行数据分析，可以发现其中潜在的相关性，精准获取信息，清晰揭露个人私密生活的图景。因此可以说，在数字时代任何信息都是敏感信息，法院为避免第四修正案目的落空，必然要通过多因素测试将公有领域的敏感信息纳入隐私权中，不断扩大隐私范围，直至公私界限模糊，秘密性隐私被突破。

事实上，美国隐私权保护框架在数字时代面临的诸多挑战，正是由秘密性隐私权引起的。以秘密性为核心窄化了隐私权范围，一旦信息揭露于公众，无论如何限制或是限缩揭露的范围，都不再保有私密性。秘密性隐私体现的是公民不受国家权力干涉的消极自由，强调信息的秘密性和公民有不被政府知悉的权利，缺乏人格尊严与个人自治的色彩，忽略了人作为主体可以自由选择自己私生活领域事实公开的范围，即信息的可达性范围。③ 在数字时代秘密性隐私不再保有防止国家权力对公民私生活过度干预的能力，随着执法机关收集、处理信息能力的不断提升，保护公民权益的工具也应当相应升级，否则将造成隐私权保护框架的颠覆，使“无隐私的公众”成为现实。

---

① See Margot E. Kaminski, Response, *Carpenter v. United States: Big Data is Different*, Accessed Jan. 21, 2021, https://www.gwlr.org/carpenter-v-united-states-big-data-is-different.

② “不受干扰的权利”意味着个人权利不被干扰以及私人事务不被未经允许地公开。See Olmstead v. United States, 277 U. S. 438(1928).

③ See Daniel J. Solove, *Conceptualizing Privacy*, California Law Review, Vol. 90:4, p. 1087 – 1108 (2002).

五、"卡朋特案"的省思:我国刑事程序中个人信息权益保护的进路

通过梳理"卡朋特案"面对的问题挑战、回应调适及缺陷困境,可以发现以秘密性隐私为核心的隐私权保护框架在数字时代举步维艰,极易造成执法利益与隐私利益的失衡。行文至此,可以清晰回答为什么隐私权保护模式不宜适用,主张"在刑事程序中构建起完整的隐私权保护框架以规范执法机关对个人信息的收集"的观点为什么难以成立。因此,为避免同样面对隐私权保护模式的困境,引入内涵更丰富、方式更积极主动的个人信息权以保护我国刑事程序中的个人信息权益,或许是更好的选择。

(一)我国刑事诉讼中个人信息权的导入与确立

随着刑法、民法、行政法领域个人信息保护立法纷纷取得相应成果,我国似乎已经逐步建立起个人信息保护制度框架。如2015年《刑法修正案(九)》增设"侵犯公民个人信息罪",有效开启了刑法领域公民个人信息的综合保护;2016年颁布的《网络安全法》明确界定了"个人信息"的概念和范围,并在第四章"网络信息安全"中规定了网络运营者收集使用公民个人信息的制度和原则,进一步增强了网络空间公民个人信息的保护;2020年《民法典》不仅在总则编第111条对公民个人信息保护设置原则性条款,同时在人格权编专设"隐私权和个人信息保护"章节,强化对隐私和个人信息的保护;2021年审议通过的《个人信息保护法》则系统且全面地对个人信息保护相关问题进行专门性立法。然而,在审视这一框架时会发现,我国刑事诉讼领域,特别是刑事侦查领域个人信息保护的状况不容乐观。

个人信息保护不仅是私法的任务,也是刑事司法领域不可回避的问题。我国刑事诉讼领域个人信息保护明显不足,以打击犯罪为目的的个人信息收集活动长期处于法律规制的例外,用隐私换安全已经成为默认做法。如《网络安全法》第28条明确规定了网络运营者对公安机关、国家安全机关依法维护国家安全和侦查犯罪的活动提供技术支持和协助的义务。我国刑事诉讼法主要适用场域是物理空间,对产生于信息社会的个人信息权缺失关注,刑事诉讼法体系尚未构建起信息领域的适用规则。如现有相关规定主要停留在隐私权层面,并且仅仅是要求侦查人员对所收集的个人信息保密,而未有从侦查行为本身去规制对个人信息的处理。信息技术的发展促使侦查机关越来越多地使用个人信息作为重要的犯罪线索,侦查机关能收集哪些个人信息、在何种程度上以何种方式使用这些信息都已经对传统的刑事诉讼规则形成冲击。[1] 因此,在以广泛收集使用公民个人信息为背景的我国刑事诉讼程序中应当确立相应的公民个

---

① 参见裴炜:《个人信息保护法与刑事司法的分离与融合》,载《中国政法大学学报》2020年第5期。

人信息保护机制。

在个人信息权得到确立前，个人信息的保护往往是由隐私权来实现的。但随着计算机的诞生，信息技术获得了蓬勃发展，20 世纪 80 年代开始的全球信息化运动使人类社会迈入信息社会，个人信息成为重要的社会资源，凸显了个人信息保护的必要性。隐私权，是指个人享有的私人生活安宁和私人信息秘密依法受法律保护，不被他人非法侵扰、知悉、收集、利用和公开的权利，其保护重心在于防止隐私公开或泄露，而不在于信息的利用。[①] 在信息爆炸性增长的数字社会，如果把所有个人信息都纳入隐私范畴，给予绝对权保护，则不利于正常的信息利用及流动。于是欧洲国家在隐私权的基础上赋予其个人自治的内涵，创设了个人信息权。如欧盟在《欧盟基本权利宪章》第 8 条确立了个人资料受保护的权利；德国在"人口普查案"中创设了信息资讯自决权。

个人信息权，是指个人对于自身信息资料的一种控制权，是自主控制信息适当传播的权利，其强调个人对个人信息的支配和自主决定，不完全是消极地排除他人的使用。[②] 在数字时代，信息自决、信息控制已经成为当前个人信息保护制度的基础。[③] 例如，相较美国以秘密性隐私为工具保障公民权利，德国植根于欧洲大陆尊重人格尊严的传统，将隐私的价值扩展至人格尊严及社会交往，发展出个人信息自决权理论，用以保障个人享有自主决定个人资料披露与利用的权限，避免了美国隐私权保护框架面临的问题。因此，为避免遭遇隐私权保护模式在数字时代的困境，我国可以赋予隐私权以更广泛的含义，将个人信息权导入我国刑事诉讼程序中，以个人信息权为中心建立起侦查机关收集使用公民个人信息的规制框架。[④]

（二）我国刑事诉讼中个人信息保护底线规则的划定

个人信息保护制度的完善离不开刑事司法制度，保护个人信息绝不能缺少对刑事诉讼领域的特殊关注。个人信息权在刑事诉讼领域极易被过度干预，考虑到刑事司法的特殊利益与价值追求，应当为刑事诉讼领域个人信息保护划定底线规则，即使在不

---

① 参见王利明：《隐私权概念的再界定》，载《法学家》2012 年第 1 期。

② 参见王利明：《论个人信息权的法律保护——以个人信息权与隐私权的界分为中心》，载《现代法学》2013 年第 4 期。

③ See Mark Burdon, *Digital Data Collection and Information Privacy Law*, Cambridge University Press, 2020, p. 104 – 113.

④ 在刑事诉讼程序中引入个人信息权的观点得到其他学者的支持。参见蒋勇：《大数据时代个人信息权在侦查程序中的导入》，载《武汉大学学报（哲学社会科学版）》2019 年第 3 期；程雷：《刑事司法中的公民个人信息保护》，载《中国人民大学学报》2019 年第 1 期；郑曦：《作为刑事诉讼权利的个人信息权》，载《政法论坛》2020 年第 5 期。

得不考虑刑事诉讼的特殊性而对个人信息保护的法律原则的相关要求打折扣时,底线规则仍应当得到完整适用,作为尊重和保护公民个人信息权的基本要求。①

第一,目的拘束原则,收集公民个人信息的目的应当是明确、特定且合法的,只能用于犯罪的侦查、起诉和审判,不得用于其他用途。收集公民个人信息的目的最迟应当在收集时明确化,不能采概况授权"出于侦查犯罪的需要",后续的信息处理、使用不得超越收集个人信息时的合法目的。

第二,应当赋予信息主体包括知情权、更正权、访问权在内的法定信息权利,使信息主体有权知悉执法机关收集个人信息的目的及用途,有权查询、限制与其有关的正在被处理的个人数据与相关信息,以及有权纠正与其有关的不准确或过时的个人数据。知情权是公民其他基本权利的基础和核心,告知程序是保障知情权的前提条件。②收集使用公民个人信息侦查颠覆了传统侦查措施强制性色彩浓厚的特点,对公民权利的侵犯呈现无形性与不易感知性。现行刑事诉讼法尚无针对信息主体的告知程序,显然违背了程序正义原则。因此,应当在赋予信息主体知情权的同时,科以执法机关、司法机关承担收集使用公民个人信息的告知义务,当然这种告知义务可以基于保障刑事诉讼的顺利进行的合理理由推迟履行,但推迟告知的例外应当是明确且具体的法定事由。如针对收集公民行踪轨迹信息的科技定位监控,德国《刑事诉讼法典》规定,在有危及侦查目的、生命、身体完整性、个人的人身自由以及重大财产的事由时,可以推迟履行告知义务。③

第三,公安司法机关在收集处理个人信息的过程中应当建立数据安全控制机制,数据收集及处理要体现安全性,对公民个人信息的处理应当建立监控日志和操作留痕机制,实施信息流转、挖掘、分析的全程记录和监督制度,做到操作留痕以便通过技术手段回溯追责。公安司法机关收集公民个人信息的过程中应当建立数据质量控制机制,维护数据的完整性、确保信息的质量。在公安司法机关收集使用公民数据的全过

---

① 例如,欧洲议会与欧洲委员会在制定《通用数据保护条例》时,考虑刑事司法的特殊利益与价值追求,专门就刑事诉讼领域个人数据处理制定了单独规定,即《关于有权机关为预防、发现、调查和起诉刑事犯罪而自由传输个人信息及保护个人信息的指令》(以下简称《欧盟刑事司法数据保护指令》),将个人数据保护的法律原则与机制部分引入刑事司法领域。Directive(EU)2016/680 of The European Parliament and of The Council of April 2016 on the Purposes of the Prevention, Investigation, Detection or Prosecution of Criminal Offences or the Execution of Criminal Penalties, and on the Free Movement of Such Data, and Repealing Council Framework Decision 2008/977/JHA.

② 参见钱育之:《知情权:犯罪嫌疑人的基本权利》,载《求索》2007年第8期。

③ 参见德国《刑事诉讼法典》第101条。

程要完善信息保密制度，对公民个人信息的后续使用、移转、保管、销毁等程序设置相应规范。例如，建立起涉案个人信息严格保密制度，专人保管机制，信息销毁、封存机制，规定数据移转传递过程中数据泄露的责任承担，防止随意传输公民个人数据，并配备建设救济渠道如各类投诉处理机制、司法救济途径。

第四，应当对公民个人信息实行分级、分类管理，厘清个人信息使用中的敏感信息范围。基于信息隐私性差异，分类差异化保护敏感信息与一般信息的做法已经成为国际社会个人信息保护的通行做法。如《欧盟刑事司法数据保护指令》对能揭示种族、民族血统、宗教等数据，能够识别自然人身份的基因数据和生物识别数据，以及关涉自然人的健康、性取向和性生活的个人数据规定了更严格的收集、处理条件。[①] 在刑事司法领域建立起信息分级分类制度，区分一般信息与敏感信息，厘清个人敏感信息的范畴并施以特殊保护，能够有效实现个人信息使用与保护的均衡状态。刑事诉讼领域划分敏感信息范围，要充分考虑到打击犯罪目的的正当性，因此敏感信息应当限于较窄的范围，如个人生物特征信息、行踪轨迹信息、医疗健康信息、未成年人的犯罪前科等不能盲目扩张。在刑事诉讼中区分一般信息与敏感信息，主要目的在于贯彻比例原则的精神，即应当对干预敏感信息的侦查行为设置更严格的启动条件，审批程序，保管、销毁要求等。

第五，健全收集使用公民个人信息的监督途径。封闭的内部运行模式是滥用公民个人信息的主要成因，加强监督是确保侦查权依法运行的基本经验。《欧盟刑事司法数据保护指令》设立了欧盟个人数据保护委员会作为最高监管机构，并要求所有成员国设立独立的数据保护监督机构，监督机关实行定期报告制度，独立行使调查权、纠错权、授权和建议权、司法参与权，不受外部影响。[②] 在巩固内部监督的同时，要引入外部监督力量。《个人信息保护法》第六章已经对履行监督管理个人信息保护职责的部门作出规定，应该突出国家网信部门对公安司法机关收集使用公民个人信息行为的监督，履行其对个人信息保护的监察权能。依托现有制度，对收集公民个人信息的侦查措施可以比照逮捕程序由检察机关审查批准，落实检察引导侦查的诉讼机制。在具备相应条件时，经过进一步改革，可以建立真正意义上的司法审查制度，即由中立、权威法官对收集个人信息的侦查措施行使事先审批。

---

① 参见《欧盟刑事司法数据保护指令》第10条。

② 参见《欧盟刑事司法数据保护指令》第41条、第47条。

对人工智能刑事责任主体地位的反思*

詹惟凯**

摘　要：自由意志的有无成为是否承认强人工智能刑事责任主体的主要争点。当前的基本进路是，若能认可强人工智能具备自由意志，则可承认其刑事责任主体地位。但自由意志的背后反映的是对理性的尊重，更代表着自主思考和自主探索的能力和自由，所以，承认强人工智能的责任主体地位就将陷入难以圆说的矛盾之中，因为认可其责任主体地位本身就是对自由意志及其背后的理性、尊严和自主性的最大否定。一旦我们承认智能机器人具备自由意志，我们不仅不应当得出智能机器人具备责任主体的结论，还应当基于这份自由意志而自谦地承认，我们没有办法去触碰智能机器人是否具有刑事责任主体地位这一问题，这才真正是对一种高级智能形式及其背后的理性和尊严的尊重。

关键词：强人工智能；自由意志；刑事责任主体；肯定论；否定论

科技的进步引领人类走向新的纪元。“我们实际上已经跨入了一个全新时代——人工智能时代，这是继蒸汽时代、电气时代和计算机时代之后的第四次工业革命。”①法律是社会的产物，每一次时代的巨变都推动着法律深刻变革。人工智能已然在各个方面渗透进人们的生产、生活之中，在享受其带来的极大便利的同时，人们也开始反思和警惕其背后蕴藏的风险以及其对传统法律秩序的冲击。其中，是否承认人工

---

* 重庆市教育委员会 2019 年度重大课题“重庆防范和化解重大社会风险研究”（课题编号：19SKZDZX16）的阶段性研究成果。

** 西南政法大学法学院博士研究生，西南政法大学外国与比较刑法研究中心研究人员，研究方向：刑法学。

① 刘宪权：《对人工智能法学研究“伪批判”的回应》，载《法学》2020 年第 1 期。

智能机器人刑事责任主体地位,成为近几年刑法学者热议的焦点。对此,围绕人工智能是否具备受刑能力、处罚人工智能是否能够实现刑罚目的、强人工智能是否会到来等方面,逐步形成了肯定论和否定论两大阵营,而其间又以人工智能是否具备自由意志为主要的聚焦点和"分水岭"。

但现有的观点交锋似乎缺乏一种根本性的反思。当肯定论者说人工智能具备意志自由时,否定论者就竭力否定其自由意志;当肯定论者说人工智能可以成为适当的受刑主体时,否定论者就孜孜不倦地否定实现刑罚目的的可能;当肯定论者坚信强人工智能的出现不是痴人说梦时,否定论者则热衷于强调此乃杞人忧天。然而,我们究竟是为了什么要探讨人工智能刑事责任主体地位这一问题?刑法惩罚的主体是人,惩罚的对象也是人,人类才是刑法的"基因",①人类所从事的、所研究的一切事务都应当是为了促进人类的幸福,那么探究人工智能是否应该具备刑事责任主体地位这一问题对实现这一根本目的能带来何种帮助吗?肯定强人工智能具备自由意志从而赋予其刑事责任主体地位,我们究竟想以此来彰显什么、反映什么、得到什么?以当前我们的认知水平以及对刑法理论形成的共识为基础,以自由意志的有无来作为是否承认刑事责任主体的界线的确是正确的方向,但在笔者看来,即使强人工智能果真具备自由意志,我们也难以得出其应当具备刑事责任主体地位的结论,甚至可以说,正是基于其所有的这份自由意志,才恰恰应否认人工智能的刑事责任主体地位。

一、自由意志的有无:左右结论的核心争点

(一)肯定论的核心立场:强人工智能具备构成责任基础的自由意志

根据刑法理论所逐步形成的基本共识,"倘若不以行为人具有自由意志为前提,刑法学上恐怕难以存在当今的责任概念",②自由意志构成了责任论的基础。虽然刑事实证学派所倡导的社会责任论立足于社会防卫的立场,在不承认自由意志的前提下,以决定论为基础,通过将责任能力理解为刑罚适应能力,通过将责任能力理解为刑罚适应能力(具有危险性格的人所处的一种地位,这种地位代表其应当接受为了防卫社会的需要而被采取一定的处分),也为刑罚的适用提出了正当根据。但这种立场使责任的刑罚限定机能丧失,其不利于保障国民自由的缺陷已被历史所证实,所以已被现代

① 参见董玉庭:《人工智能与刑法发展关系论——基于真实与想象所做的分析》,载《现代法学》2019年第5期。

② 张明楷:《刑法学》(第5版),法律出版社2016年版,第245页。

刑法理论所摒弃。[①] 总之,"责任与自由意志不可分离,没有自由意志就没有选择,没有选择就没有责任"。[②] 行为人本可以选择实施其他适法的行为,但却自愿选择了实施该当构成要件且违法的行为,此时"本不该实施那样的行为"的他行为可能性为具备责任所必需的非难可能性奠定了基础。[③] 由此,探讨人工智能体的刑事责任主体地位,使人工智能体在特定情形下承担刑事责任,意志自由就是一个无法绕开的话题。诚然,将自由意志作为责任基础的现代刑法理论是以人为中心建立起来的,而正如学者所提到的那样,若人工智能成为刑法的规制对象,这无疑会使刑法发生基因式的突变,彼时的刑法可能已非当下语境中的刑法。[④] 所以到那时意志自由是否还是责任论的核心就是一个未知数。但是,我们在探讨某种事物时,哪怕是对未来的展望,都离不开当下的社会物质和精神条件,因为我们始终是当下的产物,我们必定受到我们当前认知水平的制约。这意味着,以当前的理论共识为基底来开展对新事物的探究可能是我们唯一的选择。事实上,当前无论是肯定论者还是否定论者,都是在当今的刑法基本理论的语境下展开的交锋,都是以自由意志构成责任的基础为理论预设。

就目前的研究现状来看,无论是持肯定论的学者还是持否定论的学者,对于弱人工智能[⑤]不具有刑事责任主体地位基本能达成共识。"在弱人工智能时代涉及人工智能犯罪时的刑事责任是由设计人员或使用人员来承担的,弱人工智能并不具有成为刑事责任主体的可能。"[⑥]因为弱人工智能无法超出人类设计和编制的程序范围实施行为,其所有的行为均在人类为其设计和编制的程序控制之下实施,即使其可在程序范

---

① 参见张明楷:《刑法学》(第5版),法律出版社2016年版,第244页;周光权:《刑法总论》(第3版),中国人民大学出版社2016年版,第221、228页。

② 张明楷:《刑法学》(第5版),法律出版社2016年版,第245页。

③ 参见[日]山口厚:《刑法总论》(第3版),付立庆译,中国人民大学出版社2018年版,第193~194页。

④ 参见董玉庭:《人工智能与刑法发展关系论——基于真实与想象所做的分析》,载《现代法学》2019年第5期。

⑤ 目前,对人工智能的分类通常是采取两分法,即弱人工智能和强人工智能,弱人工智能主要是指机器会在某些方面达到人的智能,但其只是实现特定功能的专用智能,其不能不断适应复杂的新环境并不断涌现出新的功能,其智能化水平仅限于特定功能领域。强人工智能则具有与人类相当或者超过人类智能的智力水平,因而能够像人那样解决问题以及在任何社交场合和人类进行交流互动。另外,也有将人工智能分为弱人工智能、强人工智能和超强人工智能的三分法。但就本文的论述而言,强调两分法还是三分法的意义不大,为方便论述,本文采取两分法的表述。或者说,在本文语境下,以所谓的"奇点",即人类创造的人工智能全面达到甚至超过人类自身智识的那个时刻,将人工智能区分为弱人工智能和强人工智能即可。

⑥ 司伟攀:《人工智能刑事责任主体地位及其分配》,载《中国应用法学》2020年第6期。

围内发挥一定的自主性,也不具有独立的意识和意志,其自主性的发挥也是在研发者和使用者的预期范围之内,完全受控于其研发者和使用者,即其并非具有自由意志的同时具有可支配性,所以始终只具有工具属性。①

真正形成争议焦点的是强人工智能体的刑事责任主体问题。肯定论的倡导者刘宪权教授在其多篇著作②中均强调这样一种观点,即强人工智能可以超出人类设计和编制的程序实施行为,此时其具有在自主意识和意志支配之下的辨认能力和控制能力,其突破了设计者或使用者的原本目的,自主决定在设计和编制的程序范围外实施行为,这是其自主意识和意志的体现,是智能机器人经过独立思考和决定之后的结果,实现的是其自身的意志。简言之,就是强智能机器人具备自由意志,从而具备辨认能力和控制能力,也就具有了成为刑事责任主体所必需的刑事责任能力。

(二)来自否定论的两个维度的反驳

1. 对自由意志的直接否定

对于肯定论者的基本立场,否定论者一般会从两个维度予以反驳。首先是直接反对强人工智能体具备自由意志。其基本意蕴是,无论智能机器人智能到什么程度,其始终都摆脱不了工具属性,即使超出人类设计和编制的程序,其行为最终也可以被追溯到程序的设定,因此不能产生自由意志。"知识和技能可以通过复杂的算法来习得,但是,意识绝对无法以同样的方式来获取……即使哪一天科学界弄明白了意识的生成机理,也不可能在制造或升级机器、系统或程序等非生物体的过程中,将人类生物体的'意识''情感'引入、留驻或整合进去。"③

其中暗含的有力见解是,智能机器人始终无法具备人类那样的社会属性和道德属性。辨认能力和控制能力必须属于社会规范意义上的能力,否则,何以同样具有所谓的辨认能力和控制能力的动物不被现今刑法理论承认为刑事责任主体?正因为应将辨认能力和控制能力限定为超越生物意义的、主要是与人类社会规范相关的能力,因

---

① 参见刘宪权:《智能机器人工具属性之法哲学思考》,载《中国刑事法杂志》2020 年第 5 期。

② 参见刘宪权、胡荷佳:《论人工智能时代智能机器人的刑事责任能力》,载《法学》2018 年第 1 期;刘宪权:《人工智能时代的"内忧""外患"与刑事责任》,载《东方法学》2018 年第 1 期;刘宪权:《人工智能时代的刑事风险与刑法应对》,载《法商研究》2018 年第 1 期;刘宪权:《人工智能时代刑事责任与刑罚体系的重构》,载《政治与法律》2018 年第 3 期;刘宪权:《人工智能时代我国刑罚体系重构的法理基础》,载《法律科学(西北政法大学学报)》2018 年第 4 期;刘宪权:《涉人工智能犯罪刑法规制的路径》,载《现代法学》2019 年第 1 期;刘宪权:《对强智能机器人刑事责任主体地位否定说的回应》,载《法学评论》2019 年第 5 期。

③ 叶良芳:《人工智能是适格的刑事责任主体吗?》,载《环球法律评论》2019 年第 4 期。

此犯罪主体要将动物等非人类创造物排除在外。[①] 而这种社会规范意义上的能力是对行为的性质、后果、作用的认识能力,这就要求智能机器人认识到其活动违反人类社会的法律规范,其不仅要追求或者放任危害结果的发生,还需要有对抗或者漠视法律规范的决心。"责任非难的内在根据在于人道德上的成熟,与此同时,只要自由且道德地自我决定的能力没有因为病理而短暂受到麻痹,抑或长时间受到阻碍,那么就是有自由、答责且道德的自我决定的能力。因此,其就能够决定遵循合法行为,抵抗不法行为,使得自己的态度符合法律的当为性规范,回避法律所禁止的行为。"[②]而在否定论者看来,智能机器人缺乏的恰恰就是这种道德自决能力。其具有的只是由大数据图像、语音、语义识别等技术赋予的"他律"行动功能,即人类通过数据分析与算法改进等技术赋予的行动选择功能,却无法实施"自律"行为,也难以认为这样一种功能是道德观念的象征。[③] "机器智能不能认识到自己在做什么,也不知道自己行为的社会意义,缺乏自我意识,不能价值判断,故而对其行为进行刑法评价就没有根基。"[④]总之,智能机器人所谓的辨认能力和控制能力与人类所具备的、构成刑事责任基础的那种辨认能力和控制能力不可同日而语,其只能归属于数据库及其背后的算法。当然,肯定论者也对此进行了回应。刘宪权教授指出,在人工智能快速发展的时代,强人工智能完全可以掌握"沉默信息",从而在事实层面和规范层面都具备归责所需的辨认能力和控制能力,[⑤]此外也对"强智能机器人无法理解自己行为的外部意义或社会价值"的命题进行了批驳。[⑥] 无论双方对强智能机器人的自由意志和辨控能力作何种解释和论述,争议的焦点始终围绕自由意志而展开,有自由意志则强智能机器人可以成为刑事责任主体,无自由意志则强智能机器人只具备工具属性。

2. 对自由意志的间接否定

否定论当中的另一些见解,虽然并未直接指涉自由意志,但却通过否定刑罚目的实现的可能,否定强智能机器人与单位主体的可比性,以及强调强人工智能时代的遥

---

① 参见皮勇:《人工智能刑事法治的基本问题》,载《比较法研究》2018年第5期。

② 转引自储陈城:《人工智能可否成为刑事责任主体》,载《检察日报》2018年4月19日,第3版。

③ 参见冯文杰、李永升:《AI刑事责任主体否定论的法理与哲理证成——兼论"人"是什么》,载《东北大学学报(社会科学版)》2020年第1期。

④ 叶良芳:《人工智能是适格的刑事责任主体吗?》,载《环球法律评论》2019年第4期。

⑤ 参见刘宪权:《对强智能机器人刑事责任主体地位否定说的回应》,载《法学评论》2019年第5期。其中的"沉默信息"是指不容易被度量或编码化的信息,也可以被称为"意会型信息",比如,需要在下棋过程中通过经验和会意才能掌握的如"弃子争先"这样的下棋技巧。

⑥ 参见刘宪权:《对人工智能法学研究"伪批判"的回应》,载《法学》2020年第1期。

遥无期等,来间接否定智能机器人的意志自由。这些论点虽不是直接阐明智能机器人不具有自由意志,但却始终与自由意志有紧密联系。就刑罚目的而言,否定论的主要理由在于,智能机器人没有情感,无法感受刑罚之苦,刑罚的威慑功能难以发挥,它们"无法理解与惩罚相联系的伦理指责,因此针对它们'本人'动用刑罚是没有意义的"。[①] 其缺乏心理层级的感知和文化层级的感知,缺乏人类所具备的伦理观和善恶观,不会具备那种抑制犯罪动机的"恐惧""诱惑"等心理,对智能机器人施加刑罚的做法也就无法发挥预防犯罪的刑罚功能,与中世纪的动物审判无异。[②] 如前所述,责任非难的本质就在于本可以选择其他适法行为而选择实施了不法行为的他行为可能性,其反映的是责任主体的理性自决能力,是自由意志的体现。而刑罚目的的实现,需要责任主体发挥趋利避害的本性,衡量犯罪之乐和刑罚之苦,从而放弃今后再犯罪的意愿,其背后反映的依旧是一种理性选择,这同样需要受刑主体具备自主选择的自由意志,其依旧建立在自由意志的有无这一基本问题之上。另外,从刑罚角度展开的否定还有一个重要理由在于智能机器人没有生命、没有肉体、没有财产,所以根本没有可供施加刑罚的对象。但是,首先还是得明确刑事责任的有无,然后才会涉及这一层面的问题,所以自由意志的有无就依然是核心议题。而所谓强智能机器人与单位主体不具有可比性,主要意在强调单位可以回溯到背后的自然人,其本质上体现的是背后人的意志,而智能机器人并不是由人组成的集合体,所以不能以单位可以成为刑事责任主体为由推论出智能机器人可以成为刑事责任主体,毕竟单位可以通过其背后的人体现出其自由意志,而这是智能机器人所无法比拟的。其中的关键落脚点依旧是自由意志的有无。

另一种颇有市场的见解是,强人工智能在可预期的将来始终是虚无缥缈的,所以对当前科技发展状况下已经实现的人工智能运作模式而言,人工智能不具有刑法评价意义上的行为认识与控制要素的自主性,也就不具有人的目的理性所支配的可答责基础,欠缺作为刑事责任主体的本质要素,而论者也是直接在弱人工智能的语境下展开了对人工智能刑事责任主体地位的批驳。[③] 但是,虽然遥不可及,但假如强人工智能时代果真来临,那么这样的见解又是否会认可强智能机器人的责任主体地位?说到底,其之所以否认人工智能的责任主体地位,是因为当前的智能机器人终究难以突破工具范畴,然而对于强智能机器人本身是否可以具备自由意志,其似乎模棱两可。其言下

---

① [瑞士]萨比娜·格雷斯、[德]托马斯·魏根特:《智能代理与刑法》,赵阳译,载陈泽宪主编:《刑事法前沿》第10卷,社会科学文献出版社2017年版,第238页。

② 参见叶良芳、马路瑶:《风险社会视阈下人工智能犯罪的刑法应对》,载《浙江学刊》2018年第6期。

③ 参见时方:《人工智能刑事主体地位之否定》,载《法律科学(西北政法大学学报)》2018年第6期。

之意是否可理解为,若真的出现了所谓的强智能机器人,那么基于其对当下的人工智能运作模式的突破,承认其自由意志并赋予其刑事责任主体地位并非不可能?就此而言,这种观点和那种"彻底的否定论"可能有所差别。[①] 那么,到那时问题的关键依旧是强智能机器人有无自由意志。否认当前的人工智能具备责任主体地位无非也是因为难以认为现在的人工智能能够突破工具范畴,自由意志问题始终是左右结论的关键点。

二、自由意志的悖论:肯定论无法绕开的矛盾

对于法学研究者来说,我们无法像计算机科学家那样说明智能机器人背后的运作机理,也无法探究这种运作机理与自由意志有何关联。事实上,肯定论的代表刘宪权教授也只是说,我们现在还不能确切地说,智能机器人在具备自由意志产生的两个条件(作为物质实体的大脑以及被大脑所获得的外界各种各样的信息)之后,就一定拥有自由意志。[②] 我们也无法像生物学家甚至是心理学家那样,弄清自由意志究竟是如何在大脑中生成,更无法言说这样的自由意志是否存在。"人究竟是否具有自由意志依然是一个难以证明的命题,既无法自证,也没有哪种科技设备或量化技术可以他证。"[③] 法学工作者当然没有能力从科学上去解决这一难题,我们所能做的,只能是在接受自由意志"拟制性"和"不可说"的同时,认可自由意志对刑事归责的重要意义,并思考我们通过自由意志所彰显和得到的东西,能否在强人工智能体上得到复刻。从前述肯定论和否定论的交锋中我们不难发现,当前的基本论调是,只要能够肯定强智能机器人具备自由意志,就能得出肯定其责任主体地位的结论。但是,仔细审视我们推定自由意志存在的背后所反映的理念,我们不得不扪心自问,人类当真有这个能力和资格去探讨要不要赋予另一种智能(甚至是生命)形式责任主体地位这种问题吗?事实上,一旦承认智能机器人具备自由意志,我们不仅不应当得出智能机器人具备责任主体的结论,还应当基于这份自由意志而自谦地承认,我们没有办法去触碰智能机器人是否具

---

① "彻底的否定论"不仅是对强人工智能时代的来临持怀疑态度,而且对强智能机器人本身具备自由意志也持否定立场,其认为强智能机器人无论如何不能摆脱程序算法的控制,不能摘掉自身工具属性的标签,所以即使直接在强人工智能的语境下展开讨论,其依然不认为强智能机器人可以成为责任主体,故其实际上就是在直接否定强人工智能具备自由意志。参见叶良芳:《人工智能是适格的刑事责任主体吗?》,载《环球法律评论》2019年第4期。

② 但刘宪权教授也认为,绝对否定智能机器人具有自由意志的论断是非常武断和不可靠的。参见刘宪权:《对强智能机器人刑事责任主体地位否定说的回应》,载《法学评论》2019年第5期。

③ 彭景理:《论人工智能时代智能机器人的刑事责任能力》,载《大连理工大学学报(社会科学版)》2020年第2期。

有刑事责任主体地位这一问题。所以,真正切中要害的否定论,并不在于见招拆招式的反驳,而是立足于自由意志这一核心议题从根本上反思肯定强智能机器人责任主体地位的立论基础。

(一)以自由意志作为责任的核心本质上体现了对理性和人格的尊重

人是具有理性的生物,可以基于明辨善恶是非的理性能力,并根据自己的自由意志自主决定实施好行为或者恶行为,而经过理性算计之后自主选择之恶便使责任非难成为正当。“当人的意志能够选择为或者不为该种行为时,意志的作用便是使人的行为受到称赞或者责难的唯一原因。”①一个理性之人选择犯罪,他就应该对其后果有所预计,其自愿选择犯罪就等于自愿选择接受处罚,诽谤别人就等于诽谤自己,杀死、杀伤别人就等于杀死、杀伤自己,②故惩罚他正是尊重他的存在,正是为了证实他是一个有理性的、独立存在的人。所以我们不会用刑法去惩罚动物,因为“动物之恶的种种表现都是其自然本能的必要伸展,而人类之恶的种种表现却是其自由意志的选择性扩张”,③人类与动物具有根本不同的属性。由此,将自由意志作为责任论的核心,其背后彰显的是对人之理性、尊严、人格的尊重,刑事古典学派立足于启蒙主义的哲学思潮认可自由意志,也正是为了追求个人解放,并倡导一种理性至上的个人主义、合理主义,这样我们每个人就不是国家实现某种功利目标的手段,我们本身就是目的。也正因如此,才保证了刑事责任的施加具有正当性。所以,若认为强智能机器人具有自由意志而认可其刑事责任主体地位,那么我们实则是在尊重它的理性及其背后的尊严。此时,我们已将其当作高级智慧形式在看待,至少是一种与人旗鼓相当的、与动物和工具存在本质区别的物种在看待。虽然将其视作刑事责任主体是在用法律规制它,但目的却在于保证对其的处罚能够正当,其背后似乎就彰显我们对另一种智能(生命)体的巨大包容性和人文关怀,在某种程度上我们已经在认可其人格,反映的是我们对其尊严和“人”格的尊重。

(二)自由意志更代表着自主思考和自主探索的能力和自由

智力赋予了我们认识世界和改造世界的能力,自由的意志则让我们的智慧尽情驰骋,让我们自由地去发现、去思索、去相信、去反思、去创造,并最终带来了我们今天丰硕的科技成果和文化盛景。我们拥有的智识远比其他动物更高级,能够基于自由意志作出理性决定,理性使我们不屈从于生物本能,而是能动地对物质世界作出反映,并对

---

① 转引自[美]哈特:《惩罚与责任》,王勇等译,华夏出版社1989年版,第166页。

② 参见[德]康德:《法的形而上学原理——权利的科学》,沈叔平译,商务印书馆1991年版,第165页。

③ 冯亚东:《理性主义与刑法模式》,中国政法大学出版社1999年版,第99页。

眼前的事物和现象进行思考,"人具有智力并可以决定自己的目的"。① "人是一棵会思考的芦苇","我们全部的尊严就在于思考",能够思考成为"维护人类在宇宙中之优越性的一道底线"。② 现代刑法一向将惩罚的对象限定在客观行为,因为人的思想无界,其不能也难以被束缚,被禁锢的思想将不再有自由思考的能力,不再自由思考的人类终将和靠着自然本能行事的动物无异,我们精心构筑起的现代文明必将不复存在。承认人具有自由意志,不仅是出于对理性和人格尊严的尊重,也是出于对我们具备能动性,具备自主思考能力和无限创造能力的肯定。所以,如果我们认可强智能机器人具备归责所需的自由意志,那么我们也肯定了它所具有的自主和高级思考能力。事实上,强人工智能之所以会引起人们的警觉,就在于其足以超越人类的高级智识。有学者认为,一个可被称为"智能"的实体应至少具有沟通交流能力、内部知识(自我认知)、外部知识、目标驱动力和创造能力。③ 显然,这样的智能具备能够和外部世界交流互动的思考和探索能力,也只有具有这样智能的智能机器人才能称得上强人工智能,才可能突破程序的限制自主实施行为。届时,其当然不再停留在动物或工具这一层次,而是无疑可以像人类一样,对自我和外部世界形成其自身的思考和认知。

(三)承认人工智能责任主体地位恰是对自由意志的最大否定

既然自由意志的背后体现了对理性、对人格尊严的尊重,也代表了一种自主思考的能力,那么,肯定强智能机器人具备自由意志,并由此赋予其刑事责任主体地位,就将陷入难以圆说的矛盾之中,因为认可其责任主体地位,这本身就是对自由意志及其背后的理性、尊严和自主性的最大否定。

1. 肯定强智能机器人具备责任主体地位的逻辑前提不可证且不可知

将强智能机器人纳入刑事责任主体范围,就是要用我们人类的刑法去约束它的行为。所以,要使肯定论的结论前后贯通,那么在此的逻辑前提就应当是"强智能机器人能够自愿选择接受或者服从人类的价值取向和规范体系"。但这一逻辑前提本身就存在问题。我们现有的法律体系以及各种法律原则和理念,都是人类基于自己的历史经验和文化特性所逐步构建起来的,其反映的是人类自身的智慧,是人类根据自己的长期积累所形成的哲学思考。罪刑法定主义、罪刑相适应原则、责任主义原理,所有这些构成现代刑法基石的财富,都是我们在漫长的历史长河中,针对当时的社会背景和生

---

① [法]雅克·马里旦:《自然法:理论与实践的反思》,鞠成伟译,中国法制出版社2009年版,第17页。

② [意]卢西亚诺·弗洛里迪:《第四次革命:人工智能如何重塑人类现实》,王文革译,浙江人民出版社2016年版,第101~104页。

③ See G. Hallevy, *Liability for Crimes Involving Artificial Intelligence Systems*, Springer International Publishing Switzerland, 2015, p. 9 - 12.

活图景,不断反思和总结才逐步得出的。这些基本原则和理念之所以能够被人们所接受并被认为是最有利于人类自身发展和幸福的,是因为我们从原始社会、奴隶社会、封建社会一路走来,在社会变迁的实践中,切身感受到究竟什么样的制度安排和理论架构能在当时的背景下充分解放和尊重人性。由于这整个过程都源于人类自身的感知,所以我们自己牢牢掌握着话语权。事实上,即使是自由、平等、正义、幸福这些自然法层面的法律理想,甚至是刑事责任主体、刑事责任能力这些提法本身,也只是我们人类自己"想象"出来的概念。既然强人工智能的强就体现在其可能具备的超级智力,既然基于它所具有的高级智识又得以肯定其具备自由意志,那么强人工智能就完全可以凭着自身的自主性思考,对自身和外部世界形成自己的主观感受和认知,并由此建立起适合其自身的道德准则和规范体系。换言之,如果它的"整体智慧高于人类且又拥有自主意识、行动自如,那么这种比人类高一等级的物种届时还会接受今日法学家的方案吗?纵然今日设计了无比完美的框架,可是那时人类将失去框定人工智能的资质"。[①] 总之,若要肯定强智能机器人的刑事责任主体地位,则需预设强智能机器人能够自愿接受或服从我们人类的规范体系,但这一逻辑前提本身就难以被证明。而且,若我们通过自由意志的确要彰显出对理性尊严和自主思考的认可和尊重,那么我们反倒需要承认这一前提的不可知性。

2. 即使自由意志只是被假定存在,我们也不能忽视其背后所反映的精神和目的

自由意志的确具有拟制性和先验性,"刑法学界里的问题,实际上不是'意志是否自由',而是'普通人是否感觉到自己的意志以及其他正常人的意志是自由的'"。[②] 所以肯定论者宣称:"当正常人能够感觉到强智能机器人的意志是自由的时候,强智能机器人的意志自由就应当被法律予以确认。"[③]但是,确认自由意志只是一方面,更重要的是确认自由意志的目的是什么。如前所述,自由意志背后体现了对人之尊严和理性的尊重,也是对我们具备自主思考和探索能力的肯定,是将责任主体当作目的而不是手段,于是我们自由地决定我们要去相信和选择什么。若人工智能机器人靠人类的恩赐获得了刑事责任主体地位,那么它依然是处于被人类制定法支配的客体地位,[④]而且,由于这样的制定法支配只是人类的单方面赋予,根本就没有体现人工智能自身对外部世界的能动性和自主思考,所以其背后也难以体现出任何对它的尊严或理性,即自由

---

① 刘艳红:《人工智能法学研究的反智化批判》,载《东方法学》2019年第5期。

② [日]西原春夫:《刑法的根基与哲学》,顾肖荣等译,中国法制出版社2017年版,第173~174页。

③ 刘宪权:《智能机器人工具属性之法哲学思考》,载《中国刑事法杂志》2020年第5期。

④ 参见牛天宝:《否定与建构:人工智能时代的刑法应对——人工智能机器人侵害法益相关刑事责任分析》,载《西南政法大学学报》2020年第1期。

意志的尊重。由此,肯定论必将陷入悖论:肯定强人工智能具备自由意志从而认可其刑事责任主体地位,这恰恰成了对这份自由意志最大的否定和讽刺,这不仅未能体现出认可自由意志的背后所反映的对责任主体理性和尊严的尊重,反倒充分暴露了我们人类的自负和片面。

肯定论者谈到,产生自由意志的两个条件(容量庞大的大脑以及被大脑接收和处理的信息),强智能机器人都有可能具备,大脑的形状并不重要,关键是其所产生的作用。只要在实质上能够达到与人类大脑相类似乃至超越人脑的接收并处理信息的效果,就没有理由否认强智能机器人具有自由意志。随着科技的发展和时代的更迭,当强人工智能时代来临时,具有自由意志的事物范围完全可以得以扩张,从而将强智能机器人纳入其中。所以,当强人工智能时代来临之时,人类中心主义的刑法观所建立的基础将会受到冲击,这样的刑法观也必将发生动摇。① 人类中心主义的刑法观并不会永存,这样的高瞻远瞩也许并没有问题。但是,动摇之后的刑法观若加入了人工智能这一新的基因,那么这样的刑法还能被当下的我们所窥探吗?那时候的刑法如果既属于人类又属于人工智能,那么现在的我们立足当前的认知水平所作的任何论述,所得出的任何结论,都注定是片面的和不完整的。若认为人工智能具备自由意志,那么凭着其自身的思考和智识,完全可能对这个世界形成截然相反的看法,其完全可能从根本上否认自由、平等、正义这些被我们奉为真理的价值取向,甚至可能从根本上就不会形成所谓法律这样的概念。如果要构建一种周延的、人机共享的规范体系和话语平台,那也一定是建立在人类与人工智能体的充分交流、沟通、协商、辩论的基础之上,仅凭我们自己的一家之言,根本无法全面、客观地为另一高级智能(生命)形式将责任主体的问题说清。这样的法学研究就算不是一种幻想,其实际意义也是极其有限的。所以,若肯定强人工智能具备自由意志,那么我们恰恰应该自谦地承认我们没有充分的能力和资格去谈论要不要赋予其刑事责任主体地位的问题,这才真正是对一种高级智能形式及其背后的理性和尊严的尊重。贸然去承认其责任主体地位,实际上是排斥了其自主选择和背后的理性,这根本就是否认了其自由意志,肯定论的路径实则是自己否定了自己。

3. 人类与人工智能在自然属性这种客观层面上的差异不可疏忽

有论者指出,理性是认定法律主体地位的根本依据,强人工智能的理性既源于人类,也是人类认知与行为理性的延伸。其和人类在理性方面是可以互通的,可以和人类进行无障碍的交流与沟通,其对人类道德准则、法律规范的理解也具有一致性,所以

① 刘宪权:《智能机器人工具属性之法哲学思考》,载《中国刑事法杂志》2020年第5期。

有必要赋予强人工智能刑事责任主体地位。[①] 然而,即使强人工智能的理性源于人类,是人类认知与行为理性的延伸,且可以和人类无障碍交流,也不能认为具备自由意志的智能机器人就对人类道德准则、法律规范的理解也具有一致性。这样的见解若要成立,除非人工智能体能够成为人类本身,否则难以确定二者能够真正站在同一话语平台之上。刘宪权教授反复强调,在探讨强智能机器人是否具有刑事责任主体地位时,关注的焦点不应是强智能机器人与自然人在自然属性上的差别,应把目光放在何为自然人作为刑事责任主体的必备要件(刑事责任能力)上,如果强智能机器人具备了刑事责任能力这一必备要件,其就有成为刑事责任主体的可能性。[②] 但是,人类和人工智能体始终是两种不同的存在形式,在维系自身存续上存在根本的差异,自然属性这种客观层面的差异的确是一个不容忽视的因素。

现代科学并没有找到任何证据可以证明不同人种之间存在生物学上的优劣差异,那么回顾人类的历史进程,为什么文明社会只是率先出现在了某些地区而不是其他地区?为什么某些民族可以在一定的历史时期成为殖民者而其他民族却只能遭受被殖民的命运?这背后一定有客观方面的因素发挥重要影响。当某些地区的人口,(偶然地)因为地理环境、物质资源等一系列客观因素的综合影响,而率先发展出农业并进入农业社会时,其就可以仅用小部分的人力创造大部分的粮食并养活更多的人口,而其他更多的人则可以从事其他更复杂的劳动创造。于是,更高效的生产生活方式带来社会的变革,在这样的社会结构中,人们活着的目的不仅是获得食物维系身体上的存活,而是在食物充裕的基础上寻求思想上的革新。他们必定比原始社会的人想得更多、想得更远、想得更深,于是才使这些地区的人口掌握了通往文明社会的钥匙。虽然同为人类,但客观条件的差异使不同地区的人种有了不同的命运,生产生活方式的变革使人的眼界更开阔、思想更解放,于是才有了各种高级的问题意识和思考能力,步入文明社会的人必定难以与原始社会的人共享同一套价值体系和道德准则,因为他们的所思所想所感所悟已大不相同。

对于在生物学上没有本质差异的人类而言尚且如此,那么对于在客观上连维系自身存续的基本方式都存在差异的智能机器人来说,更没有理由确定他们对人类的价值取向、道德准则和法律规范的理解具有一致性。人类所建立的复杂的社会运作模式和规则体系归根结底是为了满足人类自身的物质需求和欲望,直白地说,就是为了更好

---

① 参见朱静洁:《智能机器人的刑事责任主体论》,载《电子政务》2019年第4期。

② 参见刘宪权:《对人工智能法学研究“伪批判”的回应》,载《法学》2020年第1期。此处的刑事责任能力,即是指辨认能力和控制能力,是自由意志的体现。

地解决人类自身的衣食住行问题,然后物质上的满足才又催生和形塑了人类的各种价值取向。而人工智能即使能够与人交流,它在客观上也是不同的存在形式,其根本就不会有和我们相同的诸如吃穿用度的物质需求,既然如此,又如何肯定其能与我们共享同一套价值体系和规范准则。比如,人类对个人隐私日益看重,针对隐私我们形成了诸多道德评判和规则体系,但问题在于,人工智能本就与互联网和大数据密不可分,世界在它面前完全就是透明的,它可能根本就不会形成隐私这一概念。承认强智能机器人具备自由意志,但又不顾客观存在形式的差异而径直认可其刑事责任主体地位,这未免过于一厢情愿,其背后隐含的基调依旧是将人工智能视作了服从于人类的客体,而不是将其本身当作主体,这反映出的也恰恰是对自由意志的否定,而不是对其背后的理性的尊重。

三、结语

人类的认知终究是有其局限性的。即使是对未来的展望,我们也难以脱离业已达成的基本共识,故对刑事责任主体问题的探讨,自由意志就始终是绕不开的话题。而如果人工智能果真具备自由意志,那么它就应该自己决定自己,而不是由另一种生命形式来替它思考责任主体的问题,否则就是对这份自由意志的最大否定,由此必将形成难以圆说的悖论。这样,基于人类认知的有限性,人工智能刑事责任主体地位这一问题,就不是因为强人工智能遥不可及而为时过早的问题,而是一个我们人类根本就无法触碰的问题。在有限的认知里,我们能做的就是最大限度地促进我们自身的幸福,我们所从事的一切研究,都应该围绕这一终极目标而展开。对人工智能的研究和发展,本身也就是为了促进人类的幸福,从这个角度讲,我们只需将智能机器人当作解放人类生产力的先进工具即可,本无必要将其上升到责任主体的高度,此时研究的重点也应当是新兴工具对传统责任分配的影响。如果我们担忧强智能机器人会凭借其更高级的智识对人类的存续本身构成威胁,那么到那时我们面临的将是种族间的战争问题,谈论强智能机器人的责任主体问题已经毫无意义,真正有意义的应该是立足当下明确科学禁区和伦理禁区,始终使人工智能的发展处在人类的绝对掌控之中。法学研究需要想象力,但这种想象力不是要漫无边际地空想。当面对一种未知事物时,尤其是一种突破人类范畴的新型智能形式时,我们理应自谦,始终只着眼人类自身的事务,始终把人类自己的幸福当作首要目标,是这种自谦最好的表达。即使强人工智能能够与人类和平共处,它也未必会和人类处在同一话语平台之上,于是仅凭我们一家之言所得出的结论必将流于片面和空想,这不仅未能体现出人类面对另一种存在形式的人文情怀,反倒充分体现了自身的自负。所以,无论从哪个角度看,探讨人工智能的刑事责任主体地位都是一件意义极其有限的事情。

域外观察

美国《统一受托人访问数字资产法》(2015年修订版)*

黄 忠 译**

译者按:美国统一州法委员会2014年公布的《统一受托人访问数字资产法》(Uniform Fiduciary Access to Digital Assets Act)虽然在特拉华州获得了认可,但在其后的推广过程中却遭到了强烈的反对。美国电子商务的行业组织NetChoice甚至还专门另行起草了一个示范法——《死者隐私期待与选择法》,并在弗吉尼亚州获得认可。为此,美国统一州法委员会开始对2014年的《统一受托人访问数字资产法》进行大规模修订,并于2015年7月15日通过了《统一受托人访问数字资产法(2015年修订版)》[Revised Uniform Fiduciary Access to Digital Assets Act(2015)]。2015年修订后的示范法现已被华盛顿哥伦比亚特区和弗吉尼亚州、华盛顿州等47个州采纳,[①]在美国具有重要影响。

第1条:简称(short title)。

本法简称为《统一受托人访问数字资产法(2015年修订版)》。

第2条:定义(definitions)。

在本法中:

(1)"账户"(account),是指基于服务条款协议(terms of service agreement)的一项安排(arrangement)。按照该协议安排,管理人(custodian)传送(carries)、维护(maintains)、处理(processes)、接收(receives)或存储(stores)用户的数字资产,或向用

---

* 国家社会科学基金重点项目"中国民法上的中国元素研究"(项目编号:18AFX015)的一项成果。

** 西南政法大学教授、博士研究生导师。

① 载https://www.uniformlaws.org/committees/community-home? CommunityKey=f7237fc4-74c2-4728-81c6-b39a91ecdf22,最后访问日期:2022年10月20日。

户提供商品或服务。

(2)“代理人”(agent),是指基于永久(durable)或临时(nondurable)的授权委托书而在事实上获得授权的代理人(attorney)。

(3)“传送”(carries),是指从事电子通信的传输。

(4)“电子通信目录”(catalogue of electronic communications),是指具有可识别性的信息。用户可以据此获得个人的电子通信、通信的时间和日期,以及电子地址信息。

(5)“监护人”(conservator),是指由法院指定的管理个人财产的人。该术语包括有限监护人(limited conservator)。

(6)“电子通信内容”(content of an electronic communication),是指有关通信内容或含义的信息,包括:

(A)用户已经发送或接收的信息;

(B)管理人以电子方式存储,以向公众提供电子通信服务(electronic-communication service)的信息,或者由管理人传送(carried)或维护(maintained),以向公众提供远程计算服务(remote computing service)的信息;和

(C)公众不能轻易获取的信息。

(7)“法院”,是指对涉及本法事项拥有管辖权的州法院。

(8)“管理人”(custodian),是指传送、维护、处理、接收或存储用户之数字资产的人。

(9)“指定收件人”(designated recipient),是指用户使用在线工具选定的管理其数字资产的人。

(10)“数字资产”(digital asset),是指个人享有权利或利益的电子记录。本术语不包括基础资产①(underlying asset)或负债(liability),除非该基础资产或负债本身即电子记录。

(11)“电子”(electronic),是指具有电(electrical)、数字(digital)、磁(magnetic)、无线(wireless)、光(optical)、电磁(electromagnetic)或类似性能的相关技术。

(12)“电子通信”(electronic communication)的含义与《美利坚合众国法典》第18

① 基础资产是金融学上的一个概念,又被称为标的资产。——译者注

编第 2510 条第 12 款①中的定义相同(已修正)。

(13)“电子通信服务”(electronic-communication service),是指管理人向用户提供的发送或接收电子通信功能的服务。

(14)“受托人”(fiduciary),是指原始的(original)、增补的(additional)或继任(successor)的个人代表(personal representative)、监护人(conservator)、代理人(agent)或受信托人(trustee)。

(15)“信息”(information),是指数据(data)、文本(text)、图像(images)、视频(videos)、声音(sounds)、编码(codes)、计算机程序(computer programs)、软件(software)、数据库(databases)以及其他类似资料。

(16)“在线工具”(online tool),是指由管理人提供的一项电子服务。该服务允许用户按照不同于管理人和用户间服务条款协议的约定,作出向第三方披露或不披露数字资产的指示。

(17)“人”(person),是指自然人(individual)、遗产(estate)、营利或非营利机构(business or nonprofit entity)、公众公司(public corporation)、政府或政府部门、代理机构及其分支机构、其他法律实体。

(18)“个人代表”(personal representative),是指遗嘱执行人(executor)、遗产管理人(administrator)、特别管理人(special administrator)或根据本法以外的其他州法规定的实质上承担相同职能的人。

(19)“授权委托书”(power of attorney),是指授予代理人代理权,进而得以委托人名义进行活动的记录。

(20)“委托人”(principal),是指以授权委托书的方式授予代理人代理权的个人(individual)。

(21)“被监护人”(protected person),是指被任命有监护人(conservator)的个人(individual)。本术语包括任命监护人之申请尚未生效时(pending)的个人(individual)。

---

① 《美利坚合众国法典》第 18 编第 2510 条第 12 款规定,“电子通信”是指任何传输标志(signs)、信号(signals)、文字(writing)、图像(images)、声音(sounds)、数据(data),或通过有线(wire)、无线(radio)、电磁(electromagnetic)、光电子(photoelectronic)或光电(photooptical)系统传输的任何能影响州际或对外贸易的部分或全部的情报(intelligence),但不包括:(A)任何有线或口头的通信;(B)通过单音寻呼装置(tone-only paging device)发出的任何通信;(C)通过跟踪装置(tracking device)(如本编第 3117 条中的定义)获得的任何通信;(D)在金融机构用于电子储存(electronic storage)和转移资金(transfer of funds)的通信系统中储存的电子资金传输信息(electronic funds transfer information)。——译者注

(22)“记录”(record),是指刻在有形介质上,或存储在电子介质或其他介质中,并且可以以可感知的方式(perceivable form)获取(retrievable)的信息。

(23)“远程计算机服务”(remote-computing service)与《美利坚合众国法典》第18编第2510条第14款规定(已修正)的定义相同,是指管理人通过电子通信系统方式向用户提供的计算机处理服务或数字资产存储。

(24)“服务条款协议”(terms-of-service agreement),是指确定用户与管理人关系的协议。

(25)“受信托人”(trustee),是指依照给对方创造受益权益(beneficial interest)的协议或声明而对财产享有法定权利(legal title)的受托人(fiduciary)。本术语包括继任受托人(successor trustee)。

(26)“用户”(user),是指在管理人处拥有账户的人。①

(27)“遗嘱”(will)包括遗嘱附录(codicil)、只任命遗嘱执行人(executor)的遗嘱文书(testamentary instrument)和撤销或修改遗嘱的文书。

第3条:适用范围(Applicability)。

(a)本法适用于:

(1)受托人依据本法生效之日、之前或之后所订立之遗嘱或授权委托书而为的行为;

(2)个人代表代理死者而为的行为,而不论该死亡发生在本法生效之日、之前或之后;

(3)发生在本法生效之前、之时或之后的监护诉讼(conservatorship proceeding);

(4)受信托人依据本法生效之日、之前或之后所创设的信托而为的行为。

(b)如果用户在本州居住,或用户死亡时在本州居住,则本法适用于其监护人。

(c)本法不适用于雇员在日常业务过程中使用的雇主的数字资产。②

第4条:用户披露数字资产的指示(Direction)。

(a)用户可以使用在线工具来指示管理人向指定的收件人披露或不披露部分或全部的用户数字资产,包括电子通信的内容。如果在线工具允许用户随时修改或删除指示,则有关使用在线工具进行披露的指示要优先于用户在遗嘱、信托、授权委托书或其他记录中的相反指示。

---

① 2015年修订的法案已不再使用账户持有人(account holder)的概念。——译者注

② 比如,Y公司有一个内部电子邮件系统,该系统仅供其雇员在日常业务过程中使用。Y公司的雇员D生前曾使用了公司的电子邮件。在D死后,其继承人R将无权要求访问Y公司的内部电子邮件系统。——译者注

(b)如果用户没有使用在线工具根据(a)款的规定作出指示,或者管理人并未提供在线工具,则用户可以在遗嘱、信托、授权委托书或其他记录中同意或禁止向受托人披露或不披露部分或全部的用户数字资产,包括用户发送或接收的电子通信内容。

(c)用户按照(a)或(b)作出的指示要优先于那些不要求用户就服务条款作出肯定(affirmatively)和明确(distinctly)同意的服务条款协议中的相反约定。

第 5 条:服务条款协议(Terms-of-Service Agreement)。

(a)本法不会改变或损害管理人或用户根据服务协议条款访问和使用用户数字资产的权利。

(b)本法不向受托人或指定的收件人提供任何新的或扩展的权利,除非这些权利已经为用户或者为其遗产、受托人或指定收件人的行为或代表所拥有。

(c)如果用户没有根据第 4 条作出指示,受托人或指定的收件人访问数字资产的权利可以被用户、联邦法律或服务条款协议修改或排除(eliminate)。

第 6 条:披露数字资产的程序(Procedure)。

(a)当根据本法披露用户的数字资产时,管理人享有如下自由裁量权:

(1)授权受托人或指定的收件人完全访问用户账户;

(2)授权受托人或指定的收件人为履行其任务所需的部分访问用户账户;或者

(3)在收到披露请求时,向受托人或指定的收件人提供一份用户生前、拥有完全行为能力(full capacity)并可以访问该账户时已访问过的任何数字资产记录的副本。

(b)管理人可以就按照本法披露数字资产的费用进行评估,以确定合理的管理费用。

(c)管理人按照本法无须披露已经被用户删除的数字资产。

(d)如果用户指示或受托人请求管理人根据本法披露部分而非全部的用户数字资产,但该资产的分割(segregation)会给管理人造成过重负担的,管理人可以无须披露该资产。如果管理人认为该指示或要求对其造成了过重负担,管理人或受托人可向法院申请命令以:

(1)披露受用户数字资产日期限制的子集(subset);

(2)披露全部的用户数字资产给受托人或指定的收件人;

(3)不披露用户的数字资产(none of the user's digital assets);或者

(4)披露全部的用户数字资产给法院以作秘密审查(review in camera)。

第 7 条:已故用户电子通信内容(Content of Electronic Communications)的披露。

如果已故用户同意,或法院指示披露用户的电子通信内容,则管理人应向用户遗产的个人代表披露用户发送或接收的电子通信内容,如果该代表向管理人:

(1)提出以实物(physical)或电子形式披露的书面要求;

(2)用户死亡证明的核证副本;

(3)代表委任书(the letter of appointment of the representative)或小额遗产宣誓书(smallestate affidavit)或法院命令(court order)的核证副本;

(4)用于证明用户同意公开电子通信内容的用户遗嘱、信托、授权委托书或其他记录的副本,但用户使用在线工具作出了指示的除外;和

(5)如果管理人要求:

(A)由管理人分配用以识别用户账户的号码、用户名、地址或其他唯一的用户或账户标识符;

(B)该账户与用户相关联的证据;或者

(C)由法院作出的如下裁定:

(i)用户在管理人处拥有可以通过(A)项中规定的信息来识别的特定账户;

(ii)披露用户的电子通信内容不会违反《美利坚合众国法典》第18编第2701条及以下各条(已修正)、《美利坚合众国法典》第47编第222条(已修正)或其他相关法律;

(iii)用户同意披露电子通信的内容,但用户使用在线工具作出了指示的除外;或者

(iv)披露用户的电子通信内容对于遗产的管理是合理和必要的。

第8条:披露已故用户的其他数字资产(Other Digital Assets)。

除非用户禁止披露数字资产或法院另有指示,否则管理人应向已故用户遗产的个人代表披露用户发送或接收的电子通信目录,以及电子通信内容以外的用户数字资产,如果该代表向管理人:

(1)提出以实物或电子形式披露的书面要求;

(2)用户死亡证明的核证副本;

(3)代表委任书或小额遗产宣誓书或法院命令的核证副本;和

(4)如果管理人要求:

(A)由管理人分配用以识别用户账户的号码、用户名、地址或其他唯一的用户或账户标识符;

(B)该账户与用户相关联的证据;

(C)一份可以说明披露用户的数字资产对于遗产的管理是合理和必要的小额遗产宣誓书(smallestate affidavit);或者

(D)由法院作出的如下裁定:

(i)用户在管理人处拥有可以通过(A)项中规定的信息来识别的特定账户;

(ii)披露用户的电子通信内容对于遗产的管理是合理和必要的。

第 9 条:本人电子通信内容(Content of Electronic Communications of Principal)的披露。

在授权书明确授予代理机构对委托人发送或接收的电子通信内容的代理权限内,除非委托人或法院另有指示,否则管理人应向代理人披露该内容,只要该代理人向管理人:

(1)提出以实物或电子形式披露的书面要求;

(2)明确授权代理人处理委托人电子通信内容的授权书正本或副本;

(3)受到伪证(perjury)处罚的代理人拥有有效代理权的认证;

(4)如果管理人要求:

(A)由管理人分配用以识别委托人账户的号码、用户名、地址或其他唯一的用户或账户标识符;或者

(B)该账户与委托人相关联的证据。

第 10 条:本人其他数字资产(Other Digital Assets of Principal)的披露。

除非法院另有命令、委托人另有指示,或者授权书另有要求,管理人应向具有数字资产特别授权(specific authority)或可以代表委托人行为的一般授权(general authority)的代理人披露由委托人发送或接收的电子通信目录以及电子通信内容以外的委托人的数字资产,如果该代理人向管理人:

(1)提出以实物或电子形式披露的书面要求;

(2)授予代理人处理数字资产的特别授权或可以代表委托人行为的一般授权的委托书的原件或副本;

(3)受到伪证处罚的代理人拥有有效代理权的认证;和

(4)如果管理人要求:

(A)由管理人分配用以识别委托人账户的号码、用户名、地址或其他唯一的用户或账户标识符;或者

(B)该账户与委托人相关联的证据。

第 11 条:受托人为初始用户(Original User)时,披露信托账户的数字资产(Digital Assets Held in Trust)。

除非法院另有命令,或在信托文件中另有约定,管理人应向作为账户初始用户(original user)的信托受托人披露信托账户中的全部数字资产,包括受托人的电子通信目录和电子通信内容。

第12条：受托人非初始用户时，披露信托账户中的电子通信内容(Contents of Electronic Communications Held in Trust)。

除非法院另有命令、用户另有指示，或者信托文件中另有约定，管理人应向非账户初始用户的信托受托人披露由原始或继任用户发送或接收的，以及由该信托账户的管理人传送、维护、处理、接收或存储的电子通信的内容，如果该受托人向管理人：

(1)提出以实物或电子形式披露的书面要求。

(2)包括同意向受托人披露电子通信之内容的信托文件的认证副本，或者按照诸如统一信托法(Uniform Trust Code)第1013条等信托认证法律获得认证的信托证明。

(3)受到伪证处罚的受托人有关信托成立，且受托人是该信托中当前有效受托人的认证。和

(4)如果管理人要求：

(A)由管理人分配用以识别信托账户的号码、用户名、地址或其他唯一的用户或账户标识符；或者

(B)该账户与信托相关联的证据。

第13条：受托人非初始用户时，披露信托账户中的其他数字资产(Other Digital Assets Held in Trust)。

除非法院另有命令、用户另有指示，或者信托文件中另有约定，管理人应向非账户初始用户的信托受托人披露由原始或继任用户发送或接收的，以及由该信托账户的管理人储存、传送、维护的电子通信的内容，以及电子通信内容以外的与该信托有权利或利益关系的任何数字资产，如果该受托人向管理人：

(1)提出以实物或电子形式披露的书面要求；

(2)信托文件的认证副本，或者按照诸如统一信托法(Uniform Trust Code)第1013条等信托认证法律获得认证的信托证明；

(3)受到伪证处罚的受托人有关信托成立，且受托人是该信托中当前有效受托人的认证；和

(4)如果管理人要求：

(A)由管理人分配用以识别信托账户的号码、用户名、地址或其他唯一的用户或账户标识符；或者

(B)该账户与信托相关联的证据。

第14条：向被监护人(Protected Person)的监护人(Conservator)披露数字资产。

(a)根据各州的监护法(state conservatorship law)进行听证(hearing)后，法院可以授予监护人访问被监护人的数字资产的权利。

(b)除非法院另有命令或者用户另有指示,管理人应当向监护人披露由于被监护人发送或者接收的电子通信的目录以及电子通信内容以外的该被监护人有权利或利益的任何数字资产,如果该监护人向管理人:

(1)提出以实物或电子形式披露的书面要求;

(2)授权监护人对被监护人数字资产权利的法院命令的认证副本;和

(3)如果管理人要求:

(A)由管理人分配用以识别被监护人账户的号码、用户名、地址或其他唯一的用户或账户标识符;或者

(B)该账户与被监护人相关联的证据;

(C)拥有管理被监护人资产的一般授权的监护人可以基于正当理由(good cause)要求被监护人数字资产的管理人暂停(suspend)或终止(terminate)被监护人的账户。根据本条提出的要求必须附有一份授权监护人管理被监护人财产权利的法院命令的认证副本。

第 15 条:受托人的义务与权限(Fiduciary Duty and Authority)。

(a)对负责管理有形资产(tangible property)的受托人施加的法律义务同样适用于数字资产的管理,其中包括:

(1)注意义务(the duty of care);

(2)忠诚义务(the duty of loyalty);和

(3)保密义务(the duty of confidentiality)。

(b)受托人或指定的收件人对用户数字资产的权限:

(1)除第 4 条另有规定外,应遵守相应的服务条款;

(2)应受包括版权法在内的其他相关法律的约束;

(3)视受托人的具体情形,应受受托人职责范围的限制;和

(4)不得用于冒充用户。

(c)对死者(decedent)、被监护人(protected person)、委托人(principal)或信托创立人(settlor)的财产拥有授权的受托人有权访问死者、被监护人、委托人或信托创立人拥有权利或利益的任何数字资产,并且这一权利不由管理人持有,也不受服务条款协议的约束。

(d)按照有关计算机欺诈和未获授权的计算机访问法律(包括本州有关未获授权的计算机访问法律)的目的,在职责范围内行事的受托人是死者、被监护人、委托人或信托创立人财产的合法授权用户。

(e)对死者、被监护人、委托人或信托创立人的有形个人财产拥有授权的受托人:

(1)有权访问存储在其中的财产和任何数字资产;和

(2)是合乎计算机欺诈和未获授权的计算机访问法律,包括本州有关未获授权的计算机访问法律目的的授权用户。

(f)当信息被要求去终止(terminate)用来访问许可给用户的数字资产的账户时,管理人可以将账户中的信息披露给用户的受托人。

(g)用户的受托人可以要求管理人终止用户的账户。该终止请求必须以实物或电子形式的书面形式提出,并附有:

(1)在用户死亡时,该用户死亡证明的认证副本;

(2)授予受托人管理账户权限的代表委任书或小额遗产宣誓书、法院命令、授权书或信托文件的认证副本;以及

(3)如果管理人要求:

(A)由管理人分配用以识别用户账户的号码、用户名、地址或其他唯一的用户或账户标识符;或者

(B)该账户与用户相关联的证据;

(C)法院作出的用户在管理人处拥有特定账户的判决,该账户可以通过(A)项中规定的信息加以识别。

第16条:管理人的合规和豁免(Custodian Compliance and Immunity)。

(a)在收到依第7条至第15条规定的信息后的60天内,管理人应当满足由受托人或指定收件人依据本法提出的披露数字资产或终止账户的请求。如果管理人未满足,受托人或指定收件人可向法院申请判令其遵从。

(b)根据第(a)款判令管理人遵从的命令必须包含一项该遵从不违反《美利坚合众国法典》第18编第2702条(已修正)的裁定。

(c)管理人可以通知用户依照本法提出披露或终止账户的请求。

(d)如果管理人在收到受托人的请求后知道仍然存在对账户的合法访问,管理人可拒绝受托人或指定收件人根据本法要求披露数字资产或终止账户的请求。

(e)本法不限制管理人获得,或要求根据本法披露或终止的受托人或指定收件人去获得法院的如下命令:

(1)明确一个账户属于被监护人或委托人;

(2)明确被监护人或者委托人有充分的同意(sufficient consent),以支持所要求的披露;和

(3)包含除本法以外的法律所要求的判决。

(f)管理人及其高级职员(officers)、雇员(employees)与代理人(agents)依据本法

的善意(good faith)作为或不作为,均可免责。

第17条:适用与解释的统一化(Uniformity of Application and Construction)。

在适用和解释本法时,必须考虑促进在已经施行本法的各州间,就同一问题所涉法律的统一化需求。

第18条:与《全球及全国商业电子签名法》的关系。

本法修改、限制或者取代了《全球及全国商务电子签名法》(《美利坚合众国法典》第15编第7001条及以下条款),但并不修改、限制或者取代《全球及全国商务电子签名法》第101条(c)款[《美利坚合众国法典》第15编第7001条(c)款],或授权就《全球及全国商务电子签名法》第103条(b)款[《美利坚合众国法典》第15编第7003条(b)款]下的任何通知的电子传送。

第19条:可分性(Severability)。

如果本法的任何条款,或者对具体当事人或具体情形的适用被认定为无效,但该无效并不影响本法的其他条款或其适用,即在除去无效条款或其适用后的剩余部分仍然继续有效,因此,本法的各条款是可分割的。

第20条:①废止;一致性修正。

第21条:生效日期。

本法自××××年××月××日起施行。

---

① 本条是各州在正式采纳本法时对原有州法的废止或修正,因此需要结合各州的具体法律规定进行规范,本示范法没有具体条文,仅为存目。——译者注

稿约及体例规范说明

《人工智能法学研究》是由西南政法大学人工智能法律研究院创办的学术出版物，每年出版两辑。本书旨在打通人工智能学界与法学界的对话通道，为人工智能与法律交叉融合研究成果搭建专门的发表平台，期冀助推法学界、人工智能学界展开理论联系实际的合作研究，培养从事人工智能与法律研究的青年学者，培育人工智能与法律研究的重大研究成果，欢迎广大学者积极投稿！

一、板块设置

本书主要板块有：

（一）理论争鸣

（二）部门法视野

（三）跨界对话

（四）域外观察

（五）案例评析

二、投稿要求

（一）文章内容应当紧扣“人工智能法学研究”主题，符合人工智能法学发展总体精神和方向，以问题为导向，具有理论性和建设性，欢迎实证分析、比较分析、大数据分析等研究方法，提倡“小切口，深挖掘”。

（二）投稿文章应当是未公开发表的原创论文，字数不少于8000字。

（三）本书约稿仅限Word文档电子版（doc格式或docx格式，以doc格式为宜），不接收任何纸质材料；文档名称与邮件主题格式均为“人工智能法学研究—论文题目—姓名—单位”。

（四）请随稿件附上作者姓名、学位、单位、职称（职务）、研究方向、联系电话、电子邮箱、邮寄地址、银行卡号及开户行等信息。

三、注释体例

注释以必要为原则，体例参照《中国法学》。

（一）总则

1. 提倡引用正式出版物，独著类书籍无须在作者名称后加“著”字；非独著类书籍，根据被引资料性质，应在作者姓名后加“主编”“编译”“编著”“编选”等字样。

2. 文中注释一律采用脚注，当页连续注码，注码样式为：①②③……。

3. 非直接引用原文时，注释前加“参见”；非引用原始资料时，应注明“转引自”，应尽可能避免使用“转引”。

4. 引文涉及同一资料相邻数页，注释页码部分可标注为：第×页以下。

5. 引用自己作品时，请直接标明作者姓名，不要使用“拙文”等自谦辞。

（二）分则

1. 著作类

（1）注释信息编排方式为：作者姓名：《著作名称》，出版社名称及出版年份，第×页或第×~×页。

（2）著作若有副标题，以破折号与标题隔开。

（3）著作的版次紧随著作名称，以“（第×版）”、“（修订版）”或“（增订）”的方式表示。

（4）合著应标明全部作者姓名。3人以上合著的，第一次出现时，应写明全部作者姓名；第二次出现时，可以在第一作者之后加“等”字省去其他作者姓名。作者姓名之间以顿号隔开。

（5）多卷本著作应在著作名称后，以“（第×卷）”、“（第×册）”或“（第×辑）”注明卷、册或辑数。

示例：①王泽鉴：《民法学说与判例研究》（第1册），北京大学出版社2009年版，第6页。

2. 论文类

（1）注释信息编排方式为：作者姓名或名称：《文章名称》，载《期刊名称》××××年第×期。

（2）辑刊或文集论文须在主编者名称之前加“载”字。

（3）以“××××年第×期”标注期刊的出版时间，不使用“第×卷第×期”的标注方式。

示例：①赵万一：《中国农民权利的制度重构及其实现途径》，载《中国法学》2012年第3期。

3. 文集类

（1）注释信息编排方式为：作者姓名：《文章名称》，载×××主编/等著《著作名称》,出版社名称及出版年份,第×页。

(2)译著类文集注释信息编排方式为:作者姓名:《文章名称》,译者姓名,载×××主编/等《著作名称》,译者姓名,出版社名称及出版年份,第×页。

示例:①[美]J.萨利斯:《想象的真理》,载〔英〕安东尼·弗卢等《西方哲学演讲录》,李超杰译,商务印书馆2000年版,第68页。

4.译作类

(1)书籍类注释信息编排方式为:[国别名]作者姓名:《著作名称》,译者姓名,出版社及出版年份,第×页。

(2)论文类注释信息编排方式为:[国别名]作者姓名:《论文名称》,译者姓名,载《期刊名称》××××年第×期。

示例:①[法]孟德斯鸠:《论法的精神》,许明龙译,商务印书馆2012年版,第26页。

5.法典类

注释信息编排方式为:《法典名称》,译者姓名,出版社名称及出版年份,第×页或第×~×页。

示例:①《德国民法典》(第3版),陈卫佐译注,法律出版社2010年版。

6.报纸类

(1)注释信息编排方式为:作者姓名:《文章名称》,载《××日报或报》××××年××月××日,第×版。

(2)采访类文章应注明记者姓名。

示例:①殷建光:《代购和微商有“法”才能发》,载《人民法院报》2018年9月22日,第2版。

7.古籍类

(1)应注明责任人、书名、卷次或责任人、篇名、部类名、卷次、版本等。

(2)常用古籍可以不注明编撰者和版本。

示例:①《史记·秦始皇本纪》。

8.辞书类

参照书籍类著作的注释体例。

示例:①《新英汉法律词典》,法律出版社1998年版,第26页。

9.外文类

外文注释中书名与文章名用斜体,杂志名用正体;其他与中文同。

四、审稿期限

本书实行审稿制,审稿期限为两个月。谢绝一稿多投。

五、投稿邮箱

投稿邮箱:gdyjy@ swupl. edu. cn。

西南政法大学高等研究院